다시

발전을

요구한다

RECLAIMING DEVELOPMENT: An Alternative Economic Policy Manual
by Ha-Joon Chang and Ilene Grabel

Copyright ⓒ Ha-Joon Chang and Ilene Grabel
All rights reserved.

This Korean edition published in 2008 by Bookie Publishing House
with arrangement of Zed Books, London through
KCC(Korea Copyright Center Inc.), Seoul.

이 책의 한국어판 저작권은 (주)한국저작권센터(KCC)를 통한
저작권자와의 독점계약으로 부키에 있습니다. 저작권법에 의해 한국 내에서
보호를 받는 저작물이므로 무단전재와 복제를 금합니다.

Reclaiming Development

다시 발전을 요구한다
장하준의 경제 정책 매뉴얼

장하준·아일린 그레이블 지음 | 이종태·황해선 옮김

부·키

지은이 장하준은 서울대학교 경제학과를 졸업한 뒤 영국 케임브리지 대학교에서 경제학 석사 및 박사 학위를 받았다. 1990년 이래 케임브리지 대학교에서 경제학과 교수로 재직 중이며, 2003년에 신고전학파 경제학에 대한 대안을 제시한 경제학자에게 주는 뮈르달 상을, 2005년에 경제학의 지평을 넓힌 경제학자에게 주는 레온티예프 상을 최연소로 수상함으로써 세계적인 경제학자로 명성을 얻었다. 주요 저서로는 『사다리 걷어차기』(2004) 『개혁의 덫』(2004) 『쾌도난마 한국경제』(2005), 『국가의 역할』(2006), 『나쁜 사마리아인들』(2007) 등이 있다.

아일린 그레이블Ilene Grabel은 뉴욕 시립 대학교 경제학과를 졸업한 뒤 매사추세츠 주립 대학교 암허스트 캠퍼스에서 경제학 석사 및 박사 학위를 받았다. 현재 덴버 대학교 국제대학원에서 국제 금융·무역 및 경제 통합 분야의 경제학 전담 주임 교수로 재직 중이다. UN 대학 개발경제학 국제연구원의 자문위원으로 활동하면서, 비정부 국제기구인 새로운 국제 금융 질서를 위한 연대에 참여하고 있다.

옮긴이 이종태는 연세대학교 영문학과를 졸업하고 같은 학교 대학원에서 경제학 석사 학위를 받았다. 『매일신문』 경제부와 사회부를 거치면서 '한국전 직후 민간인 학살 사건' 관련 기사로 2001년 한국기자상을 수상하였고, 월간 『말』 편집장을 지내면서 장하준·정승일 박사와의 솔직한 대담을 모아 『쾌도난마 한국경제』를 엮어 냈다. 현재 금융경제연구소 연구위원으로 재직 중이다.

황해선은 성균관대학교 경제학과를 졸업한 뒤 영국 요크 대학교에서 MSC 석사 학위를 받았다. 메리츠증권 전략투자본부 벤처사업팀 및 대한상공회의소 경제조사부에서 근무하였으며, 현재 (주)엔터스코리아에서 전속 번역가로 활동하고 있다. 옮긴 책으로는 『그린스펀 경제학의 위대한 유산』, 『런치타임 경제학』, 『안락의자에 앉아 있는 경제학자들』 외 다수가 있다.

2008년 7월 18일 초판 1쇄 펴냄
2009년 10월 16일 초판 6쇄 펴냄

지은이 장하준·아일린 그레이블
옮긴이 이종태·황해선
펴낸곳 도서출판 부키
펴낸이 박윤우
등록일 1992년 10월 2일 등록번호 제2-1736호
주소 120-836 서울 서대문구 창천동 506-10 산성빌딩 6층
전화 02. 325. 0846, 325. 0842
팩스 02. 3141. 4066
홈페이지 www.bookie.co.kr
이메일 webmaster@bookie.co.kr
ISBN CODE 978-89-6051-033-3 03320

책값은 뒤표지에 있습니다.
잘못된 책은 바꿔 드립니다.

감사의 글

제드Zed의 뛰어난 편집자인 로버트 몰테노Robert Molteno의 격려와 조언이 없었더라면 이 책을 완성할 수 없었을 것이다.

던컨 그린Duncan Green은 중요한 장의 초고를 모두 읽고 유용한 조언을 해 주었다. 조지 디마르티노George DeMartino는 초고와 수정본을 몇 번씩 검토해 이 책의 내용이 크게 향상되도록 도와주었다.

장하준은 BK21 프로그램을 통해 고려대학교 경제학과에 연구 교수로 방문해 원고를 마무리 짓도록 후원해 준 한국연구재단Korea Research Foundation에 고마움을 전한다.

아일린 그레이블은 이 책을 저술할 수 있도록 재정 지원을 해 준 덴버 대학교의 교수연구기금Faculty Research Fund과 뛰어난 연구 조교인 피터 자와즈키Peter Zawadzki에게 고마움을 전한다. 또 신자유주의에 대한 구체적인 정책 대안을 생각하도록 아낌없이 지원해 준 덴버 대학교 국제대학원의 뛰어난 학생과 비정부기구에서 일하는 친구에게도 고마움을 전한다.

차 례

감사의 글 • 5
약어 설명 • 8
머리말 이제 다시 경제 발전을 요구한다 • 9

1부 경제 발전에 대한 신화와 현실

1 신화 1 오늘날 부유한 국가들이 성공을 거둔 이유는 자유 시장 원리를   **17**
지속적으로 실천했기 때문이다
    1.1 그릇된 신화   1.2 신화의 내용   1.3 신화의 기각

2 신화 2 신자유주의 정책을 채택한 개발도상국들은 경제적 번영을 누려 왔다   **27**
    2.1 그릇된 신화   2.2 신화의 내용   2.3 신화의 기각

3 신화 3 신자유주의적 세계화는 중단될 수도 없고 중단되어서도 안 된다   **43**
    3.1 그릇된 신화   3.2 신화의 내용   3.3 신화의 기각

4 신화 4 미국의 신자유주의적 자본주의 모델은 모든 개발도상국이 모방해야 할   **51**
이상적인 형태다
    4.1 그릇된 신화   4.2 신화의 내용   4.3 신화의 기각

5 신화 5 영미형 모델이 보편적 시스템인 반면 동아시아 모델은 특수한 시스템이다   **59**
    5.1 그릇된 신화   5.2 신화의 내용   5.3 신화의 기각

6 신화 6 개발도상국은 국제기구와 정치적으로 독립적인 국내 정책 기관이   **69**
요구하는 규율을 준수해야 한다
    6.1 그릇된 신화   6.2 신화의 내용   6.3 신화의 기각

2부 신자유주의를 극복할 정책 대안

7 정책 대안 1 무역과 산업 　　　　　　　　　　　　　　　　　　79
　　7.1 무역 정책　7.2 산업 정책

8 정책 대안 2 민영화와 지적재산권 　　　　　　　　　　　　　113
　　8.1 민영화　8.2 지적재산권

9 정책 대안 3 국제 민간 자본 흐름 　　　　　　　　　　　　　143
　　9.1 일반 분석　9.2 외국 은행 대출　9.3 포트폴리오 투자　9.4 외국인 직접투자

10 정책 대안 4 국내 금융 규제 　　　　　　　　　　　　　　　199

11 정책 대안 5 거시 경제 정책과 제도들 　　　　　　　　　　217
　　11.1 환율과 통화 정책　11.2 중앙은행 제도와 통화 정책　11.3 재정 정책

맺음말 경제 발전 정책의 부활을 둘러싼 장애물과 기회 • 263
참고문헌 • 268
추천도서 • 276

약어 설명

- CEO Chief Executive Officer 최고경영자
- ECLAC Economic Commission for Latin America and the Caribbean 라틴 아메리카 카리브 해 경제위원회
- ERP Economic Report of the (US) President 미국대통령경제보고서
- EPZ Export processing zones 수출촉진지역
- FTAA Free trade area of the Americas 미주자유무역지대
- FTZ Free trade zones 자유무역지역
- FDI Foreign Direct Investment 외국인 직접투자
- GATT General Agreement on Tariffs and Trade 관세와 무역에 관한 일반협정
- HDR Human Development Report 인간개발보고서
- ISI Import-substituting industrialization 수입대체산업화
- IPR Intellectual property rights 지적재산권
- IMF International Monetary Fund 국제통화기금
- ILO International Labour Organization 국제노동기구
- LTCM Long-Term Capital Management 롱텀캐피털매니지먼트
- MNC Multinational corporations 다국적기업
- NIH National Institute of Health 미국보건협회
- NICs Newly industrializing countries 신흥공업국
- NGO Nongovernmental organization 비정부기구
- NAFTA North American Free Trade Agreement 북미자유무역협정
- OECD Organization for Economic Cooperation and Development 경제협력개발기구
- PI Portfolio investment 포트폴리오 투자
- R&D Research and development 연구개발
- SOE State-owned enterprises 국영 기업
- SAP Structural adjustment programmes 구조 조정 프로그램
- TRIPS Trade-related aspects of intellectual property rights 무역 관련 지적재산권
- TNC Transnational corporations 초국적기업
- UN United Nations 국제연합
- UNDP United Nations Development Programme 국제연합개발계획
- VAT Value-added tax 부가가치세
- WTO World Trade Organization 세계무역기구

머리말
이제 다시 경제 발전을 요구한다

1980년대 영국의 마거릿 대처 Margaret Thatcher 수상은 급진적인 신자유주의 개혁을 추진하다 광범위한 반대에 부딪치자 이렇게 선언했다.

"대안은 없다."

대처 수상의 이 같은 선언은 신자유주의 정통 이론의 오만하고 완고한 우월주의를 여실히 드러내는 것으로, 신자유주의 정통 이론은 이런 식의 우월감에 젖어 지난 25년 동안 세계 곳곳에서 경제 정책 논쟁을 주도해 왔다.

이 책은 "대안은 없다."는 선언이 근본적으로, 그리고 위험스러울 정도로 그릇되었다는 가정에서 시작한다. 우리가 이 책을 통해 매우 구체적으로 논증하고 있듯이 신자유주의 정책에 맞서는 실현 가능한 대안들은 실제로 존재한다. 또 이런 대안들은 공정하고 안정적이며 지속 가능한 방법으로 경제 발전을 촉진할 수 있다. 물론 우리가 제안하는 대안들 중 일부는 아직 시도된 적이 없는 전략에 관한 것이다. 그러나 다른 수많은 대안들은 이미 전 세계적 차원에서 그 실현 가능성이 현실

속에서 입증되었다. 우리가 이런 대안들을 소개하는 이유는 한편으로는 "대안이 없다."는 관념을 깨기 위해서고, 다른 한편으로는 전 세계적 차원에서 진행 중인 '경제 발전 정책을 다시 요구'하는 역동적 움직임에 이바지하기 위해서다.

　우리는 다음과 같은 세 가지 이유 때문에 이 책의 출판이 시의적절하다고 생각한다.

　첫째, 신자유주의적 경제 정책들이 그나마 가장 중요하다고 천명해 온 목표를 달성하는 데 실패해 이미 심각한 문제를 야기하고 있다는 증거가 넘치는 데다 심지어 늘어나고 있기 때문인데, 특히 개발도상국에서 그렇다. 둘째, 경제 발전을 실현하는 경로가 다양하다는 사실을 입증할 수 있는 과거와 현재의 증거가 엄청나게 축적되었기 때문이다. 우리는 우선 여러 나라의 성공적인 경제 발전이 다양한 경제 정책의 결과였으며, 이 같은 경제 정책들 중 대부분은 오늘날 신자유주의 경제학자들이 옹호하는 정책과 오히려 상반된다고 주장한다. 셋째, 거침없이 날뛰던 신자유주의 경제학자들의 자신감이 요즘 들어 심각하게 동요하는 것으로 보이기 때문이다. 실제로 상당수 신자유주의 경제학자들은 최근 자신들이 이른바 '워싱턴 컨센서스Washington Consensus'라 부르는 신자유주의 정책의 마력에서 깨어 나기 시작했다고 밝히고 있다. 경제 발전이라는 어젠다에 대해 과거와는 다른 차원의 논의가 이루어지고 있는 것이다. 이런 움직임에 따라 '워싱턴 컨센서스 이후post-Washington Consensus' '신자유주의 이후post neo-liberal'의 정책 의제를 모색하는 논의가 일각에서 진행되고 있는데, 그 두드러진 사례로 페드로 파울 쿠친스키Petro-Paul Kuczynski와 존 윌리엄슨John Williamson이 2003년에 출간한

『워싱턴 컨센서스 이후 After the Washington Consensus』와 국제통화기금IMF의 경제학자 팀이 수많은 토론을 거친 후에 발표한 금융 국제화 관련 논문들이 있다(Prasad et al., 2003).

워싱턴 컨센서스 원안의 핵심 입안자들마저 경제 발전 정책을 재검토하게 되었다는 것은 매우 고무적인 일이다.* 그러나 신자유주의 경제학자들의 최근 연구에 따르면 워싱턴 컨센서스의 입안자들은 드디어 '진리를 찾았으며', 그래서 이전의 정책 처방을 극복하는 새로운 사고 체계로 넘어갔다고 한다. 그러나 실상은 전혀 그렇지 않다. 오히려 덜 중요한 몇 가지 정책 처방을 수정해 성가신 반박으로부터 워싱턴 컨센서스의 핵심 교리를 사수하기 위한 것으로 보는 게 옳다. 실제로 새로운 사고 체계는 (노동 시장 유연성 촉진에 대한 관심 등) 몇몇 중요한 정책 영역에서 신자유주의적 성격을 재확인하고 심지어 확장하기까지 한다. 이 같은 경향에 대해 하버드 대학교의 경제학자인 대니 로드릭Dani Rodrik은 2002년에 '확장된 워싱턴 컨센서스Augmented Washington Consensus'란 용어로 절묘하게 표현한 바 있다.

우리는 이 책에서 (기존 개념이든 확장된 개념이든 관계없이) 워싱턴 컨센서스를 대체할 수 있는 실질적인 대안을 제안하려고 한다. 우리의 목표는 지난 25년 동안 경제 발전 정책 논의를 지배한 신자유주의 교리에서 벗어나 '다시 경제 발전 정책을 요구'하는 것 그 이상도 이하도 아니다. 우리는 신자유주의 정책이 개발도상국을 질곡에 빠뜨린 메커니즘과 이유를 설명한 뒤 바람직하고 실현 가능한 다양한 정책 대안을 소개할 것이다.

이 책은 1부(1~6장)에서 여섯 가지 '경제 발전에 대한 그릇된 신화 Development Myths'를 제시한 뒤 이를 기각하는 것으로 시작된다. 이 '신화'들은 지난 25년 동안 개발도상국에서 추진되어 재앙에 가까운 결과를 가져왔던 신자유주의 정책을 정당화하는 데 사용되어 왔다.

2부는 이 책의 핵심이다. 2부에서 우리는 활동가, 정책 입안자, 경제 발전 정책 연구자들에게 신자유주의보다 우월한 일련의 구체적 정책들을 제공할 것이다. 세부적으로 보면 7장에서는 무역과 산업에 관한 정책, 8장에서는 민영화와 지적재산권, 9장에서는 외국 은행에서의 차입, 포트폴리오, 외국인 직접투자 등을 논의한다. 그리고 10장에서는 국내 금융 규제, 11장에서는 환율과 통화, 중앙은행과 통화 정책, 정부 수입과 지출 등을 다룰 것이다. 각각의 사례 연구에서 우리는 신자유주의적 정책 권고가 실패하였고, 때로 개발도상국에서 재앙에 가까운 결과를 낳은 이유를 설명할 것이다. 그런 후에 공정하고 지속 가능하면서도 신자유주의보다 경제 발전을 훨씬 더 촉진시킬 수 있는 정책 대안들을 제시할 것이다.

그러나 이 같은 일련의 제안들을 내놓으면서 특별히 강조하고 싶은 것은 바로 다원주의와 겸허한 정신이다. 우리는 '내 이론만이 유일하게 옳다.'는 신자유주의자들의 오만을 거부하며, 따라서 '바람직한' 정책을 위한 이상적이고 유일한 접근 방식이 존재한다고도 생각하지 않는다. 우리는 이 책이 신자유주의의 대안을 찾는 개발도상국, 국제기구, 비정부기구, 그리고 활동가 조직의 새로운 시도에 기여하기를 바랄 뿐이다.

최근 신자유주의 반대 진영에서는 신자유주의에 대한 도전을 포기하고 더 이상 믿을 만한 대안이 없다고 여기는 패배주의가 나타나고 있다. 우리의 책이 이 같은 패배주의에 대한 해독제가 되기를 희망한다.

또 우리는 이 책이 신자유주의 정책에 맞서 구체적인 대안을 추구하는 사람들에게도 힘을 실어 주었으면 한다. 이런 목적을 위해 우리는 구체적이고 이해하기 쉬운 방법으로 우리의 아이디어를 제시하려고 노력했다. 그렇게 해야 시간이 없는 정책 입안자나 경제학 비전공자들도 이 책을 활용할 수 있지 않겠는가. 그러나 이 책이 단지 경제 발전 정책에 대한 '입문서'인 것만은 아니다. 심지어 경제학 전문가들도 우리의 주장이 (평이하게 서술되었지만) 발전 경제학의 선도적 연구 성과에 탄탄하게 기반하고 있다는 사실을 부인하지는 못할 것이다.

우리는 이 책이 여러분에게 유용하고, 쉽게 이해할 수 있으며, 그래서 능력을 확장할 수 있는 도구로 사용되기를 바란다. 끝으로 우리는 이 책이 다양한 논의를 활성화하여 세계 곳곳에서 공정하고 안정적이며 지속 가능한 방식으로 빠른 경제 발전을 추구하는 분들이 다시 경제 발전 정책을 요구하는 계기가 되기를 희망한다.

---

* 특히 우리는 국제 유동 자본의 제한 없는 이동이 개발도상국에서 투기적 거품과 금융 위기를 일으킬 수 있다는 사실을 인정한 신자유주의자들의 최근 연구에 대해 기쁘게 생각한다.

또 우리는 이 책이 신자유주의 정책에 맞서 구체적인 대안을 추구하는 사람들에게도 힘을 실어 주었으면 한다. 이런 목적을 위해 우리는 구체적이고 이해하기 쉬운 방법으로 우리의 아이디어를 제시하려고 노력했다. 그렇게 해야 시간이 없는 정책 입안자나 경제학 비전공자들도 이 책을 활용할 수 있지 않겠는가. 그러나 이 책이 단지 경제 발전 정책에 대한 '입문서'인 것만은 아니다. 심지어 경제학 전문가들도 우리의 주장이 (평이하게 서술되었지만) 발전 경제학의 선도적 연구 성과에 탄탄하게 기반하고 있다는 사실을 부인하지는 못할 것이다.

우리는 이 책이 여러분에게 유용하고, 쉽게 이해할 수 있으며, 그래서 능력을 확장할 수 있는 도구로 사용되기를 바란다. 끝으로 우리는 이 책이 다양한 논의를 활성화하여 세계 곳곳에서 공정하고 안정적이며 지속 가능한 방식으로 빠른 경제 발전을 추구하는 분들이 다시 경제 발전 정책을 요구하는 계기가 되기를 희망한다.

* 특히 우리는 국제 유동 자본의 제한 없는 이동이 개발도상국에서 투기적 거품과 금융 위기를 일으킬 수 있다는 사실을 인정한 신자유주의자들의 최근 연구에 대해 기쁘게 생각한다.

Reclaiming Development

1부에서는 서로 달라 보이지만 실제로는 연관되어 있는 여섯 가지 '경제 발전에 관한 신화'들을 검토한다. 오늘날 개발도상국에게 적절하면서 실현 가능한 것으로 간주되는 경제 정책과 제도들은 바로 이 같은 신화에 근거한 일반적인 통념의 소산이다. 이 과정에서 논의되는 내용들은 경제 정책의 대안을 논의하는 2부의 무대 배경이 될 것이다.

1부의 각 장은 ('그릇된 신화'를 통해) 여섯 가지 경제 발전 정책에 관한 '신화'를 간략히 소개하고, ('신화의 내용'을 통해) 이 신화를 뒷받침하는 주장이 어떤 것인지를 설명한 다음, 마지막으로 ('신화의 기각'을 통해) 이 신화가 어떻게 그릇되었는지를 반박하는 방식으로 마무리 짓는다.

1부
경제 발전에 대한 신화와 현실

신화 1
오늘날 부유한 국가들이 성공을 거둔 이유는 자유 시장 원리를 지속적으로 실천했기 때문이다

1.1 그릇된 신화

오늘날 산업화된 국가들은 자유 시장주의 경제 정책을 지속적으로 실천한 덕분에 번영을 누리게 되었다. 불행하게도 개발도상국의 정책 입안자 중 상당수는 이런 교훈을 배우지 못하고 국가 개입주의 정책을 고집하고 있다. 그러나 국가 개입주의 정책은 경제학과 역사의 법칙을 부정하는 것인 만큼 실패할 수밖에 없는 운명이다.

1.2 신화의 내용

<u>부유한 국가들은 자유 무역과 금융의 자유로운 이동을 통해 번영했다.</u>

상당수 경제학자들은 영국, 미국 등의 국가가 세계 경제에서 선도적 지위에 오른 이유는 자유 시장 정책을 활발하게 추진했기 때문이라고

주장한다.¹ 자유 시장 정책은 무역과 금융 부문에서 국가가 관리하는 게 아니라 시장 기능에 의존한다. 이 전략은 정부의 규제 범위를 최소화하는 한편, 자원과 기업은 물론 심지어 아이디어에까지 사적 소유를 장려한다.

이 같은 관점에 따르면, 프랑스가 19세기 세계 경제의 선두 주자로서의 지위를 영국에 뺏긴 이유는 프랑스 정부의 악명 높은 간섭 때문이다. 이와 마찬가지로 일본 경제가 지난 10년 동안 극심한 침체에서 벗어나지 못한 것도 이 나라 지도자들이 국가 주도 경제 시스템을 자유화하는 데 실패했기 때문이다.

국가 개입이라는 바보짓의 폐해가 가장 극적으로 드러난 사례가 있으니, 그것은 바로 20세기 초에 산업화된 국가들이 채택한 바 있는 보호 무역주의라는 막간극의 실패다. 18세기 이후 자유 무역으로 성공한 영국을 따라 현재의 산업 국가 대다수는 늦어도 1870년대가 저물기 전까지 자유 무역을 국가 정책으로 채택했다. 이에 따라 자유 무역은 전례 없는 경제 성장의 시대를 열어 나갔으며, 이런 추세는 1913년까지 계속되었다.

그러나 아쉽게도 자유 무역의 시대는 1914년에 발발한 1차 세계 대전으로 막을 내리고, 경제적·정치적으로 불안정한 국면이 뒤따랐다. 이런 상황에서 각국 정부들은 보호주의를 강화했고, 대공황은 이 같은 추세를 더욱 악화시켰다. 1930년대에는 각국 정부들이 다양한 관세 장

---

1 이 같은 '정책 체제(policy regime)'는 당시에는 '자유주의(liberalism)'로 알려졌다. 현대식 용어로는 이를 '신자유주의(neoliberalism)'라고 한다. 이 개념은 2장에서 좀 더 자세하게 다룰 것이다.

벽을 서로에게 부과하는가 하면, '나부터 살고 보자beggar-thy-neighbor'는 식의 정책까지 펼치면서 자국 산업의 성장과 안정을 추구했으나 이는 부질없는 시도에 불과했다.

이 같은 보호 무역주의 또는 국수주의적인 무역 정책 노선은 결국 대공황이 장기화되도록 만들었고, 세계 무역 시스템을 붕괴시켰으며, 유럽에서는 파시즘의 발흥에 기름을 부었다. (부분적으로는 시장 경제 체제에서 후퇴한 결과로 발생한) 이 같은 경제적·사회적·정치적 불안은 또한 2차 세계 대전의 주요한 원인이 되었다.

오늘날의 산업화된 국가들이 다시 자유 무역 정책으로 복귀한 것은 2차 세계 대전이 끝난 뒤의 일이다. 그 이후 산업 국가들은 '관세 및 무역에 관한 일반협정GATT'과 최근의 '세계무역기구WTO' 등을 통해 무역 자유화를 추구해 왔다. 산업 국가들은 또한 자국 산업을 탈규제화하고 민영화했다. 이런 조치들은 세계를 번영으로 이끌었는데, 이는 특히 개발도상국에서 두드러졌다.

금융 부문에서도 비슷한 현상이 나타났다. 현재의 산업화된 국가들은 지난 200여 년 동안 점진적으로 규제 철폐, (국내에서나 국제적으로나) 시장이 자율적으로 중개하는 자본 이동 등의 혜택을 학습해 왔다. '금융 자유화'에는 시장을 통한 투자 자금의 배분, 투자자의 권리와 자유에 대한 보호, 투명성 유지 등 많은 요소가 포함된다. 금융 자유화를 향한 추세에 역행하는 현상이 이따금 나타나기도 했지만, 오늘날의 산업 국가 대부분은 국내적으로나 국제적으로 자본 이동을 시장의 자율적 기능에 맡기겠다는 확고한 신념을 지니고 있다.

개입주의적 경제 정책을 채택하는 정책 입안자의 성향 때문에 어려움을 겪어 왔다.

대다수 개발도상국들은 독립을 쟁취한 이후 매우 개입주의적인 경제 전략을 채택했다. 그 결과 개발도상국들의 경제는 침체 상태에서 헤어나지 못하고 있다.

개입주의는 다양한 요소로 구성되어 있다. 개입주의를 채택한 나라들은 '유치 산업 보호'와 '수입대체산업화[ISI]'를 추구하면서 고율의 관세, 제한적인 수입 할당, 대규모 보조금을 통해 국내 산업을 외국 산업과의 경쟁에서 격리시켰다. 또 이들 국가는 핵심 산업을 국유화하여 국영 기업[SOEs]을 세우고 민간 기업을 철저히 규제했다. 게다가 이들 국가는 은행 국영화, 국내 금융 활동 규제, 국가 간 자본 이동 규제 등을 통해 투자를 통제했다.

개발도상국 중 대다수는 1980년대 초반까지 이런 개입주의 정책을 유지했다. 하지만 그 당시 이미 개입주의 정책은 완전히 실패한 것으로 인식되고 있었다. 유치 산업 보호 정책은 자국 산업을 국제 경쟁력을 갖추는 수준으로 육성하겠다는 소기의 목적을 달성하지 못했다. 국영 기업 정책의 성과도 형편없었다. 국가 보조금, 시장 경쟁에서 격리 등의 지원 조치가 오히려 국영 기업을 비대하고 비효율적이며, 국가에 의존하는 조직으로 전락시켰던 것이다. 개발도상국의 금융 시장 역시 사정이 크게 다르지 않아, 이들 국가의 금융 기관은 전혀 생존 가능성이 없는 기업에 자금을 퍼주고 있었다. 더욱이 산업과 금융에 대한 통제는 광범위한 부패와 관료주의적인 복잡한 수속 절차를 만연시켰으며, 기업가 정신을 가진 인재들이 적절한 장소에 배치되지 못해 사회적 낭비로 이어지는 결과를 낳았다. 이와 함께 개입주의 정책은 막대한 예산 적자와 외채, 높은 물가 상승률, 무수히 많은 영역에서 경제 혼란 등을 유발했다.

1980년대에 개발도상국을 휩쓴 경제 위기는 이런 잘못된 정책의 직접적인 산물이었다. 이 위기를 거치면서 개발도상국의 성책 입안자들은 자유 시장 자본주의를 채택하게 되었지만, 시기적으로는 조금 늦은 감이 없지 않았다.

1.3 신화의 기각

산업화 성공의 '비밀' : 오늘날 산업화한 국가들이 만약 자유 무역과 자유로운 금융을 정책 기조로 채택했다면 그들은 부국이 되지 못했을 것이다.

역사적 기록을 '공정하게' 읽는다면, 오늘날의 산업 국가들은 초기 산업화 단계에 무수히 많은 개입주의적 산업·무역·금융 정책을 개척하고 수행해 왔다는 것을 알 수 있다. 사실 이들 국가는 초기 산업화 이후 단계에서도 개입주의 정책을 운용하는 경우가 잦았다.(이 책의 7~11장과 『사다리 걷어차기』를 참조하라.) 세계에서 가장 목소리 큰 자유 무역의 전도사인 영국과 미국도 산업화 초기에는 보호주의 정책을 적극적으로 활용했다. 우리는 보통 보호 무역과 산업 규제라면 독일과 프랑스를 떠올리지만, 실제로 영국과 미국은 독일이나 프랑스보다 훨씬 강력하게 보호주의 정책을 수행했다. 예를 들어 18세기의 영국은 수입 규제와 수출 진흥 정책을 통해 당대 최고의 산업 국가였던 네덜란드와 벨기에에

도전했다(7장 참조). 일본과 다른 국가들도 2차 세계 대전 이후 수십 년 동안 이런 정책을 효과적으로 활용했다.

하지만 그 어떤 나라보다 보호주의를 적극적으로 활용한 국가는 바로 미국이다! 미국은 19세기 중반부터 2차 세계 대전까지 세계에서 가장 보호주의적인 정책을 펼치는 국가였다. (단지 20세기 초반에 잠시 러시아가 미국보다 보호주의적인 경제를 유지했을 뿐이다.) 또한 미국은 유치 산업 보호 정책의 지적인 모국으로, 이 정책은 이후 독일과 일본에서 성공적으로 활용되었다(7장 참조).

현재의 산업 국가 중 대다수는 공격적인 산업 정책을 통해 2차 세계 대전으로 황폐화된 국민 경제를 재건하고 근대화했다. 심지어 일본, 프랑스, 노르웨이, 오스트리아, 핀란드 등은 무역을 자유화하는 기간 동안에도 적극적으로 산업 정책을 수행하였으며, 2차 세계 대전 이후 시행된 경제 구조 전환에서도 산업 정책은 특히 중요한 역할을 담당했다. 이 기간 동안 프랑스, 오스트리아, 노르웨이 등에서도 국영 기업의 비중은 매우 높았다. 비록 미국은 산업 정책과 관계없다는 미신이 널리 유포되어 있긴 하지만, 실제로는 미국조차 산업 정책에 의존했다. 예컨대 미국은 국방, 제약 등의 연구개발R&D 부문에 국가가 막대한 투자와 지원을 퍼부었으며, 대규모 농업 지원금 역시 사실상 민간 부문에 상당한 영향을 미치는 산업 정책과 마찬가지다.[2] 트랜지스터, 레이더, 컴퓨

---

2 2차 세계 대전 이후 미국의 연구개발비 중 50%에서 67% 정도는 연방정부가 지원했다(Mowery and Rosenberg 1993 표 2.3 참조). 1989년에도 미국 정부는 자국 연구개발비의 46.4%를 지원했다. 이에 비해 같은 해 일본 정부는 자국의 연구개발비 중 16.4%밖에 지원하지 않았다(Odagiri and Goto 1993 표 3.3 참조). 이는 일본이 국가 개입주의적인 정책을 펼친다는 통념에 비춰 볼 때 다소 놀라운 수치다.

터, 핵분열, 레이저 기술, 인터넷 등의 개발 역시 연방정부의 국방 관련 보조금과 직접적으로 관련되어 있다.

아울러 산업화된 국가들은 2차 세계 대전 이후 다양한 개입주의적 금융 정책을 펼쳤고 그 효과를 톡톡히 누렸다. 이들 국가는 2차 세계 대전 이전까지만 해도 중앙은행이나 효과적인 금융 규제가 없는 탓에 끊임없이 금융 불안을 겪었다. 그러므로 2차 세계 대전 이후 금융 부문의 안정과 그에 따른 성장은 이 시기를 특징짓는 효과적인 금융 규제 덕택이라 할 수 있다.

2차 세계 대전 이후 일본과 유럽 국가 대부분은 자국의 금융 부문이 산업 개발과 고도 산업 성장에 이바지하도록 정책을 펼쳤다. 예를 들어 프랑스 정부는 (정부가 통제하는 중앙은행을 통해) 산업 정책의 목표에 따라 금융 시스템을 운용했다. 일본 정부는 (중앙은행과 재무성을 통해) 전략적인 산업 부문이 유리한 조건으로 충분한 자금 지원을 받도록 정책을 펼쳤다.

9장에서 살펴보겠지만 거의 모든 산업 국가는 2차 세계 대전 이후부터 1980년경까지 국제 자본 이동을 강력하게 통제했다. 자본 통제로 알려진 이런 정책은 경제 개발을 촉진하고 자본의 갑작스런 이탈에서 발생할 수 있는 불안정에서 자국 경제를 보호하기 위해서였다. 다만 미국은 2차 세계 대전 이후 (1960년대 초반의 짧은 기간을 제외하고) 자본 통제에 실패한 거의 유일한 국가였다. 미국에서 자본 통제가 이루어지지 못한 것은 이 나라의 독특한 지위, 즉 세계적인 금융 초강대국이라는 점에서 가장 큰 원인을 찾을 수 있다.

마지막으로 강조해야 할 것은 산업 국가의 정책 입안자들이 비록 입으로는 자유 시장의 미덕을 소리 높여 찬양하지만, 실제로는 금융 위기를 방지하고 국가 (또는 부문) 이익을 지키기 위해 기꺼이 시장에 개입하거나 재조정한다는 사실이다. 실제로 미국 정부는 최근에도 여러 차례에 걸쳐 금융, 경제 리스크를 사회화한 적이 있다. 그 예로 크라이슬러에 대한 구제(1980년), 수십억 달러의 공적 자금이 지원된 저축 대부 은행 사태(1989년), 헤지 펀드인 롱텀캐피털매니지먼트LTCM 사태(1998년), 항공 산업 구제 조치(2001년) 등이 있다. 이 각각의 사례에서 미국 정부는 투자자의 신뢰를 회복하고 금융 시장의 안정을 촉진하기 위해서 기꺼이 자유로운 금융 시장의 원칙을 포기했다.

개발도상국에 관한 진실: 개발도상국의 성공담은 잘 설계된 국가 개입 프로그램에 따른 것이다.

2장에서 설명하겠지만, 대다수 개발도상국들은 자유 시장 정책을 펼친 1980년 이후보다 2차 세계 대전이 끝난 뒤 개입주의 시대에 훨씬 더 우수한 경제적 성과를 거두었다. 실제로 개입주의 기간 동안 개발도상국의 성과는 현재의 산업 국가가 개발 시기에 달성했던 성과보다 절대적으로나 상대적으로나 훨씬 더 인상적이다.

개발도상국이 정말 형편없는 경제 성과를 거둔 시기는 2차 세계 대전 이전이었다. 이 기간에 개발도상국들은 식민 종주국의 강요로 극단적인 자유 시장 정책을 수용해야 했다. 명목상 독립 국가였다고 해도 조약에 따라 관세 자주권이나 중앙은행 설치권을 박탈당했기 때문에 자유 시장 정책을 따를 수밖에 없었다. 이에 따른 당연한 결과로 이들 국가는 성장 침체나 경기 하락을 겪었다. 개발도상국의 경제 실적은 2

차 세계 대전이 끝나고 나서야 개선되기 시작했다. 이는 일부 국가의 독립과 그에 따른 이데올로기적 환경이 우호적으로 조성되면서 정책 입안자들이 개입주의 전략을 추진할 수 있었기 때문이다.

　이것은 국가의 개입이 언제나 소기의 성과를 거둔다는 이야기는 아니다. 국가 개입이 참담하게 실패하는 경우도 있다. 그러나 가장 극적인 성공 사례를 살펴보면, 경제 발전의 성공이 다양한 형태의 개입주의와 연관이 크다는 사실을 알 수 있다. 사실 홍콩을 제외하면, 동아시아의 '기적'은 경제 발전과 금융 안정을 공격적으로 추진한 적극적인 '개발 국가'에 의해 주도되었다(Woo-Cumings 1999 참조). 중국과 인도 역시 경제 문제에서는 국가의 강력한 지휘를 통해 성공적으로 경제 개발을 달성해 왔다(5장, 7~11장 참조).

차 세계 대전이 끝나고 나서야 개선되기 시작했다. 이는 일부 국가의 독립과 그에 따른 이데올로기적 환경이 우호적으로 조성되면서 정책 입안자들이 개입주의 전략을 추진할 수 있었기 때문이다.

이것은 국가의 개입이 언제나 소기의 성과를 거둔다는 이야기는 아니다. 국가 개입이 참담하게 실패하는 경우도 있다. 그러나 가장 극적인 성공 사례를 살펴보면, 경제 발전의 성공이 다양한 형태의 개입주의와 연관이 크다는 사실을 알 수 있다. 사실 홍콩을 제외하면, 동아시아의 '기적'은 경제 발전과 금융 안정을 공격적으로 추진한 적극적인 '개발 국가'에 의해 주도되었다(Woo-Cumings 1999 참조). 중국과 인도 역시 경제 문제에서는 국가의 강력한 지휘를 통해 성공적으로 경제 개발을 달성해 왔다(5장, 7~11장 참조).

차 세계 대전이 끝나고 나서야 개선되기 시작했다. 이는 일부 국가의 독립과 그에 따른 이데올로기적 환경이 우호적으로 조성되면서 정책 입안자들이 개입주의 전략을 추진할 수 있었기 때문이다.

이것은 국가의 개입이 언제나 소기의 성과를 거둔다는 이야기는 아니다. 국가 개입이 참담하게 실패하는 경우도 있다. 그러나 가장 극적인 성공 사례를 살펴보면, 경제 발전의 성공이 다양한 형태의 개입주의와 연관이 크다는 사실을 알 수 있다. 사실 홍콩을 제외하면, 동아시아의 '기적'은 경제 발전과 금융 안정을 공격적으로 추진한 적극적인 '개발 국가'에 의해 주도되었다(Woo-Cumings 1999 참조). 중국과 인도 역시 경제 문제에서는 국가의 강력한 지휘를 통해 성공적으로 경제 개발을 달성해 왔다(5장, 7~11장 참조).

차 세계 대전이 끝나고 나서야 개선되기 시작했다. 이는 일부 국가의 독립과 그에 따른 이데올로기적 환경이 우호적으로 조성되면서 정책 입안자들이 개입주의 전략을 추진할 수 있었기 때문이다.

이것은 국가의 개입이 언제나 소기의 성과를 거둔다는 이야기는 아니다. 국가 개입이 참담하게 실패하는 경우도 있다. 그러나 가장 극적인 성공 사례를 살펴보면, 경제 발전의 성공이 다양한 형태의 개입주의와 연관이 크다는 사실을 알 수 있다. 사실 홍콩을 제외하면, 동아시아의 '기적'은 경제 발전과 금융 안정을 공격적으로 추진한 적극적인 '개발 국가'에 의해 주도되었다(Woo-Cumings 1999 참조). 중국과 인도 역시 경제 문제에서는 국가의 강력한 지휘를 통해 성공적으로 경제 개발을 달성해 왔다(5장, 7~11장 참조).

신화 2
신자유주의 정책을 채택한 개발도상국들은 경제적 번영을 누려 왔다

2.1 그릇된 신화

지난 20년 동안 신자유주의 정책을 채택한 개발도상국들은 번영을 누려 왔으나, 국가 주도 발전 모델을 고수한 개발도상국들은 정체되었다. 여기서 얻을 수 있는 교훈은 명백하다. 즉 신자유주의야말로 개발도상국이 경제 발전과 번영을 이룰 수 있는 유일한 길이라는 것이다.

2.2 신화의 내용

다른 체제들이 줄곧 실패하는 가운데 신자유주의만은 성공을 거두어 왔다.

'신자유주의'는 18~19세기 (애덤 스미스와 데이비드 리카도 같은) 고전파 '자유주의' 경제학자들의 자유 시장 교리를 현대적 맥락에서 차용한 개념이다. 최근에는 '워싱턴 컨센서스Washington Consensus'가 신자유주의와 동의어로 사용되고 있는데, 이는 신자유주의 개혁을 강력히 옹호하고 있는 미국 연방정부, 국제통화기금IMF, 세계은행World Bank 등이 모두 워싱턴 DC에 소재하고 있기 때문이다.[3] 이들은 수많은 산업 국가의 정부와 기업들, 그리고 개발도상국의 여러 개혁 주체들이 신자유주의 운동을 확산할 수 있도록 지원해 왔다.

신자유주의는 주로 다음과 같은 세 가지 요소로 구성되어 있다.

첫째, 신자유주의는 경제 부문의 지배 구조economic governance와 (가격 지지나 가격 상한제 폐지, 무역 자유화, 시장에서의 환율 결정 등을 통한) 재화와 자본 흐름을 조정하는 데 (정부보다) 시장의 역할을 강화한다. 둘째, 신자유주의는 민간 부문과 (민영화와 규제 철폐 등을 통해) 사적 소유권의 범위를 확장하고 그 역할을 강조한다. 셋째, 신자유주의는 (균형 예산, 노동 시장의 유연성, 낮은 인플레이션 등) 특정 규범을 '건전한 경제 정책'이라고 주장하며 이를 장려한다.

이런 정책들이야말로 오늘날 국제화된 세계 경제에서 개발도상국이

---

[3] Rodrik(2002)은 신자유주의자들이 이 의제에 부과하고 있는 수많은 제도적 요청을 반영하기 위해 '확장된 워싱턴 컨센서스(Augmented Washington Consensus)'라는 용어를 사용한다. 예컨대 바람직한 지배 구조의 필요성, 반부패 대책, 반빈곤 정책, 그리고 가장 주목할 만한 내용으로 유동성과 국제 자본 이동에 대한 약간의 통제 등이 있다. Kuczynski and Williamson(2003)은 이런 관점을 잘 보여 주는 전형적인 논문이다. 이들은 원래의 워싱턴 컨센서스를 거부하는 것이 아니라 오히려 10년 전의 [신자유주의] 개혁을 거스르지 않고 완벽하고 올바르게 보완하는 방향으로 진전시켰다는 점을 강조한다(18). 그러나 현실에서 이런 새로운 컨센서스는 다른 목표보다 (특히 노동과 환율, 제품 시장에서의) 자유화와 재정 정책을 우선적으로 확산시키도록 만들고 있다. 이런 모습은 2001년과 2002년 사이 아르헨티나와 브라질이 IMF와 협상하는 과정에서 두드러지게 나타났다. 이때 IMF는 신자유주의 개혁을 충실하게 이행한다는 조건으로 이들 나라에 구제 금융을 제공했다.

경제적 번영을 달성할 수 있는 유일한 경로다. 지난 20년 동안 세계 도처에서 이 같은 정책들이 실제로 펼쳐졌을 때 신자유주의는 성장률을 극적으로 향상시켰고, 생활수준을 높였으며, 민주주의와 투명성을 진척시켜 왔다.

지난 20년을 돌이켜 보면 신자유주의가 분명한 성과를 거두었다는 것이 뚜렷하게 드러난다.

신자유주의 '혁명'은 2차 세계 대전 이후부터 1970년대까지 세계 도처에서 광범위하게 실행되었던 개입주의적 정책의 실패에서 비롯되었다. 이때는 국제 무역과 금융 자유화가 진행되었다고는 해도 산업 국가들은 케인스 학파의 '조세와 지출tax-and-spend' 정책을 추진하며 경제를 심하게 규제하던 시기였다. 지나친 정부 지출은 높은 물가 상승률과 낮은 저축률, 민간 투자의 위축으로 이어졌고, 높은 세금과 과도한 사회적 비용, 극심한 정부 규제는 민간 부문의 진취적 기업가 정신을 고사시켰다. 또 이미 살펴봤듯이 개발도상국들도 이런저런 형태의 국가 개입주의를 추진했으나 이 정책들 역시 비생산적이고 지속 가능하지 않은 것으로 드러났다.

1980년대에 시작해서 지금까지 진행되고 있는 신자유주의 혁명은 이미 놀라운 성과를 거두고 있다. 정부의 역할 축소는 예산 적자와 물가 상승에 대한 압박을 줄였으며 시장 경쟁, 효율성, 민간 부문의 주도력, 기업가 정신을 활성화시키고 있다. 신자유주의에 의해 도입된 이런 인센티브와 기회는 효율성, 저축, 국내외 투자까지 활성화시켰다. 가장 중요한 사실은 신자유주의가 전 세계적 차원에서 경제 성장을 촉진했을 뿐 아니라 생활수준까지 높였다는 점이다.

아울러 신자유주의는 개발도상국에서도 민주주의, 바람직한 지배 구조, 건전한 경제 정책 등을 활성화시켰는데, 여기에는 다음과 같은 이유가 있었다. 첫째, 시장 경제와 연관된 경제적 자유주의는 정치적으로 독재와 부정 축재의 기반을 약화시키기 때문이다. 둘째, 국제 투자자들은 대개 부패하거나 독재적인 정부가 다스리는 국가를 피하기 때문이다. 셋째, 신자유주의는 정부와 기업을 국제 사회로 끌어들임으로써 이들이 자국의 정책 수행과 비즈니스 관행을 국제 사회의 규범에 따르도록 하기 때문이다.

신자유주의가 이토록 우수한 이론인데도 지난 20년 동안 신자유주의 개혁을 추진해 온 개발도상국들이 때때로 금융 위기에 시달려야 했던 이유는 도대체 무엇인가? 그것은 신자유주의 이론이 잘못된 것이 아니라 개발도상국 정부들이 신자유주의 개혁을 제대로 실천하지 못했기 때문이다. 개발도상국들이 정부 지침을 통해 그들이 배려하는 '고객들'에게 자금(신용)을 몰아주거나, 특정 투자에 대해서는 리스크에서 배제하는 조치를 취하는 등 경제 문제에 지속적으로 개입한 탓에 위기가 발생한 것이다. 그렇다면 이 문제에 대한 해결책은 지금보다 신자유주의 정책을 완화하는 것이 아니라 신자유주의 정책을 더욱 강화하는 것이다.

2.3 신화의 기각

<u>지금까지의 사실들을 보면 신자유주의는 이 이론의 자체적 기준으로 봐도 실패했다는 것이 드러난다. 신자유주의는 경제 성장을 이루지 못했다.</u>

대략적으로 살펴봐도 신자유주의는 지난 20년 동안 경제 성장을 이루는 데 참담하게 실패했다는 사실이 드러난다. 하버드 대학교의 경제학자인 대니 로드릭(Dani Rodrik 2002)은 신자유주의가 실패한 가장 명확한 증거로 1990년대의 끔찍한 저성장을 인용한 바 있다. 놀랍게도 1950~1980년대의 개입주의 시대보다 1990년대의 신자유주의 시대에 더 높은 평균 성장률을 기록한 나라는 아르헨티나와 칠레, 우루과이 등 세 나라뿐이다. 그나마 아르헨티나 경제는 1990년대 이후 급격히 몰락해 이웃의 소국인 우루과이에까지 치명적인 영향을 미쳤는데, 그 원인은 신자유주의 정책의 실패였다. 칠레가 성공한 것도 신자유주의 정책 덕분이 아니다. 칠레는 (산림업 같은) 특정 수출 산업에 정부 보조금을 지원하는가 하면, 더 중요하게는 1990년대 대부분의 시기 동안 자본 이동을 엄격하게 통제하는 등 '비정통적인 정책'을 추진했다(9장의 9.3 참조).

산업 국가의 1인당 연간 소득 성장률도 1960~1980년대의 개입주의 시대에는 3% 수준이었으나, 1980~2000년의 신자유주의 시대에는 2%로 하락했다.[4] 개발도상국의 상황은 훨씬 더 나쁘다. 같은 기간 동안

---

[4] 이곳과 다음 절에서 인용한 데이터는 Weisbrot et al(2001)에서 가져왔다. 아울러 신자유주의 성장 실패에 관해서는 Chang(2002: 4장)을 참조하라.

개발도상국에서 1인당 연간 소득 성장률은 3%에서 1.5%로 떨어졌다. 실제로 지난 20년간 개발도상국에서 1인당 GDP 성장률의 중앙값median rate은 영(0)이었다. 무엇보다 걱정스러운 사실은 (1인당 GDP가 375달러에서 1121달러인) 가장 가난한 개발도상국의 1인당 GDP 성장률이 개입주의 시대(1960~1980년)에는 그리 나쁘지 않은 1.5%를 기록했으나, 신자유주의 시대에 접어들면서 0.5%로 하락했다는 점이다. 간단히 말해 모든 국가의 1인당 GDP 성장률이 신자유주의 시대 이전 20년 동안보다 신자유주의 시대에 평균적으로 크게 저조했다는 것이다.

그러나 이런 참담한 통계들마저 신자유주의의 끔찍한 결과를 제대로 반영하는 것이 아니라 오히려 지나치게 변호하는 측면이 없지 않다. 지난 20년간 개발도상국 전체의 성장률에는 중국과 인도라는 두 거대 개발도상국이 이루어 낸 급속한 경제 발전의 성과가 보태져 있기 때문이다. 그리고 중국과 인도는 절대로 신자유주의 정책을 추종하지 않았다. 신자유주의 시대 동안 라틴 아메리카는 사실상 성장을 멈췄고, 사하라 사막 이남의 아프리카 국가는 마이너스 성장을 기록했다. 그리고 이전에 공산 국가였던 상당수 나라들은 붕괴했다. 예를 들어 라틴 아메리카와 카리브 해 국가들에서 1980~2000년대의 1인당 GDP 성장률은 7%에 그쳤다. 이 지역이 1960~1980년까지 75%의 성장률을 기록했던 것과는 대조적이다. 사하라 사막 이남의 아프리카 국가들의 데이터는 더욱더 놀랍다. 이들 국가에서 1960~1980년의 1인당 GDP 성장률은 34%였지만, 그 이후 1980~2000년의 성장률은 15% 정도에 불과하다.

요약하자. 다음 두 가지 사실만 봐도 신자유주의가 경제 성장을 촉진한다는 주장은 간단히 기각된다. 오늘날 세계에서 가장 높은 성과를 올리고 있는 개발도상국은 고도로 개입주의적인 정책을 펼치는 국가들이다. 그리고 개발도상국들 전반의 경제 성과는 개입주의 시대 이후 신자유주의 시대에 결정적으로 악화되었다.

경제 성장 부문에서 신자유주의의 실패는 무엇을 의미하는가.
그것은 신자유주의 정책을 추진하는 국가가 신자유주의 도입 그 자체로
발생하는 각종 사회 경제적 비용마저 수습하지 못하게 된다는 사실이다.

신자유주의로 경제 성장을 이루지 못한다는 것은 단지 문제의 시작일 뿐이다. 더 나쁜 일은 신자유주의 제도에 따른 보잘것없는 경제 성장이 그 밖의 영역에서 수많은 부작용을 초래한다는 사실이다.

신자유주의자들은 신자유주의로 전환하는 이행 과정에서 단기적인 '조정 비용'이 따른다는 점을 인정한다. 예를 들어 사회적 지출의 감소는 생활수준을 악화시킬 수 있고, 특정 분야에 대한 정부의 지원 축소는 실업으로 귀결될 수도 있다. 그러나 신자유주의자들은 이런 조정 비용이 일시적이라고 주장한다. 새로운 신자유주의적 환경은 개인과 기업이 적응할 매력적인 기회를 제공해 더 큰 부를 창출하기 때문이다. 더욱이 신자유주의자들은 신자유주의에 따른 성장으로 '파이'가 커진다고 주장한다. 정부는 이 같은 '파이'를 신자유주의 제도를 도입함에 따라 일시적으로 삶의 근거지를 잃은 사람들에게 분배할 수 있다는 것이다. 그럴듯하게 들리지만 사실은 허약하기 짝이 없는 주장들이다. 왜 그런가.

첫째, 신자유주의는 새로운 문제를 야기하고 기존의 문제를 악화시킨다. 예를 들어 은행과 환율 시스템의 취약성을 악화시키고 금융 위기를 상시화하며(Grabel 2002), 불평등과 빈곤이 확산되도록 한다. 이런 문제들은 특히 개발도상국에서 오랫동안 지속되어 대다수 국민에게 고통을 준다(7~11장 참조). 신자유주의 옹호자들의 주장과 달리 신자유주의는 이런 문제들의 근본적인 원인이다. 따라서 신자유주의를 확장하는 것은 더 이상 해결책이 될 수 없다.

둘째, 신자유주의 체제하의 정부는 신자유주의 도입으로 삶의 기반을 잃은 사람들에게 보상 수단을 제공할 동기도 방법도 없다. 이렇게 되는 데는 여러 가지 이유가 있다. 우선 신자유주의에 따르면 정부는 사회복지에 최소한의 책임만 지는 것을 기반으로 하는데, 이는 광범위한 사회복지 정책이 자유 시장과 관련된 인센티브를 왜곡시키기 때문이다. 또 신자유주의 정책의 가장 중요한 목표 중 하나는 물가 상승을 저지하는 것인데, 그러기 위해서도 정부는 되도록 사회적 지출을 억제해야 한다. 더욱이 신자유주의로 삶의 권리를 박탈당한 소외 집단은 정부로부터 보상을 얻어 낼 정치력도 충분치 못하다(DeMartino 2000). 설사 정부가 이런 소외 계층에게 보상 수단을 제공하려는 정치적 의지를 가지고 있다 해도 이를 실천할 수 있는 자원을 확보할 수 없다는 것도 문제다. 그 이유는 신자유주의가 조세 기반을 줄이고, 균형 예산에 우선순위를 두며, 국제적으로 이동하는 기업과 투자자에게는 과세하기 힘든 시스템이기 때문이다(11장의 11.3 참조).

신자유주의는 국가 내부와 국가들 사이의 불평등을 심화시킨다.

신자유주의는 성장을 확산시키기보다는 국제적으로 불균형과 불평등을 조장하는 시스템이다. 가장 중요한 사실을 들면, 민간 자본의 흐름은 이미 성장-투자-생산성 향상의 선순환virtuous cycle이 이루어지고 있는 국가에만 집중되는 경향이 있다(9장의 9.1 참조). 신자유주의자들의 주장과 달리 외국의 민간 자본 유입은 빠른 성장을 창출하기보다는 빠른 성장을 쫓아 간다. 타이완, 한국, 중국이 이런 과정의 전형적인 사례다. (그리고 이들 국가는 용의주도한 개입주의적 정책을 성공시킨 대표적인 사례이기도 하다.) 따라서 개발도상국(특히 최빈국)들은 외자 유입을 바라기 전에 지속 가능한 성장을 일으킬 수 있는 정책부터 제도화하는 것이 옳다.

수많은 연구자들이 논증한 바에 따르면, 신자유주의 시대에도 국제 민간 자본의 흐름은 생산적인 경제 활동이 집중적으로 이루어지는 지역으로 몰렸다.

신자유주의 시대 동안에 국제적으로 생산적 경제 활동이 군집화하고, 이와 관련해 민간 자본의 흐름이 집중하는 현상을 보여 주는 많은 연구가 있다. 다국적기업MNCs에 의해 유입되는 투자, 즉 외국인 직접투자FDI는 이런 추세를 더 명백하게 보여 준다. 경제 이론과 달리 대다수 외국인 직접투자는, 자본이 빈약한 남반구 국가가 아니라 자본이 풍부한 북반구 국가로 향한다. 예를 들어 2000년에는 전 세계 외국인 직접투자 총액 중 15.9%와 포트폴리오 투자PI로 불리는 금융 자산의 국경 간 총 투자액 중 5.5%만이 남반구 국가들에 유입되었다. 게다가 남반구 국가에 유입된 이런 자본 흐름조차 매우 집중되는 경향을 보였다.[5] 예를 들어 2002년에 전체 외국인 직접투자의 37%가 중국에 몰렸고, 개발도상국에 투자된 자금의 70%는 10개 국가에 집중되었다. 이와 대조적으로 같은 해 그 어느 나라보다 자본이 필요했던 사하라 사막 이남의 가장 가난한 아프리카 국가들은 총 외국인 직접투자액 중 4.9%만을 받았을 뿐이다(9장의 9.1 참조).

신자유주의 체제하에서 나타나는 민간 자본 흐름의 이런 집중 현상은 부분적으로 국가 간 불평등을 심화시키는 결과로 이어졌다. 국제연합개발계획UNDP은 1960년대에 세계 인구 중 가장 부유한 20%는 가장 가난한 20%보다 총 소득이 30배나 높다는 결과를 발표했다. 그러나 신자유주의 시대가 시작된 1980년에는 이 비율이 45배, 1989년에는 59배, 1997년에는 70배로 높아졌다(UNDP 2001, 1999). 이렇듯 신자유주의 시대에는 부국과 빈국 사이의 불평등은 거의 두 배로 높아졌다. 이와 같이 차이가 확대되는 것은 특히 사하라 사막 이남의 아프리카 국가에서 두드러진다. 1960년에 이들 국가의 1인당 소득은 산업 국가의 1인당 소득의 11%정도였다. 그러나 1998년이 되자 그 차이는 더 벌어져 5.5%로 떨어졌다(UNDP 2001: 16).

신자유주의 혁명은 또한 국가 내의 불평등도 심화시켰다. 코르니아(Cornia 2003)가 73개 국가를 철저히 연구한 실증 분석에 따르면, 지난 20년간 이들 국가 중 53개국에서 소득 집중 현상이 급속하게 심화되었다. 코르니아는 지역별로 다음과 같은 결론을 내렸다.

"이런 (소득 집중) 증가는 남아시아, 동남아시아, 동아시아에서는 크게

---

[5] 이 절에서 인용한 모든 데이터는 여러 해에 걸쳐 발간된 세계은행에서 가져왔다.

드러나고 있지 않지만, (신자유주의로 이행하고 있는) 체제 전환 국가에서는 일반적 현상이다. 라틴 아메리카와 경제협력개발기구OECD 국가에서도 보편적인 현상이라 할 수 있는데 그 사례도 늘어나고 있다."(2000: 9)

그는 국가 내에서 불평등이 커지는 것은 신자유주의 개혁의 다양한 양상 때문이라는 결론을 내린다. (가장 중요한 양상은 자본 이동의 자유화, 국내 금융 시장과 노동 시장의 자유화, 조세 개혁 등이다.)[6]

특히 주목할 만한 사실로 소득 불평등은 신자유주의 이념을 완전히 수용하지 않은 국가들보다 미국이나 영국처럼 신자유주의 이념을 전면적으로 받아들인 나라에서 더 빠르게 진행되고 있다(UNDP 2001: 18). 영국에서 상위 1% 계층이 차지하는 소득 비중은 1976년에 5.37%에서 1998년에 9.57%로 높아졌다(Atkinson 2002). 미국 경제를 분석한 폴 크루그먼Paul Krugman은 다음과 같은 사실에 주목했다.

"미국 가계의 1%는 총 세전 소득의 16% 정도, 세후 소득의 14% 정도를 가져간다. 이 비율은 지난 30년 동안 거의 두 배로 높아졌고, 이제는 하위 40% 계층의 소득과 맞먹고 있다."(Krugman 2002: 67)

크루그먼은 또한 (의회 예산국의 연구 자료를 인용하면서) 1979년과 1997년 사이에 상위 1% 가계의 세후 소득은 157%나 증가했지만, 중위 계층 가계의 소득은 10%밖에 증가하지 않았다고 지적했다(64). 더 주목할 만한 점은 미국에서 소득 증가의 차이가 확대되면서 최상위 부유층의 소득은 더 높아지고, 중산층은 위축되고 있으며, 극빈층은 더 가난해지

---

6 체제 전환 국가와 아시아에 관해서 관련 사실을 보려면 UNDP(1999: 36), 전체 인구 중 83.8%의 불평등이 악화되고 있는 라틴 아메리카에 관해서는 ECLAC(2002: 83)을 참조하라.

고 있다는 사실이다.

이처럼 소득 불평등이 악화되어 온 미국의 사례를, 같은 기간 동안 국제 무역과 자본 이동을 개방했으면서도 사회 민주주의 경제 체제라는 훌륭한 수단을 유지하고 있는 스웨덴의 경험과 비교해 볼 수 있을 것이다. 다시 크루그먼의 말을 인용해 보자.

"스웨덴 가계 중간층과 미국 가계 중간층의 생활수준을 대략적으로 비교해 볼 수 있다. 임금에서는 스웨덴 중간층이 미국의 비슷한 계층보다 이럭저럭 더 높다. 스웨덴 중간층이 부담하는 세금은 미국보다 많다. 그러나 스웨덴의 높은 조세 부담은 전체적으로 미국보다 더 나은 공공 서비스와 공적 의료보험에 의해 상쇄된다. 그리고 소득 분배를 좀 더 세심하게 살펴보면 스웨덴의 생활수준이 미국보다 낫다. 스웨덴에서 하위 10% 가계는 미국의 동일한 소득 계층보다 60% 정도 더 높은 소득을 누린다. 그리고 미국에서는 너무나 일반적인 극빈층이 스웨덴에는 거의 없다. 한 가지 실례를 들어 보면 1994년에 하루 소득이 11달러 미만인 인구가 스웨덴에서는 6%에 지나지 않았지만 미국에서는 14%에 달했다."(76)

상당수 개발도상국에서는 신자유주의 시대를 거치며 빈곤 문제가 더욱 악화되었다. 이전 시대에 개선되었던 사회 환경도 신자유주의 시대에 접어들면서 오히려 퇴보하였다.

흔히 신자유주의자들은 지난 20년 동안 세계 인구 중 극빈층의 비율이 전반적으로 줄어들었다고 주장한다. 그러나 그들은 이런 성과가 주로 중국과 인도의 놀라운 경제 성과에 기인한다는 사실을 애써 외면한다. 세계 극빈층 중 절반 이상이 살고 있는 중국과 인도는 신자유주의와 너무나 상반되는 정책을 추진해서 급속한 경제 발전을 이루어 냈고, 그 덕분에 세계적으로 극빈층의 수가 줄어드는 결과가 나타난 것이다.

중국과 인도를 제외하면, (다양한 기준으로 측정할 수 있는) 빈곤 문제는 신자유주의 시대 동안 대다수 국가에서 오히려 악화되었다. 국제연합개발계획 보고서(2002: 2)에 따르면, 오늘날 세계 인구 중 28억 명이 하루 2달러 미만의 수입으로 생활하고 있고, 12억 명은 하루에 1달러도 안 되는 수입으로 살아간다. 사하라 사막 이남의 아프리카 국가들만 봐도 이 지역 인구 절반이 1990년 당시보다 더 가난해졌고, 46%는 하루 1달러 미만의 생활비로 살아가고 있다(UNDP 2001: 10; 2003: 17). 남아시아에서도 인구의 40%가 하루 1달러 미만의 수입으로 살아간다. 이에 비해 동아시아와 태평양 지역, 라틴 아메리카에서 하루 1달러 미만의 생활비로 생존하는 인구는 15% 정도다(UNDP 2001: 10). 게다가 기대 수명과 교육, 유아 사망률이 개선되는 속도는 이전 20년 동안과 비교해 신자유주의 시대가 시작된 이후 더 둔화되었다(Weisbrot et al. 2001).

<u>신자유주의는 민주주의를 발전시키지 못한다. 실제로 몇몇 중요한 측면에서 신자유주의는 사회적 책임, 다원주의, 국가 자율성을 약화시킨다.</u>

마지막으로 정치 부문에서 신자유주의는 민주주의의 확대나 투명성 증대와는 관련이 없다. 신자유주의와 민주주의의 관계가 신자유주의자들이 인식하는 것보다 훨씬 더 복잡하다는 증거는 여러 곳에서 드러난다.

첫째, 시장 제도는 민주적 정치 체제에서 억압적 정치 체제에 이르기까지 다양한 정치 구조에서 모두 작동한다. 따라서 많은 신자유주의자들의 주장처럼 신자유주의가 반드시 권위주의적인 체제를 약화시키는 것은 아니다.

둘째, 전 세계적 규모의 신자유주의는 민주주의를 위협한다. 신자유주의 체제하에서 초국적 투자자와 기업은 특정 국가의 정책이 자신들의 이해와 상반될 때 이에 거부권을 행사할 수 있기 때문이다. 민주적 지배 구조의 근간은 특정 정책의 영향을 받는 국민들이 그 정책과 관련된 의사 결정에 실질적으로 참여할 수 있어야 한다. 그러나 신자유주의 아래서는 국제적으로 자유롭게 이동할 수 있는 (대형 투자자나 부자들처럼) 생산 요소 소유자들이 국가의 법률 제정과 정책에서 '거부권'을 행사할 수 있는 영역을 강화해 왔다(9장 참조). 전 세계적인 신자유주의 체제하에서 이 같은 대형 투자자와 부자들은 특정 국가가 자신들의 이익을 침해하는 전략을 추진할 때 그 나라로부터 투자금을 회수할 수 있는 자유를 누려 왔다. 이를 통해 신자유주의는 국가 정책의 자율성까지 효과적으로 침해할 수 있게 된 것이다(DeMartino 1999). 초국적 투자자들의 경우 이 같은 구조적 권력을 효과적으로 행사하기 위해 심사숙고할 필요도 없다. 그냥 자본을 철수시키겠다는 위협만으로도 그들에게 반대하던 정부와 시민 단체를 굴복시킬 수 있기 때문이다. 이처럼 이들은 투자 철수나 심지어 단순한 위협을 통해 확장적이거나 재분배적인 사회 경제 정책과 (노동조합을 결성하고 집단적으로 협상력을 발휘하는 권리를 포함하는) 노동권 향상 정책 등을 저지하는 강력한 권력으로 부상한 것이다.

셋째, 신자유주의 체제 아래서 빈번하게 일어나는 금융 위기는 국가

운영에 관한 IMF의 영향력을 크게 강화시켰다. IMF가 특정 국가에 금융 지원을 제공하는 경우에는 '엄격한 부대 조건'이 따라 붙는다. 즉 국내의 중요한 결정이 미국과 국제 금융 집단의 이해를 대변하는 기관에 의해 좌우되는 것이다. 이처럼 신자유주의는 개발도상국에서 다원주의와 정책 독립성을 약화시키고 있다.

신화 3
신자유주의적 세계화는 중단될 수도 없고 중단되어서도 안 된다

3.1 그릇된 신화

세계화는 엄청난 성과가 보장된 것으로 필연적이고 멈출 수 없는 추세다. 특히 개발도상국의 정책 입안자들이 경제적 안정과 번영을 촉진하려면 신자유주의 정책을 적극적으로 수용해 세계화 추세에 보조를 맞추며 적절히 대처해야 한다.

3.2 신화의 내용

세계화를 추동하는 것은 기술적 진보다.

세계화는 19세기에 시작된 통신과 운송 혁명의 산물이다. 전보와 증기선의 발명으로 시작된 운송과 통신 기술은 지속적으로 진보해 지구촌을 더 가깝게 만들었다.[7] 17세기 초, 미국의 초기 이주자들은 대서양을 횡단하는 데 수개월이 걸렸다. 그러나 증기선이 발명된 19세기에는 수주일밖에 걸리지 않았으며, 오늘날 초음속 비행기로는 3시간이면 대서양을 횡단한다. 장거리 전보가 도입되기 이전에는 런던에서 뭄바이까지 소식을 전하는 데 5주가 걸렸다. 그러나 장거리 전보는 통신 시간을 몇 분으로 줄였고(Standgate 1999: 97), 인터넷은 거의 실시간으로 교류할 수 있게 만들었다.

통신과 운송 기술의 진보는 비즈니스와 생산의 본질을 바꾸고 있다. 기업가는 이윤의 기회를 쫓아 국경을 넘나들고, 신기술에 의해 새로운 시장에 접근할 기회가 높아졌다. 요즘은 운송 비용이 너무 낮아 일본은 호주에서 석탄을 수입할 수 있고, 스웨덴은 인도에서 가구 부품을 수입하며, 유럽은 캐나다에서 생수를 수입할 수 있다. 인터넷의 등장으로 기업가들이 직접 만나 비즈니스를 벌일 필요가 줄어들었기 때문에 국제 비즈니스의 속도와 효율성은 크게 향상되었다. 핀란드 기업은 타이완에 제품 생산을 아웃소싱할 수 있고, 칠레 사람들은 인터넷 거래를 통해 한국에 훈제 연어를 수출할 수 있으며, 아울러 방글라데시 농민들은 인터넷을 통해 해충을 퇴치하는 방법을 배울 수 있다.

세계화가 기술 진보의 산물이라면 이런 추세를 늦추거나 거스르려는 노력은 부질없는 데다 시대에 역행하는 것이기도 하다. 오늘날 세계화

---

7 대서양을 정기적으로 횡단하는 증기선은 1838년에 도입되기는 했으나, 1860년대까지는 주로 (요즘의 항공기처럼) 고가의 상품만 실어 날랐다. 증기선은 1870년대부터 범선을 제치고 주요 해상 운송 수단이 되었다(O'Rourke and Williamson 1999: 33-34). 최초의 전보 시스템은 1837년에 특허가 출원되었다. 1844년에는 미국에서 처음으로 장거리 전보가 메시지를 전송했고, 1868년에는 대서양을 가로질러 최초로 전신 케이블이 설치되었다(Held et al. 1999: 335).

를 저지하려는 사람들은 산업혁명 초기 영국에서 러다이트[Luddites] 운동을 벌인 사람들만큼 순진하고 쓸데없는 일에 열중하는 것이다. 러다이트 운동을 벌인 사람들은 기계 파괴를 통해 산업화를 저지할 수 있고, 그들의 일자리를 보장 받을 수 있으며, 이상적인 농촌 공동체를 건설할 수 있다고 확신했다.

세계화를 저지하려는 시도들은 근거 없는 우려나 이기심 때문이다. 그러나 세계화를 지연시키려는 노력을 할수록 그만큼 자원의 효율적 배분을 막아, 결국 지구적으로 생활수준이 떨어지게 된다. 더 큰 문제는 반세계화 전략이 소득이 높은 국가에서는 성장률을 둔화시키고, 개발도상국에서는 빈곤을 영구화한다는 사실이다.

시장 친화적이고 신자유주의적인 경제 정책을 지지하지 않는 국가는 세계화로 인해 값비싼 대가를 치를 위험이 있다.

세계화와 관련해 이루어지는 압박과 기회는 각국 정부가 '올바른 정책', 즉 신자유주의적 경제 정책을 추진하기 위한 동기가 된다(2장과 6장 참조). 이런 주장이 의미하는 바는 명백하다. 재화와 자본의 흐름을 자유화해서 시장에 맡기는 국가만이 세계화의 혜택을 볼 수 있다는 이야기다. 수입을 제한하는 국가는 세계 도처에서 생산되는 재화를 유리한 가격으로 구입할 기회를 스스로 박탈하는 것이다. 이런 정책은 소비자에게 불리할 뿐 아니라 생산 과정에서 국내 생산자에게 고가의 자국 원자재를 사용하도록 강제해서 수출 경쟁력을 떨어뜨린다. 더욱이 (관세, 자본 통제, 과도한 정부 규제 등을 통해) 투자와 비즈니스의 자유를 제한하는 국가는 국제 금융 시장에서 버림받게 된다. 투자자는 신자유주의 정책에 적대적인 국가에 투자하는 경우 높은 프리미엄을 요구할 수밖에 없는데, 이에 따라 자본 비용이 높아지면 해당 국가는 경제 성장에 어려움을 겪게 된다. 또 투자자들은 재정이나 통화를 느슨하게 관리하는 국가에는 투자를 회피한다. 즉 외자를 유치하려는 국가는 반드시 건전한 거시 경제 환경을 유지해야 하는 것이다.

결국 선택은 분명하다. 생활수준을 높이고 경제 번영을 이루려면 반드시 세계화와 신자유주의적 경제 정책(이하에서는 '신자유주의적 세계화'로 지칭)을 채택해야 한다. 물론 시장을 개방하고 신자유주의 정책을 수행하는 과정에서 (일시적인 실업률 증가와 같은) 단기적 고통이 따를 것이다. 그러나 이런 전략이 가져올 장기적 이익은 엄청나다. 따라서 (북한과 일부 국가를 제외하고) 거의 모든 국가의 정책 입안자들이 번영을 위해 신자유주의의 핵심 정책을 수용해 온 것은 놀라운 일이 아니다.

3.3 신화의 기각

세계화는 기술적 진보의 불가피한 산물이 아니다.

역사적 기록을 살펴보면 운송과 통신 기술의 발달이 필연적으로 세계화를 촉발했다는 것은 근거 없는 주장이다. 운송과 통신 기술은 지난 두 세기 넘는 동안 지속적으로 발전해 왔다. 그러나 이 기간 동안 세계화는 매우 불균등하게 진척되었다. 예를 들어 (다양한 방법으로 측정한) 경제적 세계화의 수준은 국제 무역이 겨우 증기선과 전보에 의존했던 19

세기 후반이 운송과 통신 기술이 훨씬 발전한 1950, 1960, 1970년대보다 훨씬 높았다.[8]

> (기술이 아니라) 정치적 상황이 바로 세계화의 속도와 형태를 결정하는 주된 요인이다. 기술은 세계화가 어떻게 진척될 것인지에 관한 가능성의 범위를 한정지을 뿐이다.

어떤 특정 시기에 확산되는 세계화의 속도와 형태는 당대에 의도적으로 선택한 정책의 산물이다. 예컨대 지난 20년간 진행된 신자유주의적 세계화는 산업 국가에서 정부가 직접적으로 주도권을 행사한 결과이고, 1970년대 후반에서 1980년대 초반까지는 각 개발도상국 정부가 정책적 주도권을 행사한 결과이다. IMF, WTO 같은 국제기구들은 대다수 개발도상국에서 세계화가 신자유주의적 특성을 빠른 속도로 촉진하면서 진행되는 데 결정적인 역할을 했다.

세계화 과정에서 기술의 역할이 사소하지 않았다는 것은 사실이다. 기술은 재화와 화폐가 국경을 넘어 이동하는 조건과 속도의 한계를 무너뜨렸다. 하지만 이런 흐름이 허용될지 여부는 국제 무역과 금융 정책 영역에 대한 정치적 결정에 따르는 것이다. 예를 들어 1980년대 이후는 국제 금융 투기가 믿을 수 없을 정도로 확대되었다. 이는 단지 인터넷의 출현 때문만은 아니었는데, 투기 자본의 빠른 이동에 필요한 (전화나 팩스 등과 같은) 기술은 이미 1980년대 이전에 존재했기 때문이다. 투기

---

[8] 세계화를 측정하는 데는 수많은 척도가 있다. 자주 사용되는 척도로는 국가 총 경제 활동 대비 국제 무역이나 단기 국제 자본 이동의 비율과 총 인구 대비 이민자 비율이다.

가 광범위하게 확산된 이유는 오히려 각국의 금융 자유화 정책이 투기의 기회와 동기를 창출했기 때문이다.

세계화와 신자유주의 사이의 관계는 단절될 수 있다.

신자유주의 담론이 세계화에 결정적 영향을 미쳐 온 것은 사실이다. 그러나 우리는 세계화 그 자체가 개발도상국에서 나타나는 사회 경제적 문제의 주범이라는 주장도 거부한다. 상당수 국가에서 생활수준이 하락하고 경제 성과를 악화시키고 있는 주범은 '세계화 그 자체'가 아니라 오늘날 격렬하게 진행되고 있는 '세계화의 신자유주의적 형태'이다(2장 참조).

신자유주의자들은 세계 경제에서 성공하려면 국내적, 국제적 차원에서 신자유주의적 정책 환경을 만들어야 한다고 주장한다. 실제로 그들은 신자유주의 이외의 다른 정책들은 지구적 시장 환경에서 혹독한 대가를 피할 수 없기 때문에, 모든 국가는 결국 신자유주의 정책 시스템으로 수렴될 것이라고 전망한다.

이런 주장은 간단히 말해 잘못되었다. 세계화는 국가 수준에서 (무역과 자본의 흐름에 관한) 다양한 개방 정도와 개방 유형들과 완벽하게 양립할 수 있다. 1950년대와 1960년대의 경우 개발도상국과 산업 국가는 모두 광범위한 경제 규제를 하면서도 세계화를 급속하게 진행했다. 다시 말해 경제 규제와 세계화가 결합된 시대로 세계화와 신자유주의가 반드시 동전의 양면일 필요는 없다는 뜻이다.

세계화에 따른 경쟁 압박으로 인해 모든 국가가 동일한 신자유주의 경제 모델로 수렴되어야 한다는 주장도 있다. 그러나 이것도 근거가 없기는 마찬가지다.(이에 대해서는 5장과 7~11장에서 살펴볼 것이다. 아울러 Berger and Dore(1996)를 참조하라.) 오늘날 산업 국가들 사이에도 세계화의 진전에는 상당한 정도의 정책적, 제도적 다양성이 존재한다. 예를 들어 스웨덴, 오스트리아, 네덜란드, 프랑스와 독일은 모두 미국이나 영국이 채택하고 있는 신자유주의적 경제 형태와 확연히 다른 정책과 제도를 유지하고 있다. 규모가 크거나 좀 더 부유한 개발도상국, 특히 중국, 인도, 타이완, 말레이시아 같은 국가의 정책 시스템 역시 신자유주의적이지 않다. 작은 국가나 가난한 개발도상국들은 자국의 정책 자율성에 강도 높은 규제를 가하고 있다. 이들 국가는 일반적으로 알려진 것과는 달리 상당한 정책 자율성을 누리고 있는 것이다. 그 대표적인 사례로 칠레를 들 수 있다. 이 나라는 1990년대에 전형적인 신자유주의적 방향을 추구해 왔으나 자본 이동에 대해서는 상당히 엄격한 통제를 가해 왔다(9장 참조).

 요약하자면 지난 수십 년에 걸쳐 등장했던 신자유주의적 세계화는 지구화의 한 형태에 불과하다. 개발도상국들은 (특히 무역과 금융에서) 정책적 선택을 다양화함으로써 자국의 생활수준과 성장 전망에 그리 해롭지 않은 세계화 형태를 창출할 수 있다. 이 책 2부에서는 이런 정책 대안에 관한 다양한 사례를 소개할 것이다.

신화 4
미국의 신자유주의적 자본주의 모델은 모든 개발도상국이 모방해야 할 이상적인 형태다

4.1 그릇된 신화

현 시점에서 볼 때 미국적 신자유주의가 다른 모든 경제 체제들보다 우월하다는 것이 분명해졌다. 이 문제와 관련된 약간의 의구심은 다른 모든 국민 경제가 난관에서 헤어나지 못하는 동안 미국 경제 홀로 번영을 구가했던 1990년대에 말끔히 해소되었다. 미국 이외의 경제 모델들의 종언은 모든 형태의 '국가주의statism'가 실패했다는 것을 드러내는 것으로, 모든 국가는 신자유주의와 민주주의가 함께 발전하고 있는 미국 모델을 필연적으로 채택할 수밖에 없다는 것을 예고한다.

4.2 신화의 내용

1990년대의 '신경제'는 미국식 경제 모델의 역동성과 우월성을 반영한다.

1990년대에 미국 경제는 지속적인 경제 성장과 생산성 증대, 낮은 실업률과 저인플레이션을 경험했다. 2001년도 판 『미국대통령경제보고서 Economic Report of the [US] President』(ERP: 1장)에 따르면, 1993년 1/4분기에서 2000년 3/4분기까지 GDP의 연평균 성장률은 4%에 달했다. 이 성장률은 1973년에서 1993년까지의 평균 성장률보다 46%나 높은 수치였다. 같은 기간의 (단위 노동당 시간 생산성인) 비농업 생산성은 연평균 2.3% 성장했는데, 이전 20년 동안은 생산성의 연평균 성장률이 1.4%에 불과했다.

아울러 일자리는 2200만 개나 증가한 반면, 실업률은 (2000년에 3.9%를 기록해 과거 30년 동안 가장 낮은 수준일 정도로) 지속적으로 하락했고, (식료품과 에너지 가격 상승을 제외한 물가 상승률인) 근원 인플레이션 core inflation 은 2~3%에 머물러 받아들일 만한 수준이었다. 이런 성과는 정보통신 기술의 혁명으로 가속화된 '신경제 new economy'가 탄생했다는 증거다. 심지어 이와 같은 신경제에서는 지난 수세기 동안 자본주의 발전의 장애물이었던 경기 변동이 나타나지 않을지도 모른다.

미국 경제는 혁신을 장려하는 조절 기제와 시장 인센티브의 확산을 중시하는 시스템이다. 따라서 신경제 현상이 미국에서 최초로 나타난 것은 자연스러운 일이라 할 수 있다. 예컨대 미국에서는 지적재산권 IPRs이 잘 보호되고, 기업 관련 세율이 낮으며, 급여도 (연공서열이나 정실주의가 아니라) 성과에 기초해 결정된다. 또 미국은 기업 투명성을 촉진하는 법률적 환경을 갖추고 있으며, 정부의 과도한 지출로 민간의 창의성을 위축시키는 일도 없다.

미국 경제가 1970~1980년대 '구시대'의 대량 생산 패러다임이 지배하던 시기에는 좋은 실적을 내지 못했다는 것은 분명하다. 그러나 미국은 새로운 시대에 접어들면서 자국의 유연하고 경쟁적이며 민간 주도적인 경제 시스템만이 새로운 기술과 새로운 형태의 비즈니스를 창출할 수 있다는 점을 분명히 보여 주었다(1~3장 참조).

2001년 9.11테러 이후 국제 정치와 경제 환경에 조성된 불확실성은 미국 경제에 타격을 가했으나 근본적인 위기의식을 야기하지는 않았다. 역사적으로 살펴보면 미국 경제는 타고난 복원력을 갖추고 있다. 실제로 미국 경제는 유럽이나 일본처럼 경직되고 비효율적인 경제보다 유연성이 높아 어려움에서 더 빨리 회복될 수 있는 저력을 보여 주었다.

미국 모델의 우월성은 유럽 대륙과 일본 경제의 실패로도 입증된다.

유럽 대륙의 국가와 일본의 최근 경험은 미국적 신자유주의가 바람직하다는 사실을 확인시켜 준다. 유럽 대륙의 개입주의적 경제는 1980년대 이후 낮은 성장률과 높은 실업률로 고통받고 있다. 다행히 이 지역의 많은 국가들은 최근 미국식 경제 개혁을 과감하게 추진하기 시작했다. 유럽 국가들은 산업 규제를 완화하고 민영화를 시행했으며, 지역 내 무역과 자본, 노동의 흐름을 개방하고 새로운 유럽중앙은행의 리더십 아래 안정된 통화 정책을 추구했다. 그 결과 이들 국가에서는 (투자자의 신뢰도 향상과 성장 등과 관련해) 경제가 완만하게나마 회복되는 조짐을 보이고 있다.

이와는 대조적으로 일본 경제는 여전히 궁지에 몰려 있다. 일본은 지나친 경제 규제로 10년 이상 경기 침체에 빠져 있으나, 불행하게도 일본의 정책 입안자들은 아직 경제 회복을 위한 과감한 규제 철폐 계획에 크게 관심이 없는 것으로 보인다.

또 미국식 신자유주의의 우월성은 영국, 캐나다, 뉴질랜드, 호주 등 이른바 '영미형 경제Anglo-American economies'라 불리며 미국식 경제를 추구한 나라의 대단한 실적으로도 증명된다. 이들 국가는 모두 1990년대에 눈에 띄는 성과를 거두었다.

요약하자. 분명한 사실은 이렇다. 미국의 신자유주의적 자본주의 모델은 다른 모든 경제 시스템보다 뛰어난 실적을 올렸다. 미국식 신자유주의만이 오늘날 세계 경제에서 새로운 기술 환경에 적절히 대응하면서 성장과 번영을 추구할 수 있는 모델이다. 유럽이나 동아시아의 반시장적인 경제 체제는 절대로 이상적인 시스템이 아니며, 현 시점에서 보면 수구적이기까지 하다.

4.3 신화의 기각

> 미국이 승리했다고 떠들어 대는 것은 신중하고 객관적인 분석에서 나온 것이 아니다. 단지 희망 사항일 뿐이다.

미국식 자본주의의 우월성에 대해 동의할 수 없는 이유는 많다. 특히 1990년대에 미국 자본주의의 실적을 객관적으로 고찰하면 문제점이 쉽게 드러난다. 그리고 이 모델을 개발도상국에 수출한 결과를 보면 한마디로 실망스럽다.

1990년대에 신경제란 것은 존재하지 않았다.[9]

신경제를 열렬히 옹호하는 사람들의 주장과는 달리 1990년대에 미국의 경제 실적은 그다지 두드러지지 않다. 사실 미국 경제의 성장률은 1990년대 신경제 시대에는 이전 시기보다 오히려 둔화되었다. 지난 수십 년간 계속된 경제 호황기의 초기 국면에 초점을 맞춰 연구한 딘 베이커Dean Baker는 GDP의 평균 성장률이 1991~1995년에는 2.7%였던 데 비해, 1982~1986년에는 4.4%, 1970~1973년에는 4.8%였다는 사실을 발견했다(Baker 2000).

미국의 경제 성장은 (1995년에서 1999년까지 4년간 평균 GDP 성장률이 4%였던 것처럼) 1996~1999년 동안에는 주목할 만한 성과를 냈다. 그러나 이 시기의 높은 성장률은 이전의 형편없는 성장률을 상쇄시키는 효과를 거두었을 뿐이다. 더욱이 베이커는 1990년대 후반의 인상적인 성장 역시 부분적으로는 미국 정부의 측정 기법 변화에서 기인하는 환상이라고 주장한다.

미국의 생산성 증가에 대한 이야기들도 마찬가지다. 1990년대 미국의 연평균 생산성 증가율은 사실 1.9%에 불과했다. 이에 비해 2차 세계 대전 이후 20년 동안 미국의 연평균 생산성 증가율은 3%에 가까웠으며, 1973~1989년에는 1.4%였다. 경제 성장률처럼 생산성 증가율도 1990년대 후반에만 상당한 성과를 올렸을 뿐이다. 그리고 이 시기에 나타난 생산성의 눈에 띄는 증가는 부분적으로 측정 기법의 변화 때

---

[9] 이곳과 다음 단락에 나온 데이터는 Baker(2000)에서 인용했다.

문이다. 1990년대 미국의 경제 실적에 대한 베이커의 결론은, 신경제 관련 주장들은 실증적으로 증명되지 않는다는 것이다.

1990년대의 경제 호황은 일반 미국 국민의 삶에는 아무런 혜택이 없었다.

또 1990년대 미국 경제의 실적은 분배 문제를 고려하면 확연히 달라진다(2장 참조). 1990년대 미국 주식 시장의 호황은 (그 자체가 신경제에 대한 과대 선전의 결과였지만) 상위 20%의 부자들을 (특히 상위 1%의 부자들을) 더 부유하게 만들었을 뿐이다. 여기서 미국의 평균 가계가 얻은 수익은 보잘것없었다(Wolff 2000). 이와 유사하게 1980년대에 시작된 임금 양극화 현상은 1990년대로 이어져, 임금 상승 효과가 가장 부유한 계층에게 불균등하게 나누어졌다(Baker 2000).[10]

1990년대의 경제 호황은 빈곤을 해소하는 데 전혀 도움이 되지 않았다.[11] 미국 인구통계국이 2000년 6월에 보고한 바에 따르면, 실제로 빈곤층으로 분류되는 가계의 비율이 1989년에서 2000년 사이에 거의 변하지 않았다(『뉴욕타임스』 2002년 6월 5일자). 2000년에 빈곤층으로 분류된 미국 가계의 비율은 9.2%였고, 1989년에는 그 비율이 10%였다.

---

10 1990년대 미국의 임금은 아주 소폭 증가했다. Baker(2002)는 전형적인 미국 노동자의 실질 시간당 임금이 1990년 6월에서 2001년 3월까지 연간 0.5% 비율로 증가했다고 보고한다. 1991년에서 2001년까지는 시간당 실질 임금이 연간 1.5% 증가했지만, 1990년에서 1995년까지는 연평균 임금이 0.4% 비율로 떨어졌다.
11 미국의 사회복지 제도에 대한 개혁 또한 (빈곤층에 대한 이전 지급의 대폭 삭감을 포함해) 1990년대에 빈곤 계층의 비율이 정체되는 데 기여했다.

1990년대 미국 주식 시장의 거품 붕괴는 기업 부패와 왜곡된 자원 배분 등 미국 경제의 혼란스런 양상을 여실히 드러낸 사건이다.

1990년대 내내 경제학자들은 기업의 효율성을 높이고 혁신을 촉진하는 장치로 미국의 경영자 보수와 관련된 인센티브 제도를 찬양했다. 미국의 기업 임원들은 엄청난 액수의 연봉, (미래의 특정한 시기에 약정된 가격으로 주식을 사거나 팔 수 있도록 허용하는 주식 매입 선택권으로 의무 행사 사항은 아닌) 스톡옵션 등 많은 혜택을 누렸다.

이와 같은 경영자 보상 제도는 동일한 기업에서 경영진과 일반 노동자들 사이의 임금이 엄청난 차이가 나게 만들었다. 예를 들어 1970년에 미국 최고경영자CEO 상위 100명의 평균 연봉은 물가 상승률을 반영하면 130만 달러로 노동자 평균 임금의 39배 정도였다. 그러나 1999년이 되자 이들 경영자의 평균 연봉은 3750만 달러로 노동자 평균 임금의 1천 배가 넘었다(Krugman 2002: 64).

문제는 이 같은 보상 제도가 자원 배분을 광범위하게 왜곡한다는 것이다. 왜냐하면 경영 목표가 기업 내부의 고위층에 의해 스톡옵션의 단기 가치를 극대화하는 방향으로 유지되기 때문이다(8.1과 10장 참조). 또 1990년대의 금융과 기업 환경은 무수히 많은 형태의 부패를 조장했다. 2002년에 터진 기업 부패와 회계 부정 스캔들로 수많은 기업의 경영진과 이사회, 외부 감사들이 주식 재평가에 따른 엄청난 보상에 취약하다는 사실이 드러나기도 했다. 이들은 회계 장부와 정보를 조작해 주가 상승이 가속화되도록 만들었다.

> 영미형 이외의 상당수 산업 국가들이 1990년대에 거둔 성과는 미국 등 영미형 국가와 비교해 볼 때 적어도 열등하지는 않다.

아울러 1990년대 미국의 경제 성과는 다른 나라와 비교해 보면 그리 인상적이지 않다. 상당수 산업 국가들이 1990년대에 적어도 미국과 비슷하거나 더 나은 성과를 보였다. 예를 들어 1990~2000년에 (6.8%의 성장률을 기록한) 아일랜드, 싱가포르(5.3%), 노르웨이(3.1%), 호주(2.8%), 포르투갈(2.6%), 핀란드(2.4%)는 적어도 미국과 비슷하거나 더 나은 성장률을 보였고, 덴마크(2.3%), 네덜란드(2.2%), 스페인(2.2%), 영국(2.2%) 등도 미국에 못지않은 성장률을 거두었다.

영미형 경제라는 관점에서 보아도 1990년대에 그리 뛰어난 경제 성과를 얻지는 못했다. 뉴질랜드와 영국은 지난 20년간 신자유주의적 개혁의 선두 국가였다. 그러나 신자유주의 개혁은 이들 국가의 경제 실적을 눈에 띄게 향상시키지는 못했다. 사실 미국, 영국, 뉴질랜드 등 영미형 국가들이 1980~2000년의 신자유주의 시대에 거둔 경제 성장률은 1960~1979년의 개입주의 시대와 비교해 볼 때 거의 차이가 없다(2장 참조). 이들 국가에서 신자유주의 개혁이 거둔 성과는 자국 내의 불평등을 현저하게 악화시킨 것밖에는 없다.

5

신화 5
영미형 모델이 보편적 시스템인 반면 동아시아 모델은 특수한 시스템이다

5.1 그릇된 신화

1980년대의 상식과는 반대로 동아시아 모델은 다른 지역에는 적용할 수 없는 동아시아만의 특수한 시스템이다. 반대로 영미형 모델은 어느 국가에나 적용될 수 있는 보편적 시스템이다. 그러므로 개발도상국 정책 입안자들은 영미형 모델을 경제 번영을 위한 유일한 방법으로 채택해야만 한다(4장 참조).

5.2 신화의 내용

동아시아 모델은 이 지역의 독특한 역사적, 정치적, 문화적 조건 덕분에 성공한 시스템이다. 그러므로 다른 지역에서는 사용할 수 없다.

동아시아 모델은 신자유주의적 영미형 모델에서 '가장 효과적인 수단으로 여겨지는 것들과는 완전히 다른 방법으로 발전해 왔다. 동아시아 모델은 수십 년 동안 번성해서 역사상 전례 없는 경제 성장률을 기록했으며, 생활수준의 향상과 경제 근대화를 이루었다.

그러나 이런 업적을 거두었다고 해서 동아시아 모델이 다른 개발도상국에 이식되어야 하거나 이식될 수 있는 것은 아니다. 실제로 1997년의 동아시아 금융 위기와 일본에서 계속되는 경기 침체는 동아시아 모델이 실패했다는 증거다. 가장 중요한 점은 동아시아 모델은 다른 지역에서 복제할 수 없는 수많은 조건에 의존해서 발전해 온 시스템이라는 것이다.

동아시아 모델의 성공에 중추적 역할을 한 동아시아 국가들에는 다음과 같은 다섯 가지 독특한 특성이 있다.

첫째, 동아시아 국가는 유교 문화라는 가치를 공유한다. 동아시아 모델의 특징인 노동 윤리, 저축에 대한 강한 애착, 과감한 교육 투자, 권위주의적 정부에 대한 순응 등은 유교 문화의 유산으로 설명할 수 있다. 이런 문화적 전통이 없는 다른 국가의 경우 과연 동아시아 국가처럼 빠르게 물적, 인적 자본을 축적할 수 있을지 상상하기 힘들다. 또 동아시아의 권위주의 전통은 고도로 중앙 집중적인 산업 정책과 억압적 노동 정책으로 이어졌다. 마지막으로 유교 문화의 유산 중 하나는 고도로 발달된 국가 관료주의로, 이는 동아시아 국가들이 복잡한 무역과 산업 정책을 성공시키는 데 필수적인 역할을 하였다.

둘째, 동아시아 국가는 대부분의 다른 개발도상국들보다 인종적으로 단일한 국가들이다. 인종적 동질성을 통해 이 지역은 사회 동의를 이끌어 내거나 정책을 실행하기가 훨씬 쉬웠던 것이다.

셋째, 동아시아 국가는 천연자원이 부족하기 때문에 이른바 '천연자원의 저주'를 피할 수 있었다. 풍부한 자원은 경쟁을 약화시키고, 이런 자원을 둘러싼 불필요한 정치적 투쟁과 갈등을 조장한다. 자원이 풍부한 라틴 아메리카나 아프리카 국가들과 달리 동아시아 국가는 열심히 일하여 제조업을 통해 부를 창출할 수밖에 없었다.

넷째, 동아시아 국가는 일본 식민주의로부터 혜택을 입었다. 서구 제국주의 국가와 달리 일본 식민주의는 튼튼한 산업 기반, 교육 수준의 향상, 선진 인프라 등을 유산으로 남겼다.

마지막으로 중요한 사실은 동아시아 국가들이 호의적인 외부 환경으로부터 적지 않은 도움을 받았다는 것이다. 냉전 시기에 일본과 (공산 국가와 국경을 마주하고 있는) '최전선의 반공 국가'들은 미국의 군사 및 경제 원조라는 우산 아래서 번영을 추구할 수 있었다. 또 동아시아 국가들은 1980년대까지는 '관용적인' 국제 정치 환경에서 득을 보았다. 동아시아 국가들은 이런 '관용적인' 환경에서 (예컨대 수출 보조금 같은) 중상주의적인 무역 정책을 마음껏 구사할 수 있었을 뿐 아니라, 심지어 선진국의 상표나 특허를 도용하는 것까지 허용되었다. 이와 대조적으로 오늘날의 WTO 규범은 수출 보조금이나 지적재산권을 규제 대상으로 삼고 있다. 즉 지금과 같은 세계 경제에서는 개발도상국이 동아시아 모델의 핵심 요소를 채택할 수 없는 것이다.

요약하자면 동아시아 모델의 성공은 내부와 외부의 독특한 조건에서 영향 받은 것으로 이 같은 운 좋은 조합은 다른 지역에서는 되풀이될 수 없다.

영미형 모델은 보편적 인간 가치와 부합한다.

동아시아 모델과 달리 영미형 모델은 자연스럽게 기업가 정신을 추구하게 되고, 부에 대한 욕망과 개인의 이익 추구 등 일반적 측면의 인간 본성에 부합한다. 따라서 영미형 모델은 모든 사회에 적절하며, 모든 국가는 이 모델을 통해 성공할 수 있다. 오늘날 그렇게 많은 국가들이 이 모델을 채택하려는 것은 우연한 일이 아니다.

5.3 신화의 기각

동아시아 경제의 업적은 그 지역의 특수한 조건만으로는 설명할 수 없다.

동아시아 모델이 성공한 것은 이 지역의 특수한 내부적, 외부적 상황 때문이라는 주장은 과대 포장되어 있으며 정확하지도 않다. 여기서 우리는 이런 주장들을 하나씩 짚어 볼 것이다.

우선 신자유주의자들의 주장에 따르면 유교는 유능한 공무원 집단을 육성하고, 높은 저축률, 교육에 대한 투자, 그리고 유순한 국민을 낳게 만든 마술적 문화처럼 보일 정도다. 그러나 유교 문화를 신비화한 이 같은 새로운 관점은 1950년대까지의 지배적인 견해와는 뚜렷한 차이가 있다. 유교에 대해 이제까지 가장 널리 알려진 관점은 유교 문화가 경제 발전을 지체시킨다는 것이었다. 예컨대 유교적인 위계 구조는 사회의 최상층에 관료를 놓고 장인과 상인은 천하게 여기는 질서이며, 이 때문에 유능한 인재들이 비즈니스나 기술에 종사하기보다 관료직을 선택한다는 식이었다.

유교 문화 때문에 인재들이 관료직으로 몰렸다는 이와 같은 주장이 사실이라면 이해할 수 없는 상황이 있다. 한국과 타이완은 1950~1960년대에 공무원이 필요한 인원에 비해 오히려 크게 부족했다는 것은 널리 알려진 사실이다. 당시에는 이미 능력 위주의 전통과 경쟁을 통한 채용 관행은 사라졌다. 실제로 1960년대까지 한국의 공무원 집단은 상당히 질이 떨어져 있었고, 이들을 훈련시키기 위해 파키스탄이나 필리핀에 연수를 보내야 할 정도였다. 즉 동아시아 모델의 빠른 성공은 (적어도 일부 국가에서는) 뛰어나게 유능한 공무원을 가졌기 때문이 아니었다. 나중에 이들 나라가 수준 높은 공무원들을 보유하고 있어 혜택을 받은 것은 사실이다. 그러나 공무원들이 경쟁력을 갖추게 된 것은 (한국과 타이완의 경우처럼) 이 부문에 국가가 엄청난 정치적 에너지와 경제 자원을 쏟아 부었기 때문이다. 즉 동아시아 모델에서 공무원의 우수성은 역사적, 문화적 유산과는 거리가 멀다.

단일 민족이라는 것이 동아시아 모델의 성공에 크게 이바지했다는 주장도 과장된 것이다. 실제로 동아시아 모델의 주요 성공 사례인 싱가포르는 다민족 사회이며, 타이완은 주요한 두 민족이 팽팽한 긴장 관계를 유지하고 있다. 바로 중국 남동부에서 16세기에 이주한 이들의 후손인 '원주민'과 1949년에 중국 공산당에 쫓겨 국민당 정부와 함께 이주한 '본토인'이다.

또 한국이 세계에서 보기 드문 단일 민족이라는 것은 사실이다. 그렇다고 해서 주요 현안에 대해 국가적 합의가 쉽게 이루어지는 나라라고 생각해서는 안 된다. 한국은 내부적으로 심한 지역 갈등이 존재하기 때문에 진정한 국가적 합의를 얻어 내기는 매우 힘든 상황이다.

동아시아가 천연자원 부족으로 오히려 혜택을 입었다는 주장도 그리 설득력이 높지 않다. 부존자원이 풍부한 국가의 경우 이 때문에 정치적, 경제적으로 심한 갈등이 일어날 수 있다. 그렇다고 해서 '이런 국가들이 차라리 자원 빈국이었다면 지금보다 상황이 더 나았을 것'이라고 말할 수는 없다. 19세기 후반과 20세기 초반에 세계에서 가장 빠른 성장세를 보이던 국가는 자원이 풍부한 나라들이었다. 북미와 남미, 오세아니아(호주와 뉴질랜드)와 스칸디나비아 반도 국가들이 그렇다.

서구 열강의 식민 지배 아래 있던 국가들보다 일본의 식민 지배를 받았던 동아시아 국가들이 훨씬 유리한 위치에 있다는 주장도 잘못된 것이다. 예를 들어 1945년 일본 식민 지배가 끝나던 시기에 한국에서 문자 해독이 가능한 인구의 비율인 식자율은 단 22%였다. 이 식자율은 비슷한 시기에 식민 지배에서 벗어났던 많은 아프리카 국가들보다 높은 수준이 아니었다. 이와 대조적으로 1945년에 아르헨티나의 식자율은 90%를 넘었다. 더 일반적인 경우로 식민 지배에서 벗어날 당시 한국보다 식자율이 높았던 아프리카 국가는 적어도 12개 나라가 넘는다.

호의적인 외부 환경 덕분에 동아시아 모델이 성공했다는 주장도 있다. 이와 관련해서 미국이 1950년대에 한국과 타이완에 막대한 원조를 제공했다는 것은 분명한 사실이다. 하지만 1960년대에 들어서면서 이 원조 규모는 상당히 줄어들었고, 평균적으로 봤을 때 한국과 타이완이 다른 개발도상국에 비하여 그리 많은 원조를 받은 것도 아니다. 예를 들어 1960년대와 1970년대에 칠레와 필리핀은 한국과 타이완만큼 미국에서 원조를 받았지만 그 효과는 훨씬 미미했다. 또 냉전으로 인한 원조와 관련된 경제적 혜택은 공산 국가와 국경을 두고 대립한 나라들이 치러야 할 비용과 함께 고려되어야 한다. 최전선의 반공 국가로서 한국과 타이완은 (세계 평균인 2~3%[12]보다 훨씬 높은 국민소득의 6%를 국방비로 지출해) 높은 수준의 국방비 부담을 걸머져야 했고, 신체 건장한 젊은이에게 3년 이상의 병역 의무를 지워야 했다. 또 1950~1953년에 발발한 한국전쟁은 국가 제조업 기반의 절반 이상을 파괴했으며, 철도와 다른 사회 기반 시설의 4분의 3을 폐허로 만든 것으로 추정된다.

동아시아 경제가 보호 무역과 지적재산권에 관대한 국제 환경 덕분에 혜택을 입었다는 주장은 사실이다. 현재의 WTO 체제가 동아시아 모델과 관련된 많은 정책을 불가능하게 만들고 있는 것은 분명하다. 그러나 이렇게 주장하는 사람들은 WTO의 전신인 GATT를 대수롭지 않게 생각해서는 안 된다. 당시 동아시아 국가들이 추구한 전략 중 상당수가 GATT 체제에서는 허용되지 않았다. 그러나 동아시아 국가들은 매우 창의적인 정책들을 고안해 GATT 체제가 안고 있는 허점과 약한 고리를 최대한 활용했다.[13] 오늘날 WTO 체제에도 모호한 영역을 최대한 활용할 기회가 존재한다(7장과 8.2을 참조). 다시 말해서 개발도상국들은 WTO와 다른 다자간 협정에 압력을 가해 오늘날의 산업 국가들이 과거에 효과적으로 활용했던 비신자유주의 전략을 추진할 수 있는 여지를 만들어 내야 한다.

---

12 IMF 130개 회원국이 지출하는 평균 국방비는 1990년에는 GDP 대비 3.6%, 1995년에는 2.4%였다(Clements et al. 1996).
13 타이완은 정치적인 이유로 GATT에 가입하지 않았다.

경험적 사례로 볼 때 세계에서 경제 발전에 유리한 시스템은 영미형 모델이 아니라 동아시아 모델이다.

역사적 기록을 편견 없이 살펴보면, 오늘날 가장 산업화된 국가들은 영미형 모델보다 동아시아 모델에 훨씬 가까운 경제 모델을 활용했다(1장, 7~11장 참조). 따라서 (국가별로 편차를 고려하더라도) 동아시아 모델은 영미형 모델보다 세계적 표준에 가깝다고 할 수 있다. 미국과 영국의 경험은 특히 주목할 만하다. 이들 국가는 경제 발전 시기에 무역과 산업, 지적재산권에 관해 동아시아와 비슷한 정책을 유지했다(1장과 7장, 8.2 참조).

동아시아 모델의 성공이 그 지역의 특수한 조건 때문에 가능했다는 주장은 그럴듯하게 들린다. 그러나 미국과 영국 경제도 그 나름의 특수한 조건 때문에 성공한 것으로 쉽게 설명할 수 있다.

우리는 주로 확실치 않은 점을 합리적으로 설명하는 데 특수한 조건을 사용하는데, 동아시아 경제의 발전 경험은 미국과 영국에도 쉽게 적용될 수 있다. 예를 들어 영국은 경제 발전기에 약소국을 식민화하거나 지배했고, 노예 무역을 활성화했으며, 공공연하게 아편을 중국에 판매했고, 열악한 조건의 작업장에서 어린이들을 하루 12시간씩 혹사시켰다. 이 시기의 영국은 지적재산권을 대수롭지 않게 침해했으며(8.2 참조), 1750년에서 1842년까지 기계류를 경쟁국에 판매하지 못하는 법률도 옹호했다. 미국 경제도 영국과 매우 유사한 특수한 조건 아래서 발전했다. 이에 더해 미국은 (정부가 원주민인 인디언을 전멸시키거나 강제로 이주시키는 방식을 통해서) 광대한 영토와 대규모 이주 노동자, 그리고 매우 풍부한 부존자원과 천연자원에서도 혜택을 봤다.

신자유주의자들은 동아시아 국가들이 오늘날의 개발도상국은 누릴 수 없는 특수한 조건 덕분에 성공했다고 주장한다. 그렇기 때문에 개발도상국들은 영미형 국가를 모델로 삼아야 한다는 주장을 내세우고 있다. 그러나 지금까지 살펴봤듯이 영국과 미국도 오늘날의 개발도상국들이 누릴 수 없는 특수한 조건 덕분에 발전했다. 개발도상국들이 영국과 미국의 특수한 조건과 경험을 복제할 수는 없기 때문에, 신자유주의자들이 오늘날 개발도상국들에게 영미식 모델을 강요하는 것은 잘못된 것이다(4장 참조).

그렇다면 결국 '특수한 조건'이란 논리 자체에 문제가 있는 것이 아닐까. 좀 더 일반적으로 말해 모든 나라는 그 나름의 역사, 문화, 인종 구성, 개발 시기 등이 복합적이라는 점에서 유일무이하다. 그러므로 동아시아 국가들의 경험은 다른 모든 나라의 경험에 비해 더 독특하지도, 덜 독특하지도 않다. 이 책에서 우리의 목표는 '오직 하나의 발전 경로만이 보편적'이라는 주장 대신, 경제 발전을 가능하게 하거나 촉진할 수 있는 다양한 범위의 정책들을 검토하는 것이다(7~11장 참조).

영미형 모델은 보편적이지 않다.

신자유주의자들은 인간의 보편적 본성이 거래, 개인주의, 부의 축적을 선호하므로 신자유주의야말로 보편적 시스템이라고 주장한다. 그러나 이들이 말하는 '인간의 본성'은 증명할 수 없는 명제에 불과하며, 신자유주의의 보편성에 대한 주장도 마찬가지다. 우리의 관점에서 보자면 영미형 모델이 성공한 이유 역시 '어떤 보편성'과는 별로 관계가 없다. 오히려 영미형 모델의 성공은 일련의 '특수한' 제도와 조절 장치에 따른 것이다(4장, 8.2장, 10장 참조). 이런 제도와 조절 장치가 없다면 영미형 모델 역시 작동될 수 없다.

우리 견해를 뒷받침할 증거는 엄청나게 많다. 예를 들어 1980~1990년대 전 세계적으로 상당수 국가가 영미형 모델을 도입하려다 실패한 사례가 있다. 이런 허다한 실패 사례들, 특히 옛 소련의 공화국들에서 경험한 것을 살펴보면 영미형 신자유주의를 이식하는 것이 얼마나 어려운 일인지 알 수 있다. 일단 영미형 모델의 수출에만 혈안이 되어 있는 신자유주의자들은 이에 필요한 제도적 장치들, 예컨대 성숙한 금융조절 시스템을 창출하려면 엄청난 인적, 재정적 자원이 필요하고 시간도 많이 걸린다는 사실은 애써 못 본 체한다. 더욱이 이런 자원과 시간이 충분하다고 해도 문제가 해결되는 것은 아니다. 신자유주의에 필수적인 제도와 조절 장치를 이식하려면 해당 국가의 특수한 정치적, 문화적, 제도적 특성과 양립할 수 없는 것을 모두 없애야 하는 경우도 많기 때문이다.

신화 6
개발도상국은 국제기구와 정치적으로 독립적인 국내 정책 기관이 요구하는 규율을 준수해야 한다

6.1 그릇된 신화

정치인과 공무원은 신뢰할 수 없다. 그들은 전형적으로 사회의 이익을 위해 일하기보다 자신의 사적 권력을 유지하고 확대하기 위해 정책 도구와 자원을 조작한다. 그러므로 이 같은 정치인과 공무원의 일탈 행위를 감시하는 한편, 그들이 사회적 이익에 합당한 행위를 할 때 보상할 수 있는 제도적 장치를 마련해야 한다. 이것이야말로 정부의 책임성 accountability을 확보할 수 있는 유일한 방법이다.

6.2 신화의 내용

경제 정책은 정치인과 공무원에게 맡길 수 없다.

1980년대는 공공 부문에 대한 사회적 인식이 급격히 변화한 시대다.

그 이전에는 정치인과 공무원이 대체로 공익을 위해 일하는 것으로 인식되었고, 이에 따라 통상적으로 '공복公僕'이라 불렀다. 그러나 1980년대의 신자유주의 지식 혁명 이후 사람들은 정치인과 공무원들을 공익보다 자신들의 이익을 추구하는 (그리고 어떤 경우에는 부패하기까지 한) '대리인'일 뿐이라는 사실을 파악하기 시작했다.

공공 부문에서 주된 문제점은 공무원의 자기 이익 추구를 공익으로 연결시키는 제도적 인센티브가 결여되어 있다는 점이다. 이와는 대조적으로 민간 부문의 시장 메커니즘에는 사적 이익과 사회적 공익을 결합하는 중요한 기능이 있다.

공공 부문의 실패는 산업 국가보다 개발도상국에서 치명적인 결과로 이어진다. 산업 국가 공무원들의 경우 민주적 정치 체제, 언론 자유, 법률 시스템, 투명한 제도, 강력한 부패 방지 장치 등으로 인해 (어느 정도) 책임감을 가지고 있다. 그러나 개발도상국은 이런 메커니즘을 갖추지 못한 경우가 많다. 개발도상국에서는 미성숙한 민주주의와 법률 시스템, 불투명한 제도와 감시 체제, 미비한 (또는 전혀 존재하지 않는) 반부패 장치와 무능이 존재할 뿐이다. 이런 상황은 정부의 부패와 비효율성으로 이어져 경제 발전을 가로막는다.

관련 사례들을 살펴보면 개발도상국에 절대적으로 필요한 것은 정치적으로 독립된 경제 제도를 포함한 규율이다.

이런 맥락에서 개발도상국은 정책 입안을 중앙은행이나 통화위원회 같은 정치적으로 독립된 강력한 정책 기구의 전문 관료에게 맡기는 것이 필요하다(11장 참조). 이런 조치는 효율성을 높이면서도 국내외 투자자의 신뢰도를 향상시킨다.

하지만 유감스럽게도 정치적으로 독립된 정책 기구를 국가 차원에서 만든다고 해서 합리적인 경제 정책이 나오는 것은 아니다. 심지어 명목상 엄연한 독립 기구라 해도 공무원들이 정책 결정 과정에 끼어든다면 그들의 간섭에서 벗어나 독자적인 정책을 입안하기는 사실 어렵다. 이 같은 공무원들의 간섭은 특히 경기 불황기나 선거가 임박했을 때 심해진다. 또 개발도상국은 국내의 독립적 정책 결정 기구에서 일할 유능한 경제학자 집단을 갖추지 못한 경우가 많다.

이런 어려움을 감안할 때 IMF나 세계은행, WTO 같은 국제기구는 개발도상국에서 경제 정책의 투명성과 수준을 높이는 데 큰 역할을 한다. 권위 있는 국제기구의 제안에 따라 적절한 정책을 외부에서 도입한 국가들은 국내외 투자자의 신뢰를 얻는다. 상황이 이런데도 시대에 역행하는 좌우파들은 국제기구가 국가 주권을 침해한다는 과장 섞인 언사를 늘어놓으며 국제기구를 맹렬히 공격하고 있다. 이들은 국제기구의 정책이 경제 발전을 촉진하는 보편성을 지니고 있다는 점을 인정하지 못한다. 개발도상국의 경우 유능한 경제학자는 물론 이들이 효율적으로 일하는 데 필요한 자원이 부족하기 때문에 '전문성 공백' 현상이 빚어지는데, 비판자들은 국제기구가 이런 공백을 메우는 역할을 한다는 사실을 받아들이지 못한다.

간단히 말해 독립적인 국내 정책 기구와 국제기구는 정부가 장기적인 경제 발전을 이루고, 번영과 사회 공익을 촉진하는 경제 정책을 추구하도록 돕는다.

6.3 신화의 기각

공무원들은 상당수 국가에서 훌륭한 경제 정책을 고안했다.

신자유주의자들은 정부와 공무원들을 중상모략하면서 광범위하게 불신을 조장해 왔다. 그러나 공공 부문과 공무원들에 대한 이런 견해는 역사적 사례들을 보면 그리 설득력이 없다. 많은 국가에서 공공 부문과 공공 기관은 경제 발전 과정에서 중요하고 긍정적인 역할을 해 왔다.

공무원은 본래부터 부패한 존재라거나, 정책 결정 과정을 왜곡시킬 수밖에 없다는 주장은 근거가 없다.

공무원이란 존재는 본질적으로 민간 부문의 경제 주체들보다 더 부패하고 출세 지향적인 데다 효율성도 떨어진다는 주장은 근거가 없다 (7~11장 참조). 민간 부문이 사회적으로 해가 되는 행위를 덜 저지른다는 것도 사실이 아니다. 부패 스캔들은 공공 부문이나 민간 부문에서 비슷한 빈도로 일어나며, 이는 심지어 미국에서도 마찬가지다.

미국은 민간 부문의 비즈니스 관행이 건전하기로 모범인 국가이고, 더욱이 규제 당국은 민간 부문의 불법 행위에 대해 엄격한 감시 기능까지 수행한다. 그러나 미국의 민간 부분에서 일어나는 부패 스캔들의 오랜 역사를 살펴보면, 지난 2002년의 (엔론, 아서 앤더슨 사건과 같은) 기업 부패 스캔들은 최근 사례에 불과하다. 공모와 뇌물, 기업 집중과 독점화 경향에서 나타나는 민간 부문의 양태는 일부 공무원의 '자기 권력 확장' 행위를 연상시킨다.

　민간 부문을 효율성과 관련짓고, 공공 부문을 비효율성과 관련지어 생각하는 것은 공상에 불과하다. 민간 부문의 대기업들에서도 비대하고 기동력 없는 관료주의의 문제점이 드러날 수 있는데, 예를 들어 대기업 구성원들이 '자기 권력을 확장'하기 위한 수단이나 끝없이 만들어 내고, '너 죽고 나 살기' 식의 싸움과 속임수, 이에 따른 낭비 등이 횡행하는 경우가 그렇다. 더구나 '효율성'은 매우 복합적이고 논쟁적인 개념이라는 것도 유의해야 한다. 효율성에는 매우 다양한 형태가 존재한다. 예를 들어 시장 환경의 변화에 얼마나 잘 반응하는지에 대해 효율성을 따질 수도 있고, 빈곤을 없애는 것과 같은 사회적 목표 달성과 관련해서 효율성을 평가할 수도 있다. 어떤 기준에서는 효율적인 기업이 다른 기준에서는 비효율적일 수도 있다는 것이다. 마지막으로 어떤 기업이 얼마나 통합적이고 효율적으로 작동될 것인지의 여부는, 그 조직이 민간 부문인지 공공 부문인지에 따라 결정되는 것이 아니라 오히려 해당 기업의 생산 능력, 구성원의 고용 형태, 보수와 인센티브 체계 등 구체적 조건이 중요하다. 기업 외부적으로는 규제와 제도적 환경, 좀 더 넓게는 정치적, 법률적 조건 등도 복합적으로 해당 기업의 성과에 영향을 미친다.

<u>정책 결정 권한을 비선출직인 전문 관료의 손에 맡기는 것은 민주주의의 기본 원칙에 위배될 뿐 아니라 책임성과 투명성도 보장 받을 수 없다. 더구나 이런 전략은 장기적으로 경제 성과를 향상시키지 못한다.</u>

그동안 신자유주의자들은 공공 부문에 대한 불신과 경시를 조장함으로써 공공 부문(국가)은 정치적으로 독립된 기관의 전문가에게 정책 결정권을 넘겨야 한다는 이론적 근거를 마련해 왔다. 이런 전략을 통해 통화 정책은 독립된 중앙은행에, 환율 정책은 통화위원회에, 그리고 재정 정책은 예산위원회에 위임된다(11장 참조). 공기업에 대한 감독권도 점차 독립적인 '전문 기관'으로 이관하는 추세를 보인다. 동시에 국내 경제 정책을 결정하는 과정에서 국제기구와 국제 규범의 역할은 점차 중요해지고 있다. IMF는 경제 정책을 위한 엄격한 지침(그리고 신랄한 비판)을 만들어 개발도상국의 경제 정책을 감독하는 등 상당한 영향력을 행사한다. 이 같은 영향력은 특히 개발도상국에 경제 위기가 발생하는 경우 극대화된다. 여기에 더해 국내 경제 정책과 규제 시스템이 WTO가 제정한 국제 규칙에 종속되는 경향도 높아지고 있다.

정책 결정권이 국제기구나 국내에서 '정치적으로 독립된' 기관으로 넘어가는 추세는 문제가 많다. 이 전략은 사실상 민주주의적 지배 구조의 가치를 부인하고, 공적인 관점에서 보면 정책 결정 과정의 정당성을 모호하게 만드는 것이기도 하다. 어떤 기관이 정치적으로 독립되었다는 것은 무엇을 의미하는가. 이것은 주권자인 국민the public에 대해 책임질 필요가 없다는 의미로, 정치적으로 독립된 기관은 자신들과 밀접한 좁은 범위의 집단에게 봉사할 가능성이 높다. 예를 들어 IMF와 세계은행은 자신들의 의제를 결정하는 강대국 정부와 국제 금융 집단에 대해 책임을 지고, 독립된 중앙은행과 통화위원회는 금융 집단의 이해를 위해 움직인다. 강력하고 부유한 국가와 대기업들은 WTO에 압도적 영향력을 행사한다.

신자유주의적 관점에서 볼 때, '정치적으로 독립된 기관'의 핵심 장점 중 하나는 그들의 임무가 대중의 요구에 흔들리지 않는다는 것이다. 그러나 바로 여기서 신자유주의는 이 이론의 핵심, 즉 '경제 영역에서의 자유'를 스스로 부정하는 모순에 직면한다. 다시 말해 신자유주의 이론에서는 인간은 완벽하게 합리적이며, 자신의 최대 이익을 파악하는 데 필요한 지식, 지혜, 판단력을 충분하게 갖춘 존재로 가정된다. 인간은 완벽하게 합리적이기 때문에 스스로를 다스릴 수 있는self-governance 존재로 간주되고, 이에 따라 신자유주의는 경제 영역에서 자유를 주장하는 것이다. 그런데 신자유주의자들이 주장하는 '정치적으로 독립된 기관'은 사실상 신자유주의 엘리트 경제학자 집단의 지배를 옹호하는 것으로, 인간이 '자기 자신을 다스릴 수 있는 능력'이 있다는 신념을 부정하는 것이기도 하다.

  2부(7장, 8.2장, 11.2장과 11.3장)에서 살펴보겠지만 독립적인 기관에 정책을 위임하는 것은 경제적으로도 바람직하지 않다. 현재까지 정치적 압력에서 정책을 독립시키는 것이 경제 성과를 뚜렷이 향상시킨다는 증거는 없다. 오히려 이런 전략이 사회의 가장 취약한 계층에 경제적으로 막대한 비용을 떠넘긴다는 증거는 쉽게 찾아볼 수 있다. 이 같은 증거는 독립적인 정책 결정 기구가 국가의 이익을 중립적인 위치에서 보호한다는 신자유주의의 견해와 배치되는 것이다. 이런 기구들은 일반적으로 공공의 이익보다는 투자자나 대부자, 기업의 요구에 기울게 마련이다(2장 참조).

Reclaiming Development

2부는 경제 정책을 위한 매뉴얼이다. 개발도상국의 (현재와 미래의) 정책 입안자, 비정부기구와 다국적 기구의 활동가, 개발 정책 연구자 들이 읽기를 바란다. 우리는 다음 장들에서 경제 정책의 여러 영역을 철저히 분석할 것이다. 물론 우리의 논의는 경제 정책의 모든 영역을 포괄할 수는 없다. 따라서 우리는 새로운 사고방식이 시급히 필요한 영역, 지난 20년간 강압적으로 추진된 신자유주의 정책에 대해 건전하고 실현 가능한 대안을 제시할 수 있는 영역에 일단 초점을 맞출 것이다.

각 정책 영역의 논의는 세 가지 주요한 구성 요소로 되어 있다. 첫째, 우리는 ('신자유주의적 관점'을 통해) 특정 경제 정책을 위해 신자유주의자들이 발전시켜 왔던 주장을 제시할 것이다. 여기서 우리는 가장 전형적인 신자유주의적 견해와 그 견해를 지지하는 경제 논리의 핵심이 무엇인지 보여 준다. 필요하다면 우리는 일반인들이 신자유주의적 견해의 정체를 파악하는 데 걸림돌로 작용해 왔던 전문 용어의 탈을 벗겨 낼 것이다. 둘째, 우리는 ('신자유주의적 관점 기각'을 통해) 문제가 되는 일련의 신자유주의 정책을 반박할 것이다. 여기서 우리는 경제적 논리와 실증적 증거, 국가별 역사적 사례를 들어 신자유주의의 주장을 반박한다. 셋째, 우리는 ('정책 대안'을 통해) 특정한 정책 영역에서 신자유주의 경제학자들이 주장하는 정책에 맞서 우리가 보기에 경제적으로 바람직하고 실천 가능한 일련의 정책 대안을 논의한다. 이 책을 읽는 독자들은 '추천도서'에서 제시하는 신자유주의 경제학자의 논문과 이에 대한 대안을 제시하는 글을 참고로 특정 정책 영역을 더 깊이 이해할 수도 있을 것이다.

2부
신자유주의를 극복할 정책 대안

7

정책 대안 1
무역과 산업

7.1 무역 정책

신자유주의적 관점

최고의 무역 정책은 자유 무역이다.

자유 무역은 관세나 다른 형태의 정부 규제로 제한 받지 않는 무역을 말한다. 간단히 말해서 자유 무역은 모든 개발도상국(실제로 모든 국가)이 추구해야 할 이상적인 정책이다. 자유 무역은 수많은 이익이 있다. 이 정책은 개발도상국에서 높은 생산 수준과 고용률을 달성하고, 생산성과 효율성을 높이며, 생활수준을 향상시키고 소비자가 선택할 수 있는 기회를 제공한다. 또 자유 무역은 어떤 기업이 정부와의 특정 관계를 통해 무역 인허가나 보호 조치를 얻어 내는 것과 같은 부패한 특혜 방식systems of preference을 무너뜨린다.

자유 무역은 누구나 인정하는 비교 우위론에 근거한다.

비교 우위론은 정부가 무역을 '왜곡'하지 않는 한 해당 국가는 부존자원과 노동, 자본 등 자국 상황에 가장 적합한 제품의 생산과 수출에 특화하게 된다고 주장한다. A라는 국가가 B라는 산업에서 거두는 상대적 성과가 C국가가 B산업에서 거두는 상대적 성과보다 우월할 때, A국은 B산업에서 비교 우위를 가진다고 말할 수 있다. 이는 모든 국가가 적어도 어떤 산업에서는 비교 우위를 가진다는 의미이기도 하다. 예컨대 A라는 나라가 다른 나라들과 비교할 때 모든 산업에서 효율성이 떨어진다고 가정하자. (이 경우 A국은 어떤 산업에서도 이른바 '절대 우위'를 가지고 있지 않다.) 그러나 이때도 A국은 다른 나라들에 비해 효율성이 가장 덜 떨어지는 산업에서는 비교 우위를 가진다고 정의할 수 있다.

실례를 통해 이 개념을 좀 더 쉽게 설명해 보자. 중국과 독일 두 나라 모두 장난감과 자동차를 생산한다고 가정하자. 또 독일이 두 산업 모두에서 중국보다 효율성이 높다고 가정하자. 이 경우 독일은 두 산업 모두에서 중국에 비해 절대 우위를 보이는 셈이다. 그러나 장난감 산업에서 두 국가 간 효율성의 격차가 상대적으로 작다면, 다시 말해 중국이 독일에 비해 효율성이 떨어지는 정도가 자동차 산업보다 장난감 산업에서 덜하다고 가정하면, 우리는 독일이 자동차 산업에서 비교 우위를 보이는 반면, 중국은 장난감 산업에서 비교 우위를 갖는다고 말할 수 있다.

이런 비교 우위가 무역에서 가지는 의미는 무엇인가. 무역 이론에 따르면 자유 무역 아래서는 모든 국가가 비교 우위에 있는 산업을 특화할 수 있고, 이 산업의 제품을 상대국과 교역하게 된다. 우리가 든 사례에서 중국은 자동차를 수입하고 장난감은 수출한다. 무역 이론에 따르면 두 나라는 이와 같은 방식으로 자국의 비교 우위 부문에 특화해야 한다. 이 경우 두 국가는 두 제품을 모두 국내에서 생산해야 할 때보다 훨씬 부유해진다는 것이다.

이렇듯 비교 우위론은 개발도상국에게 매우 중요한 정책적 시사점을 제공하는데, 상당수 개발도상국들은 어떤 한 제품의 생산에서도 절대적인 비용 우위를 가지지 못하고 있기 때문이다. 그러나 개발도상국이라도 '상대적으로 비효율성이 덜한' 제품을 생산할 수는 있다. 따라서 자유 무역은 모든 나라가 자국 내에서 생산되지 않는 제품을 다른 나라에서 얻을 기회를 제공한다.

또한 비교 우위론은 생산과 무역에 대한 정부 개입을 막아야 할 근거가 된다. 자원이 일정하다고 가정할 때, 생산이나 무역에 대한 정부 간섭은 여러 상품의 생산과 관련된 상대적 수익성을 보여 주는 가격 신호 price signals를 왜곡한다. 이 같은 왜곡으로 해당 국가는 비교 우위를 지니지 않은 제품 생산에 특화하게 될 수도 있다. 그 결과 이 국가의 총생산은 더 줄어들고, 그에 따라 사회복지 수준은 악화된다.

이를 설명하기 위해 앞에서 든 중국과 독일의 사례를 다시 살펴보자. 중국 정부가 독일에서 수입하는 자동차에 관세를 부과해 자국 자동차 산업을 독일과의 경쟁에서 유리하도록 보호했다고 치자. 그러면 중국 소비자는 독일 자동차를 구입하는 대신 중국에서 생산된 자동차를 구매할 것이다. 중국 자동차에 대한 수요 증가는 다른 비즈니스, 예컨대 장난감 산업에 종사하던 기업가가 자기 사업을 때려치우고 자동차 산업에 뛰어들게 만들 수 있다. 그러나 이 같은 제품 특화의 전환은 중국 경제 전체로 보면 불행한 일이다. 중국의 자원이 비교 우위 부문(장난감)에서 상대적으로 효율성이 떨어지는 비교 열위 부문(자동차)으로 옮겨 가는 것이기 때문이다. 그러므로 중국의 총 생산은 위축될 수밖에 없으며, 그에 대한 직접적인 책임은 자국의 자동차 생산을 장려하기 위해 수입 자동차에 관세를 부과한 정부에 있다.

비교 우위론에 따르면, 무역 자유화를 자국부터 일방적으로 단행하는 것은 상대국의 시장 개방 여부에 상관없이 이롭다.

(세계무역기구와 같은) 국제 포럼에서 개발도상국들의 가장 큰 불만 중 하나는 산업 국가들이 정작 자국의 시장은 개방하지 않는다는 사실이다. 그러나 비교 우위론에 따르면 개발도상국들은 자국의 무역 장벽만 허물면 무역 상대국이 시장을 개방하든 하지 않든 상관없이 상황을 개선할 수 있다. 즉 무역 상대국의 정책이 어떻게 되는지는 관련이 없다는 것이다.

다시 중국과 독일의 사례로 돌아가 이 문제를 설명해 보자. 독일이 중국에서 수입하는 장난감에 관세를 부과한다고 해도, 중국은 이에 구애받지 말고 독일산 자동차에 대한 관세를 철폐하는 것이 이롭다. 이로 인해 중국 소비자들은 자동차를 더 싸게 구입해 생활수준을 높일 수 있기 때문이다. 한편 독일이 중국산 장난감에 관세를 부과하면 독일 소비자들은 필요보다 더 높은 가격을 지불해야 하므로 손해를 보게 된다.

과거 기록과 통계 자료를 봐도 자유 무역이 경제 발전에 결정적으로 중요하다는 사실이 드러난다.

오늘날의 산업 국가는 자유 무역을 기반으로 발전했다(1장 참조). 모든 산업 국가가 개발 시기에 자유 무역을 수용했지만, 특히 미국과 영국 경제는 자유 무역이 이롭다는 사실을 단적으로 보여 주는 사례다. 자유 무역의 이점을 뒷받침하는 통계적 증거는 아주 많다. 이런 연구는 2차 세계 대전 이후에 무역 규제를 덜 하는 국가가 심한 규제를 가하는 국가보다 빠르게 성장했다는 사실에서도 드러난다.[14]

일부 관세는 공공 정책의 측면에서 정당화될 수 있다.
그러나 공적 필요에 따른 관세 정책 역시 매우 제한적으로만 사용해야 한다.

개발도상국 정부는 정부 수입을 올리거나 국가적으로 중요한 산업을 일시적으로 보호하기 위한 방편으로 관세에 의존하기도 한다. (관세 이외에 다른 수단을 먼저 고려할 수도 있겠지만) 정부가 관세를 부과하더라도 모든 제품에 균일하고 낮은 세율을 적용하는 것이 중요하다. 균일한 관세는 수입 제품 모두에 동일한 관세율이 적용된다는 의미다. 관세를 낮고 균일하게 부과해야 국내 생산자들이 (높은 세율이 적용되었다면 가격이 대폭 인상될) 특정 상품으로 이동해서 시장을 왜곡하는 사태를 최소화할 수 있기 때문이다. 일반적으로 수입품에 대해서는 5% 내외의 균일한 관세율을

---

14 학술 논문에서 '개방성' 또는 '외부 지향'은 '자유 무역'이나 '덜 제한적인 무역'을 언급하는 데 주로 사용된다. 우리는 이런 용어를 섞어서 사용하겠다.

유지해야 한다.

아울러 일부 국내 산업을 국제 경쟁에서 보호해야 하는 경우가 있기는 하다. 그러나 유치 산업 보호라고 하는 이런 정책은 (5~8년을 넘지 않게) 일시적으로 써야 하고, 해당 산업이 성공할 가능성이 높을 경우에만 실시해야 한다. 유치 산업 보호를 위해 부과된 관세는 5~10%의 범위에 머물러야 하고, 어떤 상황에서도 20%를 넘어서는 안 된다.[15] WTO도 앞에서 언급한 조건이 충족되는 범위에서 유치 산업 보호를 위한 관세를 허용하고 있다.

1980년대 이후 상당수 개발도상국 정부들은 마침내 자유 무역의 가치를 인정하기 시작했기 때문에 적극적으로 무역 자유화를 추진했다.

상당수 개발도상국들이 (완벽한 자유 무역은 아닐지라도) 자유 무역의 범위를 확대하고 있다. 수입대체산업화[ISI]라는 이름으로 비효율적인 국내 산업을 보호해 온 개발도상국 정부들이 드디어 자신의 실패를 인정한 것이다. 1980년대에 닥친 외환 위기는 개발도상국의 무역 자유화를 급격하게 촉진시켰는데, 이는 IMF와 세계은행의 구조 조정 프로그램[SAP] 중 핵심 요소가 무역 자유화였기 때문이다. 사실 개발도상국 정부가 처한 상황에서는 무역 장벽을 허무는 것은 정치적으로 매우 어려운 일이

---

[15] 1970년에 나와 오랫동안 개발도상국의 무역 정책에 관한 독창적인 신자유주의 연구서로 영향력을 인정받은 리틀(Little), 스콧(Scott), 스키토프스키(Scitovsky)의 유명한 책에서, 그들은 정당화할 수 있는 관세율은 좀 더 발전한 개발도상국에서는 거의 영(0)에 가깝고, 최빈국에서도 기껏해야 20%에 불과하다고 주장한다(1970: 159).

다. 그러나 국제기구의 구조 조정 프로그램은 개발도상국 정부가 무역 장벽을 허무는 데 뒤따르는 어려운 문제에 대해 정치적 보호막 역할을 하기도 했다.

(심지어 북미자유무역협정 같은 지역 협정을 포함해) 국제 자유 무역 협정도 앞으로의 무역 자유화를 위해서 동력을 제공했다. 구조 조정 프로그램과 더불어 자유 무역 협정은 각국 정부에게 정치적 부담 없이 특정 보호 정책을 폐지할 수 있게 한다.(관련된 논의는 11.1장과 11.2장 참조하라.) 2차 세계 대전 직후 출범한 GATT 체제는 관세 장벽 낮추기에 앞장섰으며, 1995년에 출범한 WTO는 (특히 개발도상국 사이에서) 무역 자유화에 대한 국제 사회의 의무를 강조하며 포괄적 책임을 지웠다. WTO는 각국 정부에게 무역에 대한 어떤 개입도 비용이 따를 것이란 점을 강조하며, 보호 장벽 정책을 제한적이고 일시적으로만 시행하라는 가이드라인을 제시했다.

무역 자유화는 중단기적으로 경제 혼란을 초래할 수 있다. 그러나 자유화는 이런 혼란을 상쇄하고도 남을 이익이 있다.

무역 자유화는 중단기적으로 약간의 비용을 치를 수도 있다. 즉 일부 일자리와 기업, 그리고 산업마저도 국제 시장에서의 경쟁으로 인해 내몰리는 사태가 발생할 수도 있다. 이에 따른 손실을 조정 비용이라고 부른다. 그러나 이런 비용 때문에 자유 무역을 기피해서는 안 되는데, 그 이유는 다음과 같다. 첫째, 일반적으로 조정 비용은 일시적이고 그 규모도 크지 않다. 반면 자유 무역의 이익은 해당 국가의 경제에 장기적으로 이로우며 조정 비용보다 훨씬 더 크다. 예를 들어 철강 산업이 국제 경쟁에 노출되면 철강 노동자는 일시적으로 직업을 잃을 수 있다. 그러나 그 노동자는 새로운 경제 환경에서 번영할 신산업 부문에서 일자리를 찾게 된다. 둘째, 무역 자유화에서 얻는 경제적 총 이득은 일부 집단이 치를 손실보다 크다. 셋째, 정부는 무역 자유화로 일시적인 어려움을 겪는 집단에 대해 자유화에 따라 늘어난 자원으로 보상할 수 있다.

신자유주의적 관점 기각

자유 무역은 개발도상국에 최적의 정책이 아니다. 특히 개발도상국이 산업 국가와 교역을 할 때는 더욱 그렇다.

신자유주의자들은 비교 우위론을 근거로 자유 무역을 옹호한다. 그들의 주장에 따르면 비교 우위론은 국제 무역 분야 경제학자들 사이에서는 논란의 여지가 없는 진리다. 그러나 이는 그리 간단한 문제가 아니며, 비교 우위론을 반박하는 견해도 만만치 않다.

우선 비교 우위론은 기술, 산업 구조, 거시 경제 조건, 노동과 자본의 이동성 등에 대한 특수하고 비현실적인 가정 위에 성립된 이론이다. 상당수 경제학자들은 실제로 비교 우위론의 가정들이 수많은 국가들, 특히 상당수 개발도상국에서는 적용될 수 없다고 논증하고 있다. 국제 무역 분야의 영향력 있는 이론에 따르면, 무역·산업 정책에 대한 개입은 경제 발전에 이로울 뿐 아니라 오히려 비교 우위론과도 양립할 수 있다는 사실을 보여 준다(예컨대 Krugman 1988).

또 개발도상국이 산업 국가와 무제한적인 교역을 할 경우 장기적으로 경제 발전에 손해가 된다는 대안적 무역 이론들도 있다. 그 중 하나인 유치 산업론에 따르면, 상대적으로 가난한 국가는 자유 무역 상황에서는 단기적으로 소득을 극대화할 수 있는 제품 생산에 특화하게 될 가능성이 크다고 주장한다. 이는 비교 우위론과 완전히 일치하는 결론이기도 하다. 그러나 유치 산업론자들은 이런 식의 생산 특화는 가난한 나라의 장기적 성장과 발전을 저해한다고 지적한다.

유치 산업론을 지지하는 이들은 빈국과 부국 사이의 교역에 상당히 회의적이다. 이런 상황이 잘 드러나는 사례가 북미자유무역협정NAFTA과 관련된 멕시코의 실망스런 경험이다. 북미자유무역협정을 아메리카 대륙 전체로 확대해 미주자유무역지대FTAA를 구축하려는 부시 미국 대통령의 계획에 참여하려는 국가들은 멕시코 사례를 강력한 경고로 받아들여야 한다. 그것은 개발도상국이 산업 국가와의 무역에 매우 신중을 기해야 한다는 사실이다. 개발도상국이 산업 국가와 무역 관계를 맺게 되는 경우에는 선별적 관세 정책과 여타의 보호 무역 정책, 그리고 보조금 제도 등을 활용해서 신중하게 관리해야 한다(7.2장 참조).

유치 산업 보호론자들은 개발도상국이 장기적인 경제 발전으로 이어지는 생산 양식과 전문화를 추진해야 한다고 주장한다. 유치 산업 보호를 옹호하는 이론은 상당히 긴 역사를 가지고 있으며 그 성과도 탁월했다. 이 이론은 1721년 영국 최초의 수상인 로버트 월폴Robert Walpole이 시행한 무역 정책 개혁에 따라 영국에서 처음 성공적으로 실행되었다. 하지만 이 주장을 체계적으로 발전시킨 인물은 1791년 미국 재무 장관인 알렉산더 해밀턴Alexander Hamilton이었다.

해밀턴에 이어 19세기 미국에서 상당수 경제학자들과 (에이브러햄 링컨을 포함한) 정치가들은 자유 무역이 모든 나라에 유익하다는 영국의 원칙에 강력한 반론을 제기하면서, (당시의 미국 같은) 개발이 덜 된 국가에서는 (당시의 벨기에 같은) 좀 더 발전한 나라의 강력한 경쟁자에 맞서 관세와 다른 보호 조치를 통해 새로운 산업을 발전시켜야 한다고 주장했다. 미국의 한 하원 의원은 1820년대에 "대다수 영국 공산품은 국내 소비가 아니라 수출 목적으로 생산된다."는 영국의 무역 이론을 언급하여 주목을 받았다.

독일 경제학자인 프리드리히 리스트Friedrich List는 1820년대에 미국으로 망명해 해밀턴의 주장을 접한 뒤 1840년에 유치 산업 보호를 옹호하는 가장 정교하고 설득력 있는 이론을 고안했다. 리스트의 연구는 19세기 후반 독일과 일본에서부터 2차 세계 대전 이후의 많은 개발도상국에 이르기까지 무역과 산업 정책에 광범위한 영향을 미쳤다.

자유 무역은 현재의 산업 국가가 자국의 경제를 발전시킨 방법이 아니다.

신자유주의자들의 주장과 달리 자유 무역을 통해 성공적으로 산업을 발전시킨 국가는 없다(1장 참조). 광범위한 유치 산업 보호는 18세기의 영국과 19~20세기 초기의 미국에서 경제 발전에 핵심적인 역할을 했다. 거의 모든 산업 국가 또한 경제 발전을 이루는 가장 중요한 시기에는 관세, 수출 보조금 등 보호 무역 정책을 활용했다. (하지만 영국이나 미국만큼 광범위하게 사용하지는 않았다.)

오늘날의 산업 국가들은 경제 발전기에 다음과 같은 정책들을 다양하게 조합해 사용했다. 관세 부과, 수출품 생산에 이용될 수입 자재에 대한 관세 환급, 수출 보조금, 핵심 산업에 사용될 원재료의 수출 제한, 수출품의 품질에 대한 정부 규제, 수출 시장과 마케팅을 위한 정부의 정보 제공 등이다. 이후 (브라질, 인도, 동아시아 신흥공업국NICs 같은) 다른 많은 국가도 이런 정책을 성공적으로 활용했다. 세계에서 가장 성공적으로 경제 성장을 이룬 국가들이 자국의 발전 과정에서 실제로 활용했던 무역 정책은 오늘날 산업 국가에서 (실제로 실천하지는 않았지만) 유행하고 장려되는 자유 무역 원칙과는 완전히 상반된다.

더 빨리 성장하기 위해서는 더 많이 개방해야 한다는 신자유주의 명제는 이론적, 통계적으로 근거가 매우 불충분하다.

비교 우위론에 따르면 국제 무역에서 완전히 배제되어 있던 국가가 무역을 자유화하면 상품 소비가 늘어나는 경향이 있다. 그러나 자유 무역으로 특정 국가의 소비 기회가 늘어날 수 있다는 것과 그 국가가 일정 기간이 지난 뒤 더 높은 수준의 경제 성장을 달성하게 된다는 것은 동의어가 아니다. 실제로 비교 우위론의 이론적 틀에서는 다른 사정이 동일하면 무역 체제를 개방한 뒤 시간의 흐름에 따라 경제 성장도 가속화된다는 결론이 나올 수 없다. 흥미롭게도 탁월한 신자유주의 경제학자들은 비교 우위론의 이런 한계를 인정한다(예컨대 Krugman 1980).

자유 무역이 성장에 미치는 효과에 관한 통계적 증거도 취약하기 짝이 없다(Evans 1989; Rodriguez and Rodrik 2001 참조). 경제 성장에 대한 자유 무역의 영향력 평가는 무역 개방의 정도를 어떻게 측정하느냐에 따라 그 결과가 엄청나게 달라진다. 어떤 연구에서는 무역 개방을 너무 넓게 정의하는 바람에 매우 보호적인 무역 정책을 펼치는 국가가 무역 개방의 수준이 높은 국가로 분류되는 경우도 있다. 예를 들어 삭스와 워너(Sachs and Warner 1995)의 유명한 연구 논문에는 관세율이 40% 이하인 국가를 개방적 무역 정책을 실시하는 나라로 분류했다. 이 저자들은 이처럼 문제가 많은 기준을 적용해 개방적 무역 정책이 성장에 유익하다는 결론을 내린다. 이런 상황을 그대로 받아들인다 해도 '무역 개방'과 '성장 가속화' 사이에 '양의 상관관계'를 드러내는 연구 결과는 많지 않다. ('양의 상관관계'인 경우에도 그 정도는 그리 크지 않다.) 다른 연구 결과들을 보면 '상관관계 없음'이나 심지어 '음의 상관관계'인 경우도 있다.

더욱이 통계적으로 '양의 상관관계'가 나타났다고 하더라도 그것이 무역 개방과 성장 간의 인과 관계를 증명하는 것은 아니다. 즉 개방 정도와 성장 간의 상관관계가 있다고 하더라도 '무역 개방을 성장 가속화의 원인'으로 해석하는 것은 정당하지 않다는 말이다. 인과 관계의 방향이 (무역 개방이 성장의 원인이라는) 신자유주의자들의 견해와 정반대일 수 있기 때문이다. 경제 성장률이 높아지고 생산성이 향상되는 경우 그 국가는 정반대의 인과 관계에 의해 더 급속하게 무역을 개방할 수 있는 것이다. 그 이유는 빠른 성장을 통해 생산성이 증가한 국가는 선진국과 성공적으로 경쟁할 수 있기 때문이다. 한편 (그 방향과 상관없이) 무역 개방 정도와 성장의 상관관계가 이 두 요소 사이의 실제 관계를 전혀 반영하지 않을 수도 있다. 예를 들어 개발도상국은 보호 무역 정책을 추구하면서도 (유가 폭등, 주요 수출품의 가격 하락 등과 같은) 부정적인 외부 충격으로 마이너스 성장을 기록할 수도 있다. 이 경우 마이너스 성장은 외부 충격 때문이므로 보호 무역과 성장 간의 인과 관계는 성립하지 않는다.

마지막으로 2차 세계 대전 이후 개별 국가들의 경험을 봐도 신자유주의적 관점에 문제가 많다는 것을 알 수 있다. 2차 세계 대전 이후 개발도상국 중 뛰어난 성과를 보인 나라는 자유 무역을 채택하지 않은 국가였다. 이와 관련해서 홍콩과 싱가포르만이 명백한 예외인데, 이들은 도시 국가로서 국제 무역에 특화했기 때문에 특별하게 예외가 될 수 있었다. 싱가포르 정부는 외국 투자를 유치하는 데 적극적이었고, 이런 외국 투자를 통해 성장을 촉진했다(9.4장 참조). 한국과 타이완, 브라질처럼 1960~1970년대에 눈에 띄는 성장을 이룬 나라들은 전략적인 무역 정책에서 상당한 혜택을 봤고, 특히 한국과 타이완은 1980년대에도 같은 정책을 통해 인상적인 성장을 이어갔다. 1990년대에 뛰어난 성장을 기록한 칠레와 인도도 마찬가지로 전략적 무역 정책으로 상당한 성과를 거두었다. 정도는 다르지만 이들 국가는 산업 국가가 개발 시기에 추구했던 것과 같은 특정 산업에 대한 보호 관세, 보조금, 수출 장려금 등을 혼합해서 사용했다.

무역 자유화와 관련된 경제 혼란은 신자유주의자들이 생각하는 것보다 훨씬 더 심각한 문제다.

무역 자유화가 특별한 상황에서 바람직한 경우도 있지만, 이 경우에도 중단기적으로 심각한 고통을 야기하는 것은 불가피하다. 신자유주의자들도 무역 자유화로 인한 비용을 인정하지만, 그 심각성을 제대로 인식하지 못하고 있는 것처럼 보인다.

무역 자유화가 실시되면 예전에는 보호 산업에 사용되던 자원이 다른 부문으로 이동하는 자원 재분배 현상이 필연적으로 발생한다. 자원을 재분배하기 위해서는 막대한 규모의 비용과 시간이 소요되는데, 신자유주의자들은 이를 지나치게 과소평가하는 경향이 있다. 경제학 교과서에 따르면 모든 자원의 이동은 완벽하게 이루어지며, 자원 재분배로 인한 비용과 시간은 들지 않는다. 그러나 실제로 자원이 재분배되는 데는 인적, 경제적으로 엄청난 비용과 시간이 소요된다. 제철소나 자동차 공장에서 (용광로, 자동차 라인 등과 같은) 형태를 갖춘 일부 자원은 다른 산업에서 사용하기 위해 용도를 변경하는 것이 쉽지 않기 때문이다. 노동자 역시 새로운 산업에서 일하려면 재훈련과 재배치가 필요한데, 여기에는 일정한 시간과 상당한 비용 없이는 이루어질 수 없다.

이처럼 자원 이동의 제한성을 고려한다면 무역 자유화가 성장, 고용, 생활수준에 중단기적으로 부정적 영향을 미칠 수 있다는 것을 쉽게 이해할 수 있다. 무역 자유화로 특정한 공장이 문을 닫게 되면 지출, 생산, 고용은 모두 위축될 수밖에 없다. 또 이와 같은 경제 활동의 위축은 기업과 경제 환경 전반에 파급 효과를 미칠 수 있다.

신자유주의자들은 노동의 유연성과 이동성을 고려하여 일자리를 잃은 사람들도 곧 새로운 고용 기회를 찾게 될 것이라고 주장한다. 하지만 개인이나 사회적 관점에서 볼 때, 무역 자유화로 창출된 새로운 고용 기회가 그 이전의 일자리보다 더 낫다고 확신할 만한 근거는 없다. 예를 들어 무역 자유화로 일자리를 잃은 철강 노동자가 경비원 정도의 일자리밖에 얻을 수 없는 경우도 있을 것이다. 이 같은 현상은 한 노동자의 수입이 대폭 줄어든 것에 그치지 않는다. 사회적 관점에서 보면 기술을 단련하는 데 투자된 자원을 사회에서 더는 회수하지 못하게 된다는 것을 의미한다. 오랜 시간 동안 숙련된 철강 노동자 한 명을 양성하기 위해 투자한 자원을 회수하지 못하게 되는 것이다.

중단기적 조정 비용과 별도로 무역 자유화로 기반을 잃은 계층과 산업에 대해 보상을 해야 하는 문제가 있다. 신자유주의자 대부분은 이런 보상이 '자연스럽게' 일어날 가능성이 높다고 믿는다. 즉 새롭게 창출된 부가 결국은 '하향 침투trickle-down' 하게 된다는 말이다. 하향 침투 효과가 충분치는 않다고 인정하는 일부 신자유주의자조차도 이 문제를 해결하는 데 최소 규모의 일시적 보상 계획(최소 사회안전망)만으로 충분하다고 주장한다. 그런데 개발도상국에서는 이 같은 보상 계획에도 재원이 필요하다. 하지만 (예컨대 관세 수입 하락 등으로 이어지는) 무역 자유화로 정부 재정이 크게 줄어든 상태에서 어떻게 재원을 충당할 수 있을까.[16] 그리고 이렇게 정부의 재량권이 줄어든 상태에서 낮은 수준의 보상 계획이라도 이루어지려면 소외 계층이 정치적 요구를 제기할 수 있을 정도로는 조직되어야 한다. 그러나 무역 자유화로 인해 권리를 박탈당한 계층이 정부에 보상을 요구하기 위해 얼마나 효과적으로 조직화를 이룰 수 있겠는가.[17]

---

[16] 관세는 징수하기 쉬운 장점이 있어 조세 당국의 행정력이 취약한 개발도상국 정부는 조세 체제가 건실한 선진국보다 관세 수입에 의존하는 경향이 높다(11.3장 참조).

[17] 권리를 박탈당한 멕시코 옥수수 재배 농민은 북미자유무역협정 조항에 따라 자국의 옥수수 시장을 미국에 개방해 상당한 손실을 입은 것에 대해 멕시코 정부에 압력을 행사하지 못했다. 결과적으로 북미자유무역협정은 멕시코에서 소규모 농가의 생활수준을 심각하게 떨어뜨렸다.

정책 대안

신자유주의자들과 달리 우리는 모든 개발도상국에 보편적으로 적용할 수 있는 단일한 무역 정책 모델을 제시하지 않는다. 하지만 무역 정책에 대한 기본적인 가이드라인 하나는 제시할 수 있다. 적어도 어떤 산업을 국제 무역 경쟁에서 보호하는 것이 장기적인 경제 발전에 필수적인지 어떤지 하는 것이다.

(관세나 수입 할당, 국내 기업에 대한 보조금과 같은) 보호 무역 장벽은 개발도상국의 산업 발전에 결정적으로 중요하다. 산업 발전 중에서도 특히 선진 산업을 육성하는 것은 개발도상국이 장기적으로 생활수준과 생산성을 높일 수 있는 방법이기도 하다.

보호 무역은 분명 단기적으로 (개발도상국 소비자는 산업 국가가 생산한 저렴한 제품을 구입할 수 없는 것 같은) 비용을 치러야 하는데, 이는 특히 작은 나라에서 문제가 된다. 대부분의 산업에서와 마찬가지로 소규모 생산은 단위당 생산 비용을 (이런 비용 중 일부는 수출 시장을 위한 생산으로 상쇄될 수 있기는 하지만) 높이는 경향이 있기 때문이다. 그러나 보호 무역의 단기적 비용 문제로 너무 수선을 떨 필요는 없다. 왜냐하면 보호 무역을 통해 국내에 역동적인 산업 부문을 창출해 냈을 경우 얻을 수 있는 장기적 이익을 고려해서 평가해야 하기 때문이다.

이런 경우 비용이 더 큰지 이익이 더 큰지를 따지는 비용 편익 분석은 다양한 변수를 고려해야 한다. 가장 중요한 것은 다음과 같다. 첫째, 보호 산업 부문의 국내 생산자가 생산성 향상에 헌신하도록 유도할 수 있는가. 둘째, 정부는 산업 발전을 위해 교육, 산업 기반 시설 등과 같은 추가적인 지원을 할 수 있는가. 또 선별적 보호 무역 정책을 채택하면 무역 자유화 때문에 발생하는 문제와 비슷하게 일부 산업과 노동자를 곤경에 처하게 만들 수도 있다. 이런 손해를 입는 계층에 대해 보상을 제공하는 임무는 단기적으로도 심각하게 고려해야 하는데, 이는 개혁에 대해 광범위한 대중적 지지를 얻고 형평성을 갖추기 위한 수단이다.

보호 장벽의 구체적 형태는 국가 규모와 현재의 산업 생산 능력 등 현실적 조건들을 고려한 후 결정해야 한다.

(중국이나 인도, 브라질, 멕시코같이) 상당한 산업 역량을 갖춘 대국은 국제 경쟁력이 있는 산업 부문에서 무역을 자유화하는 것으로 국익을 챙길 수 있다. 그러나 전략적 가치를 지닌 신규 산업은 국제 경쟁력을 갖출 때까지 보호해야 한다. 큰 개발도상국들은 내수 시장이 워낙 넓기 때문에 수출에 그리 집착하지 않는다. 그렇더라도 (모든 비용을 치르면서까지는 아니지만) 수출은 장려되어야 한다. 수출은 산업 국가에서 기술을 도입하는 데 필요한 외화를 얻을 수 있을 뿐 아니라 국내 기업이 수준 높은 국제 품질 기준에 접촉할 기회를 제공한다.

중간 정도의 산업 기반을 갖춘 작은 나라들은 유치 산업 보호를 수출 진흥과 연계시키기 위해 더 많은 노력을 해야 한다. 내수 시장의 규모가 작은 이런 나라들은 국내 시장에만 의존하면 다양한 산업이 발전할 수 없다는 의미다. 그러므로 작은 나라들은 선별적 수출 진흥 정책을 펼치는 것이 중요하다. 수출 진흥 프로그램은 매우 다양한 내용으로 할 수 있다. 그리고 수출 진흥 정책 중 일부는 현재의 WTO 체제 아래에서도 허용된다. 예를 들어 WTO는 1인당 국민소득이 (대략) 1천 달러 미만인 최빈국에서만 수출 보조금 정책을 허용한다. 하지만 수출품 생산에 이용될 수입 자재에 관세를 할인해 주는 제도는 WTO 체제 아래에서도 여전히 가능하다. 따라서 수출을 증진할 수단으로 (18세기의 영국과 2차 세계 대전 이후의 한국과 타이완이 그랬듯이) 이런 제도를 더 적극적으로 활용할 수 있다.[18]

WTO는 수출과 관련이 없는 기업 보조금을 허용한다. 정책 입안자들은 좀 더 범위가 넓은 기업 보조금을 통해 간접적으로 수출 성과를 높일 수 있는 창의적인 방법을 찾을 수 있다. 예를 들어 침체된 지역에 산업단지를 건설하고 지역 발전을 위해 그곳에 입주한 기업에 보조금을 제공할 수 있는 것이다. 이런 기업 중 일부는 미래에 대한 안목을 가지고 성공적인 수출 산업의 기반이 될 수 있는 제품을 내수 시장에 제공할지도 모른다. 정부의 무역 기관은 수출 기업, 특히 소규모 기업에게 수출에 관한 정보와 마케팅을 지원할 수 있다. 또 정부는 수출촉진지역EPZ을 만들어 수출 지향적인 초국적기업TNC을 유치하거나 초국적기업에 수출과 관련이 없는 보조금을 제공할 수도 있다.(하지만 9.4장의 주의사항을 참조하라.)

산업 기반이 없거나 취약한 최빈국은 가장 심각한 도전을 받게 되지만, 그 반면에 WTO 제도 안에서도 일정한 관용적 혜택을 누릴 수 있다. 최빈국은 (섬유나 식품 가공 같은) 기초 제조업을 보호하거나 보조금을 제공하는 혜택을 누릴 수 있는데, 이런 산업은 정부 보호가 거의 없는

---

[18] 하지만 이 수단은 관련 투입물에 상당한 관세를 부과할 때에만 효과적이다.

분야여서 국제 경쟁이 그리 심하지 않기 때문이다. 기초 제조업을 지원하기 위해 필요한 자원은 주요 생산품의 수출에서 얻는 수입으로 충당할 수 있다. 최빈국에게는 WTO 체제 아래서도 수출 보조금이 허용되므로 이를 활용할 수도 있다. 따라서 이런 모든 노력은 수출을 위해 기초 제조업의 상품을 최대한 생산하는 방향으로 이점들을 활용해야 한다. 수출 부문의 생산 능력 확대는 두 가지 이익이 있다. 첫째는 수출을 통해 가능한 최대한으로 외화를 획득할 수 있고, 둘째는 수출 부문에서 생산의 단위 비용이 감소할 수 있다. 하지만 이런 전략을 채택한 정부 역시 산업 고도화 정책을 설계해야 한다. 이 전략을 통해 한 국가는 시간이 흐르면서 좀 더 수준 높은 제조업 기반을 갖출 수 있기 때문이다.

현행 WTO 규범이 모든 개입주의적 무역 정책을 배제하는 것은 아니다. 더욱이 이 규범들은 해석과 협상에 따라 유연하게 적용될 여지가 있다.

WTO가 표방하는 자유 무역의 이상은 상당수 개발도상국들의 열망인 경제 발전에는 도움이 되지 않는다. WTO의 지배 구조는 의제 형성에서나 협정 이행에서나 이미 산업화된 국가에게 유리하게 작용한다. WTO는 또 개발도상국이 보호 무역 정책을 활용하는 것을 더욱 어렵게 만들고 있다.

그러나 현행 WTO 규범 아래서도 특정한 형태의 보호 무역 정책은 활용할 여지가 있다. 상당수 국가들이 관세를 극적으로 내렸고, WTO의 의무 이행 규정에 따라 관세율 상한선을 정한 것은 사실이다. 사실 20~30% 수준에 달하는 관세율 상한선은 그리 만만한 수준은 아니다.

이 정도 규모의 관세라면 상당수 산업에서 생산과 무역의 패턴에 영향을 미칠 수 있다.

보조금 형태로 이루어지는 일부는 WTO 체제 아래서도 여전히 허용되는데, WTO는 이것을 '허용 보조금 non-actionable'이라 부른다. 허용 보조금으로는 '연구개발R&D 보조금'과 '낙후 지역 지원 보조금' 등이 있다. 실제로 많은 산업 국가는 연구개발과 낙후 지역을 지원한다는 명목으로 산업에 보조금을 제공하고 있다.

개발도상국들은 (특정 산업에 수입품이 급격히 유입됨으로써) 국제수지가 심각한 국면에 처하는 경우 산업 부문별로, 또는 경제 전반에서 일시적인 무역 통제를 시도할 수 있다. 이 경우 정부는 어떤 산업 부문에 어떤 종류의 통제를 해야 하는지 실질적인 범위를 명확히 정해야 한다. 개발도상국들은 이런 통제를 이용해 산업 정책의 효과를 더 폭넓게 활용할 수 있다. 물론 WTO는 무역 통제의 정도가 국제수지의 심각성 정도와 맞아야 한다고 요구하고 있다.

마지막으로 어떤 법적 체계에서 보더라도 WTO 규범은 전반적인 원칙에 대한 제시에 불과하다. 즉 WTO 규범은 분쟁해결위원회를 통해 적극적으로 해석된 뒤에야 구체적인 적용이 가능하다는 이야기다. 이는 개발도상국들이 (특히 리더십을 발휘할 수 있는 큰 개발도상국을 중심으로) 집단 행동을 할 수 있는 가능성을 열어 준다. 따라서 개발도상국들은 WTO 규범을 해석하면서 개발도상국에 유리한 방향으로 결론을 내리도록 압력을 행사할 수 있다.

WTO 규범은 불변의 원칙이 아니다.

WTO 협정은 개발도상국에 의해 개입주의적 무역 정책에 더 호의적인 방향으로 개정될 수 있고 또 그렇게 되어야 한다(결론 참조). 여기서도 역시 개발도상국의 집단 행동이 이런 의제를 성사시키는 데 도움이 된다. 또 미국이나 영국보다 자유 무역 이데올로기에 좌우되는 성향이 훨씬 덜한 일본이나 프랑스와 같은 산업 국가가 있다. 이들 국가는 WTO 협정의 주요 내용을 개정하는 과정에서 유용한 동맹 세력이 될 가능성이 있다.

7.2 산업 정책

용어 설명

산업 정책은 선별적 산업 정책이라 부르는 것이 더 정확하다. 선별적 산업 정책은 장기적으로 국민 경제의 부(富)를 향상시킬 목적으로 특정 산업이나 부문을 선택해 우선적으로 개발하는 정책을 이르는 말이다 (Chang, 1994: 3장 참조). 이는 무역 보조금, 인허가, 신용과 자본 할당, 가격, 투자에 대한 관리 등 일련의 정책들을 통해 수행된다.

신자유주의적 관점

국가가 산업 발전의 형태를 규정해서는 안 된다.

무역 정책(7.1장 참조)의 경우와 마찬가지로 정부가 나서서 자원 배분을 주도해서는 안 된다. 정부에 의한 자원 배분은 정치적 고려 때문에 왜곡되기 쉽고, 그에 따라 경제 전반의 효율성을 크게 떨어뜨리기 때문이다. 이런 문제는 모든 국가에서 나타나지만 공무원들이 부패하고 무능하기 쉬운 개발도상국에서 특히 심각하다(11장 참조).

시장은 몇 가지 예외적인 분야만 제외하면, 경제 자원을 최적으로 배분하는 메커니즘이다. 물론 시장이 자원을 최적으로 배분하지 못하는 '시장 실패' 같은 경우도 있다. 시장 실패의 경우 국가의 개입은 사회적 부를 향상시킬 수 있다. 그러나 이런 시장 실패는 드물게 나타나는데, 그 영역은 산업 부문이 아니라 주로 (도로와 같은) 사회간접자본, (계약 이행의 강제와 같은) 법적 보호, 과학 연구 등에서 일어난다.[19]

선별적 산업 정책은 비효율성을 창출하고, 부패의 연결고리를 만들어 내며, 혁신을 방해하고, 장기 성장과 사회복지를 위태롭게 하기도 한다.

시장 실패는 산업 부문 내부에서는 거의 존재하지 않는다. 그런데도

---

[19] 두 종류의 시장 실패가 가장 자주 언급된다. 바로 공공재와 외부성이다. 공공재는 일단 공급되면 이 공공재에 대가를 지불한 사람뿐 아니라 대중 전체가 그 혜택을 볼 수 있기 때문에 시장 실패가 된다. 이는 다른 사람이 공공재의 혜택을 보지 못하도록 배제할 수 없기 때문이다. 예를 들어 여러분은 침략군이 국방비를 전혀 내지 않은 특정 가계만 점령하도록 하는 국방 시스템을 구축할 수는 없다. 이런 사실을 알고 있는 사람들은 국방 시스템이 시장을 통해 제공된다면 아무도 그 국방 시스템을 구입하지 않을 것이다. 이런 이유로 정부는 국방이라는 공공재를 공급한다. 외부성은 참여하지 않은 당사자에게 미치는 특정 활동의 영향을 말한다. 예를 들어 과학 연구는 지식을 확대하는 데 비용을 치르지 않은 사람에게도 혜택을 준다. 따라서 과학 연구를 활성화시키는 방법은 시장 인센티브를 일으키는 것보다는 정부의 과학 연구에 대한 관심이 중요하다.

국가가 시장 실패가 존재하지 않는 산업 부문에 (가격 제한이나 보조금으로) 개입한다면, 이런 개입은 가격 신호에 영향을 미쳐 자원 배분을 왜곡하게 된다. 예를 들어 특정 산업에 인위적으로 지급하는 보조금은 그 산업의 이익을 부풀린다. 결과적으로 다른 산업의 기업들은 보조금을 받는 산업으로 업종을 바꾼다. 이에 따라 보조금을 받는 산업의 총 생산이 증가하게 되는데, 이는 해당 산업의 제품에 대한 소비자의 수요 수준에는 아무런 변화가 없어도 그렇게 된다.(이런 주장은 무역 보호에 반대해서 나온 주장과 동일하다. 7.1장을 참조하라.)

또 선별적 산업 정책은 신제품, 생산 과정 또는 관리 기법에서의 혁신을 저해한다. 정부가 산업 정책으로 기업가의 자유를 침해하거나 또는 기업가가 리스크를 감수한 대가로 얻을 수 있는 수익을 소멸시킨다면 기업가는 혁신을 시도하는 데 필요한 인센티브를 잃게 된다. 실제로 혁신이 소멸된 탓에 해당 경제에 장기적으로 발생하는 비용은 선별적 산업 정책에 따른 단기적 비효율성보다 폐해가 훨씬 크다.

마지막으로 선별적 산업 정책에 따라 정치적 문제가 발생할 수 있다. 선별적 산업 정책에는 이 정책을 관리할 관료제가 필요하다. 그런데 강력한 관료제는 여러 가지 경로로 성장의 발목을 잡는다. 관료들은 효율적인 방식으로 비즈니스를 전개하려는 기업가들을 방해한다. 이는 관료들이 비용과 긴 시간이 소요되는 규제 시스템을 선호하기 때문인데, 부분적으로는 관료라는 직업의 정당성을 강화하고, 다른 한편으로는 더 많은 권한을 통해 뇌물을 챙기기 위해서다. 이런 환경에서 민간 부문은 상당한 규모의 자원을 로비에 사용하여 개발도상국의 소중한 자원이 연구개발 같은 '생산적' 투자가 아니라 로비 자금 등으로 빠져나

가게 되는 것이다.

개발도상국의 경험은 선별적 산업 정책이 제대로 작동하지 못할 뿐 아니라 경제적으로도 해롭다는 사실을 증명한다.

1950~1970년대에 상당수 개발도상국들은 수입대체산업화 프로그램의 일환으로 선별적 산업 정책을 실시했으나 실패했다. 개발도상국들은 급속한 산업화를 국가 건설과 현대화의 핵심 수단으로 여겼다. 많은 개발도상국은 이전의 식민지 경험을 극복하기 위해 강력하고 독립적인 산업 부문이 발전하기를 열망했다.

수입대체산업화와 이에 연관된 선별적 산업 정책에 이론적 기초를 제공한 것은 라틴 아메리카를 휩쓸었던 구조학파와, 폴 로젠스타인 로단Paul Rosenstein-Rodan, 라그나르 누르크세Ragnar Nurkse, 티보르 스키토프스키Tibor Scitovsky 등의 경제학자들과 관련된 '빅 푸시 모델Big Push Model'이었다.

구조학파를 이끈 이는 한때 아르헨티나 중앙은행 총재와 '라틴 아메리카를 위한 UN경제위원회ECLA' 사무총장을 맡았던 라울 프레비시Raul Prebisch였다. 구조학파는 개발도상국이 보호 무역과 선별적 산업 정책 없이는 산업 기반을 세울 수 없다고 주장했다. 또 빅 푸시 모델에 따르면 개발도상국의 산업화는 국가가 연관된 산업을 동시에 육성할 때에만 성공할 수 있다. 이처럼 여러 산업을 동시에 육성하지 않으면 국내 산업에서는 생산 과정에 필요한 (원자재, 중간재, 인력 등) 투입물 공급은 물론 제품에 대한 시장 수요도 발생하지 않는다는 것이다.

상당수 개발도상국 정부들은 1950~1970년대에 (일부 국가는 1980년대까지) 구조학파와 빅 푸시 모델을 상호 보완한 아이디어로 경제 개발을 추진했는데, 이는 선별적 산업 정책을 광범위하게 채택하는 결과로 이어졌다. 예를 들어 인도의 네루 수상은 생산재 부문으로 자원을 집중시켜 장기적으로 산업 발전을 가속화하는 공격적 프로그램을 추진했다.

그러나 이런 선별적 산업 정책은 처참하게 실패했다. 이 발전 프로그램들은 지속적인 산업화는 물론 선진국에 대한 자국의 경제적 종속을 끝장낸다는 가장 기본적인 목표도 달성하지 못했다. 또한 이런 정책에는 엄청난 규모의 외자가 필요했는데, 이는 1980년대의 외환 위기로 이어졌다.

만약 불가피하게 산업 정책을 추진하더라도 선별적 산업 정책을 피하고 일반적 산업 정책을 구사해야 한다.

보호 무역의 경우와 마찬가지로 개발도상국은 선별적 산업 정책이 아니라 일반적 산업 정책을 채택해야 한다(7.1장 참조). 일반적 산업 정책은 정부가 어떤 특정 산업을 차별적으로 지원하는 것 외의 방식으로 산업 부문에 개입하는 것이다. 예를 들어 기초 교육과 산업 기반 시설 제공, 일반적 연구개발에 대한 지원 등을 포함한다.

일반적 산업 정책에서 정당한 방법 중 하나는 경쟁을 촉진하는 정책으로, 이는 매우 신중하게 추진되어야 한다. 경쟁 촉진 정책을 추진하기 위해서는 (독점 기업의 폐해를 예방하는) 반독점법 입안과 함께 규제 기관을 세워야 하기 때문이다. 문제는 규제 기관이 로비('규제 포획regulatory capture')로 말미암아 부패할 가능성이 크다는 것이다. ('규제 포획'은 규제 기관이 규제 대상 기업의 이익을 보호하는 정책을 펴는 현상이다.) 그러므로 경쟁 촉진 정책을 성공시키려면 재량권을 행사할 수 없도록 정치적으로 독립된 규제 기관을 만드는 것이 꼭 필요하다(11장 참조).

신자유주의적 관점 기각

선별적 산업 정책에 정당성을 부여하는 경제 이론은 많다.

신자유주의자들이 선별적 산업 정책을 받아들이지 않는 근거는 직접적으로는 그들 고유의 국제 무역론과 국가와 시장에 대한 관점 때문이다. 일단 신자유주의자들의 불완전하고 편향된 관점을 극복하고 나면, 우리는 선별적 산업 정책이 오히려 풍부한 이론적 근거에 기반하고 있음을 알 수 있다.

수많은 경제 이론과 실증 연구에 따르면, 시장 참여자들은 장기적으로 이익을 낼 수 있는 (예를 들어 연구개발 같은) 특정 행위를 과소평가하는 경향이 있다. 따라서 정부는 (국가적으로 중요하지만 결실을 얻기까지 오랜 시간이 걸리는) 이런 활동에 대해 지원할 필요가 있다.

연구 결과 역시 시장이 외부성 문제를 언제나 적절하게 평가하는 것은 아니라는 사실을 보여 준다.(외부성에 관한 정의와 논의는 각주 19를 참조하라.) 예를 들어 특정 산업에 대한 연구개발은 해당 국가의 산업 전반에서 기술 발전을 촉진할 수도 있다. 이런 상황에서는 정부가 단순히 기초 연구 분야가 아니라 특정 산업의 연구개발을 지원하는 것이 바람직하다.

빅 푸시 이론에 따라 산업 개발을 추진하는 과정에서 시장이 파급 효과가 크고 서로 긴밀하게 연관된 결정을 항상 적절하게 하는 것은 아니다. 그러므로 정부는 보완적인 투자 결정을 조절하는 데 중요한 역할을 할 수 있다. 한편 시장은 경쟁적인 투자 결정을 조절하는 데 실패하는 경우가 종종 있다. 이러한 조절 실패는 중복 투자나 과잉 투자로 이어지는데, 결국 과잉 공급된 재화로 인해 가격이 떨어질 수 있다(Chang 2001). 이 같은 중복 투자의 결과는 단시간 내에 쉽게 극복되기 어려운데, 예를 들어 제철 공장을 섬유 공장으로 바꾸기는 쉽지 않기 때문이다. 이처럼 과도한 중복 투자를 방지하는 데 국가는 중요한 역할을 할 수 있다.

신자유주의자들은 산업 국가와 개발도상국 모두에서 선별적 산업 정책이 거둔 성과를 인정하지 않으려 애쓰지만 그 업적이 상당히 눈에 띄는 것은 사실이다.

일본과 한국, 타이완 등 동아시아 국가들이 선별적 산업 정책을 성공적으로 활용했다는 것은 널리 알려진 사실이다.(일본에 관해서는 Johnson 1982, 한국에 관해서는 Amsden 1989, 타이완에 관해서는 Wade 1990을 참조하라.) 이들 나라에서 정부는 국내 산업을 발전시키기 위해 (특히 수출 시장과 관련해) 국가 개입과 시장 인센티브를 적절히 혼합해 사용했다. 또한 정부는 산업 구조를 현대화하고 생산성을 높이기 위해 다양한 정책 수단을 활용했다. 여기에는 유치 산업 보호, 수출 보조금 등 다양한 기업 지원, 특혜성 대출(directed credit, 국가가 통제하는 은행이 특정 산업에 신용을 제공), 투자 계획[20] 지시, 산업 투자에 대한 규제와 조절, 특정 산업을 겨냥한 연구개발과 일반적 연구개발에 대한 지원, 노동자 교육 훈련 지원 등이 있다. 이런 산업 정책 덕분에 한국과 일본에 세계적 수준의 자동차, 철강, 전자 산업이 존재했고, 타이완에는 전자와 화학 산업이 생겼다.

더욱이 선별적 산업 정책의 성공은 동아시아에만 국한되지 않는다. 다른 개발도상국 역시 이 정책을 성공적으로 활용했다. 브라질의 항공 산업이 가장 주목할 만한 사례다. 2차 세계 대전 이후 다수의 유럽 국가, 특히 프랑스, 오스트리아, 노르웨이, 핀란드는 공격적으로 선별적 산업 정책을 펼쳤다(Chang 1994: 3장 참조). 이들 국가는 투자 계획 지시, 국가의 금융 통제, 국영 기업, 다양한 무역 통제 조치, 산업 근대화를 위한 보조금 등의 방식으로 영국 같은 국가와 경쟁했고, 결국 더 나은 성과를 거두었다.

마지막으로 동아시아와 유럽의 산업 정책은 결코 반시장적이지 않다. 이들 국가의 산업 정책은 시장의 힘에 대한 선별적 통제를 수반했다. 이들이 시장의 힘을 통제한 이유는 자국 기업의 역량을 키워 세계 시장에서 경쟁할 수 있도록 하기 위해서였다.

일부 국가에서 선별적 산업 정책이 실패한 이유는 이 정책의 실행에서 나타난 문제점 때문이다.

---

[20] 투자 계획 지시란 매우 공적인 계획을 통해 장려하고 싶은 투자를 정부가 '지시'하는 관행을 일컫는다. 이 계획은 소련의 '명령적'인 방식은 아니다. 그러나 이 계획은 정부가 우선적으로 관심을 갖는 분야에 투자하는 효과를 낸다. 정부가 보조금이나 다른 수단을 통해 이 계획을 장려하고, 이런 관행은 민간 투자자가 추가적인 투자 활동을 하도록 장려하는 데 초점을 맞추기 때문이다.

선별적 산업 정책이 모든 국가에서 성공한 것은 아니다. 이 정책이 실패한 경우는 거의 대부분 사업을 감독하고, 실적을 평가하며, 적절한 사람에게 그 결과의 책임을 지게 하는 메커니즘을 만들지 못했기 때문이다. 국가가 특정 산업에 보호 무역, 보조금 정책 등을 실시하면서 성과를 감독하거나 정부 지침을 따르지 않는 기업가를 제재하지 않는 경우 정책 실패가 발생했다. 이런 경우에 선별적 산업 정책이 기업의 실적 향상으로 이어지지 않는 것은 이상한 일이 아니다.

선별적 산업 정책의 성공에는 정부의 의지가 필수적이다. 정부는 지원 기업을 감독하고, 이 기업이 정해진 목표를 달성할 수 있도록 유도해야 한다(Amsden 1989; Johnson 1982). 예를 들어 경제 발전기의 한국과 일본 기업들은 국가의 지원만 있으면 생산성과 수출을 증대시킬 역량이 있다는 것을 입증해야 했다. 만약 이들 기업이 기대한 성과를 거두지 못하면 더는 국가 지원을 받지 못하는 징계를 감수해야 했다.

선별적 산업 정책의 성공에는 유능하고 헌신적인 공무원이 필요한데, 이는 특히 개발도상국에 중요한 사항이다. 정부가 지원 기업을 얼마나 적절히 감독하고 지도할 수 있는지는 정부의 비전을 실행하는 공무원의 능력에 달려 있기 때문이다. 일부 연구자는 국가의 자율성과 능력이 이런 수준에 도달하는 것은 오직 독재 치하에서만 가능하다고 주장한다. 그 좋은 사례가 바로 한국과 타이완이다. 그러나 상당수 민주주의 국가들이 선별적 산업 정책을 성공시킨 경험은 독재 정권 아래서만 선별적 산업 정책이 성공하거나 유능한 공무원 집단이 육성되는 전제 조건은 아니라는 증거다. 일본, 프랑스, 오스트리아, 노르웨이, 핀란드 등은 선별적 산업 정책을 효과적으로 활용한 민주주의 국가의 예다.

또 다른 연구자들은 유능하고 청렴한 공무원 계층의 존재는 해당 국가의 독특한 역사적 산물이라고 주장한다. 그러나 이런 주장도 항상 사실인 것은 아니다. 일부 나라들은 정치, 경제, 행정 개혁을 통해 유능한 관료 집단을 창출했다. 예를 들어 2차 세계 대전 이전의 프랑스 공무원들은 매우 보수적이고 민간 부문에 대한 개입을 극도로 꺼리는 집단이었다. 그러나 세계 대전이 끝난 뒤 국가 개입에 대한 프랑스 정부의 판단은 극적으로 변했고, 개입주의 정책의 실행은 프랑스 공무원들을 세계에서 가장 역동적이고 미래 지향적인 모습으로 바꿔 놓았다(Cohen 1977). 또 1950년대까지 한국의 공무원은 가장 부패하고 무능력한 집단이었다(Chang 1994: 4장 참조). 그러나 이들 역시 경제 정책의 체계가 바뀌면서 빠르게 변했다(5장 참조).[21]

일반적인 산업 정책만 추구해야 한다는 신자유주의 주장은 이해하기 어렵다. 극히 소수의 산업 정책 수단만이 진정으로 일반적이라고 말할 수 있기 때문이다.

초등 교육이나 중등 교육에 대한 지원을 제외하면, 특정 산업이 아니라 산업 전반에 균일하게 혜택을 주는 종류의 정책 개입은 사실 상상하기 힘들다. 예를 들어 연구개발 지원은 섬유 산업보다 첨단기술 산업에

---

[21] 물론 공무원의 질이 한 국가의 산업 정책의 성공을 결정하는 유일한 요소는 아니다. 또 다른 핵심 요소는 산업 정책 전반에 대한 정부의 일관성 있는 태도로, 선별적 산업 정책은 단지 정책의 한 구성 요소일 뿐이다. 예를 들어 실질적인 자본 통제와 어느 정도의 금융 규제 없이는 선별적 산업 정책이 성공할 가능성은 없다(9장과 10장 참조).

큰 혜택을 줄 수밖에 없다. 또 숙련 노동자 훈련 프로그램에 대한 정부 지원 역시 산업 전체가 아니라 특정 전략 산업들을 겨냥해야 한다. (예를 들어 전기 엔지니어보다 화학 엔지니어 같은) 특정 엔지니어가 아니라 일반적인 엔지니어를 양산하겠다는 훈련 프로그램은 생각하기 힘들다.

정책 대안

<u>무역 정책에서와 마찬가지로 모든 개발도상국에 적합한 단 하나의 선별적 산업 정책은 없다.</u>

산업화에는 여러 경로가 있다. 예를 들어 공격적인 수출 전략과 함께 유치 산업을 강력하게 보호하는 것을 기초로 광범위한 산업 기반을 구축하는 방법이 있다. 한국과 일본이 이런 산업화 경로를 택했다. 천연자원이 풍부한 국가에서는 부존자원과 밀접하게 연관이 있는 산업 기반을 구축하는 것이 적절할 수 있다. 스칸디나비아 반도에 위치한 국가들이 이런 경로를 택했다. 또 초국적기업을 기술적으로 역동적인 산업에 전략적으로 유치하는 방법을 통해 산업화를 달성할 수도 있다(8.2장과 9.4장 참조). 싱가포르와 아일랜드가 이 산업화 전략을 활용했다.

<u>선별적 산업 정책을 설계하는 첫 단계는 해당 국가에 적합한 전반적인 '발전 비전'을 설계하는 일이다.</u>

정책 입안자는 우선 국가의 부존자원과 인적 자본, 그리고 (예컨대 해당

국가 생산자들의 역량 등과 같은) 경쟁력을 면밀하게 파악해야 하고, 또 국제 시장과 지역 시장의 환경을 조사해야 한다. 이런 요소들은 해당 국가의 발전 비전을 설계하는 데 매우 중요하다.

발전 전략의 설계는 다른 국가가 성공적으로 활용한 산업화 모델을 고려하고 검토하는 과정을 통해 촉진될 수 있다. 예를 들어 정책 입안자는 '아메리카', '스칸디나비아', '독일', '한국/일본' 또는 '싱가포르'의 산업화 모델을 고려해 자국의 발전 전략을 결정할 수 있다. 너무나 당연한 이야기지만 이런 모델들은 단지 참고 자료일 뿐이다. 외국의 모델을 그냥 수입해서 맹목적으로 따르라는 말이 아니다.

발전 초기의 개발도상국들이 (상대적으로) 우위를 점할 수 있는 부문은 자국의 부존자원과 관련된 개발 사업이다. 예를 들어 1950년대 빈곤에 허덕이던 한국의 최대 수출 품목은 텅스텐 원광석이었다. 그러나 한국의 경우를 보면 개발도상국에서 자국의 부존자원과 관련 없는 제조업 부문을 성공적으로 구축하는 일이 불가능한 것은 아니다. 한국은 철강 산업의 핵심 투입물인 철광석과 점결탄coking coal이 귀한 지역인데도 그런 상황을 극복하고 세계에서 가장 효율적인 철강 산업을 발전시켰다.

일단 산업 전략이 개발되면 두 번째 단계는 이 산업 정책을 촉진할 다른 영역의 정책을 설계하는 것이다.

거시 경제 정책과 금융 정책이 투자를 촉진한다는 사실을 유념해야 한다(10장과 11장 참조). 산업을 한 단계 발전시키고 장기 경쟁력을 보유하려면 거시 경제 정책과 금융 정책이 핵심 요소다. 교육, 산업 기반 시설, 공공 투자, 기술 등에 대한 정책도 산업 정책을 지원할 수 있어야 한다(공공 투자에 관해서는 11.3장 참조). 예를 들어 정책 입안자가 전자 산업을 개발하기 원한다면, 대학의 전자공학과에 자원이 흘러들어 갈 수 있는 경로를 만들어야 한다. 아울러 전기와 통신 네트워크에 대한 투자도 병행되어야 한다.

<u>세 번째 단계는 성과에 대한 분명한 목표와 이런 목표를 수행할 인센티브를 설계하는 것과 관련 있다. 여기에는 인적, 제도적인 실행 역량을 구축하는 일이 필요하다.</u>

실패 가능성을 최소화하도록 산업 정책을 설계하는 것이 중요하다. 성과 목표를 분명히 하는 것도 이런 점에서 중요하다.

적절한 성과 목표를 설계하는 일은 관련된 산업이 무엇인가에 따라 다르다. 한국이나 일본, 타이완 같은 국가에서는 수출 증대, 국산화와 연구개발 역량의 강화, 수입 경쟁에서 국내 산업이 버틸 수 있는 능력을 키우는 데 초점을 두었다. 일반적으로 수출 실적에 기반한 성과 목표는 쉽게 검증할 수 있다는 점에서 상대적으로 객관적인 성과 기준으로 받아들이지만, 그렇다고 수출 실적만 유일한 기준은 아니다. 또 성과 목표는 현실적으로 설정해야 한다. 현실적인 목표를 세우려면 기업과 산업, 정부 간의 대화와 공감대 형성이 필요하다. 그러나 민간 부문의 의견만 따르다 보면 지나치게 낮은 성과 목표를 설정할 수 있으니 주의를 기울일 필요가 있다.

성과 목표의 설계와 감독에는 유능한 공무원이 필요하다. 그러나 문제는 대다수 개발도상국에는 유능한 공무원이 존재하지 않는다는 점이다. 그러나 개발도상국에서는 조직 개혁이나 공무원 숙련도를 향상시키는 방법으로 공무원의 질을 높일 수 있다. 그러나 공무원의 질을 높이기 위해서 반드시 교육 수준이 높은 경제학자를 기용할 필요는 없다. 동아시아의 경우 산업 정책을 훌륭하게 관리한 공무원은 대부분 (일본과 더 작은 수이긴 하지만 한국에서는) 법학도나 (타이완과 중국에서는) 엔지니어였다.

성과 목표를 효율적으로 운영하려면 보상과 징계를 적절하게 사용해야 한다. 문제는 이와 관련해서 정치적 문제와 로비가 발생할 수 있다는 것인데, 특히 성과 목표를 달성하지 못하는 경우 가해지는 징계를 둘러싸고 문제가 생길 수 있다. 그러나 (민주주의 국가와 독재 국가를 포함해) 많은 국가의 경험을 보면 이런 정치적 압력은 충분히 극복할 수 있는 것으로 보인다. 산업 정책이 포함된 장기 발전 전략에 대한 구성 요소 중 하나로 꼭 필요한 것은 국민적 공감대를 형성할 수 있는 프로그램이다.

8 정책 대안 2
민영화와 지적재산권

8.1 민영화

용어 해설

신자유주의는 자원과 기업을 공적 소유에서 민간 소유로 이전시키는 민영화 정책을 장려한다. 예전에는 국가가 소유한 자산을 매각하는 조치를 통해 소유권 이전이 이루어졌다. 어떤 경우에는 민간 투자자가 국영 기업의 자산을 자본 시장을 통해 매입하는 방식을 통해 이루어진다. 또 다른 경우로는 국영 기업 전체를 민간 입찰자에게 고스란히 넘기기도 한다. 구사회주의 국가에서는 바우처^{voucher} 방식을 통해 민영화가 추진되기도 했다. 이 방식은 주요 국영 기업의 지분을 모든 시민들에게 일정 비율로 분배하고, 이런 지분이 자본 시장에서 자유롭게 매매될 수 있도록 하는 것이다. 이와 같은 바우처 방식의 민영화는 구사회주의 체제가 급속한 민영화를 이룰 수 있도록 했다.

신자유주의적 관점

국영 기업은 만성적인 비효율, 낭비, 부실 경영으로 어려움을 겪는다.

국영 기업은 소유 구조, 경영, 인센티브, 시장 구조 등의 특성 때문에 비효율과 낭비, 부실 경영 같은 만성적인 문제로 고통을 겪는다. 국영 기업의 경영자는 그들이 경영하는 기업의 소유자가 아니다. 단지 '고용된 경영자'에 불과해 기업을 효율적으로 운영할 동기가 없으며, 심지어 그들에게는 능력을 향상시킬 동기조차 없다.

물론 민간 기업도 경영자가 기업을 소유하는 경우는 드물기 때문에 '고용된 경영자 문제'에서 자유롭지는 않다. 그러나 이 문제에서도 민간 부문은 심각성이 훨씬 덜하다. 경영자의 성과가 주주에 의해 감시당하고, 시장 인센티브와 경쟁을 통해 그들의 실적이 점검되기 때문이다. 경영자에게 그들이 경영하는 기업의 지분을 주는 스톡옵션 또한 경영을 잘해야 하는 중요한 동기가 된다. 게다가 자본 시장의 유동성으로 주주는 기업이 부실한 성과를 내면 주식을 매각하는 것으로 책임을 묻는다. 기업이 부실한 성과를 내는 경우 해당 기업의 주주들은 보유 지분을 매각하게 될 것이고, 이는 경영자를 길들이는 효과가 있다.

또 부실 민간 기업은 (이른바 인수 메커니즘에 의해) 다른 기업에 인수 합병될 위험이 항상 존재한다. 이런 위험은 주주가 부실 기업의 주식을 매각함에 따라 해당 기업의 주가가 하락할 때 현실화된다. 이 경우 부실 기업의 경영진은 기업이 매각되거나 인수되면 일자리를 잃게 될지도 모른다. 일자리 상실에 대한 이런 위협은 경영진을 길들이는 또 다른 수단이다. 마지막으로 민간 기업은 시장 점유율을 놓고 경쟁을 벌여야 한다. 이런 경쟁은 경영진이 자신의 직무를 효과적으로 수행하도록 만든다.

국영 기업의 경영자는 대조적으로 이런 압력을 받지 않는데, 국영 기업은 (법적으로 주식회사가 아니므로) 실질적인 주주가 존재하지 않기 때문이다. 국영 기업도 일부 지분을 주식으로 발행하는 경우도 있으나, 이런 주식은 일반적으로 자본 시장에서는 거래되지 않는다. 따라서 주주가 주식을 팔아 버리겠다는 위협은 국영 기업 경영자에게는 어떤 영향도 미치지 못한다.

물론 국민들이 선거를 통해 선택한 정부가 국영 기업 경영진을 임명하는 주체이기 때문에 법률적으로는 일반 국민이 국영 기업의 주주라고 할 수 있다. 그러나 이와 같은 간접적인 경로는 경영진에게 압력을 행사하기 어렵다.

상당수 국영 기업은 특정 부문에서 독점적 지위를 가지며, 때로 법률로 그 지위를 보장하는 경우도 있다. 이런 상황은 국영 기업이 조잡한 제품을 생산하고, 높은 가격을 유지하며, 형편없는 수준의 서비스를 하는 성향을 심화시킨다. [22]

대규모 국영 기업 부문은 개발도상국 경제에 손해를 끼친다.

---

[22] 민영화 사례는 주로 경제적 측면에서 인용된다. 하지만 민영화는 정치적 (심지어는 도덕적) 가치의 문제이기도 한다. 사유 재산 획득과 처분의 자유는 자유 사회에서 정치적, 도덕적 핵심 가치이기 때문이다.

2부 신자유주의를 극복할 정책 대안

국영 기업 운영은 부족한 예산 자원을 낭비하는 값비싼 시도다. 이에 따라 발생하는 비용은 개발도상국의 예산 불균형과 물가 상승을 조장한다(11.3장 참조). 실제로 1980년대 외채 위기의 주요 원인 중 하나는 국영 기업을 유지하기 위한 정부 차입이었다.

국영 기업의 문제점은 여러 가지 사례 연구를 통해 입증된 적이 있다. 예컨대 세계은행은 국영 기업에 대한 기조 보고서에서 몇 가지 놀랄 만한 사례를 공개하기도 했다. 이 보고서에 따르면 탄자니아 정부가 국영 기업에 지원한 보조금은 이 나라 교육 예산의 72%, 보건 예산의 150%에 달했다. 인도네시아 정부 소유 공장은 동일한 규모와 연수의 같은 활동을 하는 민간 기업에 비해 생산 단위당 5배나 많은 오수를 배출해서 수질을 오염시켰다. 이집트, 페루, 세네갈, 터키의 경우 국영 기업의 운영 비용을 5% 감축했더니 예산 적자가 3분의 1이나 줄어들었다(World Bank 1995: 1-2).

상당수 통계 연구는 국영 기업의 상대적 규모가 경제 성장과 음(-)의 상관관계가 있다는 사실을 보여 준다. 이는 국영 기업 부문이 비대할수록 경제의 효율성이 떨어진다는 이야기다. 결과적으로 대규모 국영 기업을 보유한 경제는 성장이 지체될 수밖에 없다.

최근 대다수 개발도상국들은 민간 기업의 장점을 받아들이며 많은 국영 기업들을 민영화하는 추세다.

식민지 시대가 막을 내린 뒤 탄생한 신생 독립국의 지도자들은 국영 기업이 자립 경제와 근대화에 선구적 역할을 할 것이라고 믿었다. 이런 배경에서 상당수 국가는 이전에 식민 권력이 소유했던 기업을 수용하고 국유화해 수많은 국영 기업을 설립했다.

그러나 1980년대 이후 개발도상국의 정책 입안자들은 국영 기업의 실패를 인정하기 시작했고, 이에 따라 적극적으로 민영화를 추진하게 되었다. 1980년대 후반에 사회주의를 포기한 국가의 지도자들도 민영화를 수용했다.

신자유주의적 관점 기각

국영 기업 경영자의 실적이 민간 기업 경영자에 비해 초라하다는 신자유주의적 관점은 의문의 여지가 많다.

민간 기업 부문의 인센티브, 보상, 감독 체계 등이 국영 기업보다 낫다는 신자유주의적 관점은 근거가 없다.

연구에 따르면 민간 기업 경영자는 기업의 현재 주가를 (어떤 비용을 치르더라도) 극대화하려는 경향을 보이는데, 특히 경영자가 스톡옵션으로 보상을 받는 경우가 그렇다. 그러나 문제는 이런 경영 목표가 기업의 장기적 이익이나 경제 전반에는 도움이 되지 못할 가능성이 크다는 것이다(4장, 9.3장, 10장 참조).

신자유주의자들은 인수 메커니즘을 허용한다고 주장하지만, 미국이나 영국 이외의 국가에서는 인수 합병이 거의 일어나지 않는다는 현실을 무시하고 있다. 절대 다수 국가에서는 인수 합병이 법률로 금지되어 있거나 사회적 관습으로 인해 거의 일어나지 않는다. 더욱이 인수 합병이 민간 부문의 건전한 경영을 장려하는 데 꼭 필요한 것도 아니다. 상당수 연구에 따르면 미국이나 영국의 경영자들이 주가 시세에 지나치게 집착하는 이유 중 하나가 바로 인수 합병의 위협이다. 또 인수 합병이 이루어진다고 해도 새로운 경영진이 이전 경영진보다 수익성이나 효율성 측면에서 더 뛰어난 실적을 보여 주는 사례는 드물다.

더욱이 다양하게 분포된 수많은 주주들이 민간 기업의 경영 실적을 제대로 감시하기는 사실 거의 불가능한데, 이는 주주들이 상대적으로 작은 지분을 갖고 있어서다. 여기서 '공익의 문제'가 등장한다. 즉 해당 기업의 경영 상태가 개선되면 모든 주주들이 집단적으로 혜택을 볼 수 있지만, 개인 주주의 상황에서 보면 경영을 감시하고 문제가 생길 때 경영자를 징계하기 위해 나설 만큼 충분한 인센티브를 가지고 있지는 않다(공공재에 관해서는 7장 각주 19 참조).

실제로 감시하기 쉬운 시스템은 민간 기업이 아니라 국영 기업이다. 그 이유는 다음과 같다. 첫째, 만약 국영 기업이 방만하게 운영될 경우 납세자인 국민의 세금이 낭비되므로 국민 대중은 최소한 민간 기업의 주주들만큼은 국영 기업의 경영자를 징계할 인센티브가 있다. 둘째, 국영 기업은 중앙 집중적 구조로 이루어져 있어 오히려 감시하기가 쉽다. 예컨대 국영 기업 부문에서는 (공기업청, 공공지주회사 등) 몇몇 정부 관련 부처가 국영 기업의 경영 성과에 책임을 진다. 그러므로 민간 기업의 경우처럼 다양하게 분포된 수많은 주주들보다는 중앙 집중화된 정부 기관이 경영 감시를 하는 편이 더 쉬울 수 있다.

상당수 국영 기업들은 상품 시장에서 민간 기업과 경쟁한다.

신자유주의자들은 국영 기업이 독점적인 형태로 운영되고, 그에 따라 상품 시장에서 경쟁에 노출되지 않기 때문에 비효율적이라고 주장한다. 그러나 모든 국영 기업이 독점적 지위를 가지는 것은 아니다. 상당수 국가에서 국영 기업은 민간 기업과 치열하게 경쟁한다.[23] 예를 들어 2차 세계 대전이 끝나면서 국유화된 프랑스 자동차 회사 르노는 1996년까지 국영 기업이었지만 민간 기업인 푸조뿐 아니라 다른 외국 자동차 기업과 직접 경쟁했다.[24]

국영 기업 가운데는 독점적 지위를 보장 받는 경우도 분명히 있다. 그러나 이런 국영 기업도 (국영 기업의 상품과 서비스에 대한) 대체재를 생산하거나 공공 사업을 하는 민간 기업과 경쟁해야 한다. 예컨대 1980년대 영국의 국영 철도 회사는 일부 시장에서 민간 소유의 버스 회사와 상당히 격렬하게 경쟁했다. 1980년대 후반과 1990년대 초반, 한국은 두 개의 국영 전화 회사가 서로 치열한 경쟁을 벌였다.

실증 자료를 보면 국영 기업이 성장을 저해한다는 주장은 근거가 없다.

신자유주의자들은 국영 기업의 존재가 경제 성장을 저해한다는 사실

---

23 일부 통계 연구에 따르면 기업이 직면한 경쟁의 정도는 소유 구조가 아니라 기업의 성과에서 중요한 요소다.
24 1996년 민영화 조치 이후 프랑스 정부는 여전히 이들 기업의 의결권 중 45%를 행사했다. 심지어 2002년에 자회사 매각이 있었지만 프랑스 정부는 여전히 이들 기업의 (의결권 중 35% 정도를 보유한) 최대 주주로 남았다.

을 밝히려고 일시적 현상이나 통계 자료를 자주 언급한다. 그러나 실증 자료는 이런 주장을 뒷받침하지 않는다.

대규모 국영 기업을 보유한 많은 국가는 2차 세계 대전 이후 매우 훌륭한 경제적 성과를 보여 왔다. 프랑스, 오스트리아, 핀란드, 노르웨이, 이탈리아에서 역동적인 국영 기업 부문은 산업 발전에 핵심적인 역할을 했는데, 이들은 산업 국가 중 가장 큰 국영 기업 부문을 보유하고 있는 나라들이다. 국영 기업 부문의 크기와 산업 발전이 반드시 인과관계가 있다고 말하기는 힘들지만, 이들 국가가 모두 2차 세계 대전 이후 수십 년 동안 인상적인 경제 성과를 거두었다는 사실은 주목해야 한다. 1950~1980년대에 오스트리아는 1인당 국민소득이 연간 3.9% 성장해서 16대 경제 선진국 중에 2위를 차지했다. 이탈리아는 3.7%로 4위, 핀란드는 3.6%로 5위, 노르웨이는 3.4%로 6위, 프랑스는 3.2%로 7위를 차지했다.[25]

동아시아에서 경제적으로 가장 성공적인 성과를 거둔 국가 중 일부도 대규모 국영 기업 부문을 보유하고 있다. 이와 관련한 가장 중요한 사례는 타이완으로, (산유국을 제외하고) 개발도상국에서 가장 큰 국영 기업 부문을 갖고 있다.[26] 타이완은 2차 세계 대전 이후 세계에서 가장 빠르게 성장하고 있는 나라다. 이런 인상적인 성과가 오로지 국영 기업

---

[25] 앞에서 본 수치는 Maddison(1989)에서 인용했다. 보고된 성장률은 1950년에서 1987년 사이의 수치다. 가장 높은 성장률을 보인 상위 7개 국가에서 나머지 두 나라는 일본(6%)과 서독(3.8%)으로, 이들은 국영 기업 부문이 그리 크지는 않지만 경제 활동에서 국가가 적극적인 역할을 했다. 이 연구에서 다른 9개 국가를 성장률이 높은 순으로 열거하면 벨기에, 스웨덴, 덴마크, 네덜란드, 스위스, 영국, 오스트리아, 캐나다, 미국이다.
[26] 산유국에서 국영 기업은 해당 국가의 정책 입안자의 정치적 성향에 관계없이 국가 소득에서 매우 큰 비중을 차지한다.

덕분이라고 단정지어 말할 수는 없지만, (신자유주의 주장과 달리) 대규모 국영 기업이 초라한 성적을 내는 원인은 아닌 것처럼 보인다. 싱가포르와 한국 또한 대규모 국영 기업 부문을 보유하고 있다. (실제로 한국의 국영 기업 규모는 인도와 필적할 만하다.) 이들 국가는 대규모 국영 기업 부문이 있었는데도 눈부신 경제 성과를 이루어 냈다. 특히 한국의 국영 기업 중 철강 업체인 포스코는 1970년대 초반에 설립되어 10년도 채 지나지 않아 가장 효율적인 철강 기업이 되었다.[27]

아프리카에서도 국영 기업 부문은 사회주의 국가인 탄자니아는 물론, 아이보리코스트나 케냐 등 시장 지향적 체제로 일정한 성공을 거둔 나라들에서도 중요한 역할을 했다. 전반적으로 보면 성공적인 경제 실적을 거둔 아시아의 경우 상대적으로 성적이 부진한 라틴 아메리카에 비해 더 큰 국영 기업 부문을 보유하고 있다.

요약하자. 국영 기업 부문의 규모와 경제 성장 사이에 명확한 인과관계가 있다는 사실을 증명하기는 불가능하다. 그러나 우리는 대규모 국영 기업 부문이 경제 성장을 저해할 수밖에 없다는 신자유주의자들의 주장은 허무맹랑하다고 자신 있게 말할 수 있다.

(비슷한 산업, 비슷한 기업 규모 등) 비슷한 조건을 전제로 국영 기업과 민간 기업의 성과를 비교하는 사례 연구들도 있으나 아직 명확한 결론이 나오지 않고 있다. 그러나 이런 연구들의 문제는 국영 기업의 성과가 초라한 국가에 초점을 맞추는 경향이 있다는 점이다. 이렇게 선택적으로 사례를 들어서는 국영 기업에 대해 전반적인 평가를 내릴 수 없다.

27 포스코는 2000년에 민영화되었다.

국영 기업 부문은 어떤 종류의 경제에서나 입지를 가지고 있다.

공공 영역에는 항상 국가의 통제를 받아야 하는 자원들이 있다. 물, 공익사업, 위생, 기초 교육, 통신과 같이 인간 생활에 필수적인 재화나 서비스가 있고, 또 언제나 정부 통제하에 있어야 하는 없어서는 안 될 천연자원도 있다. 개발도상국에서 상수도 시스템 민영화 같은 것은 절대 다수 국민에게 엄청난 재앙이다.

국영 기업은 자연 독점이라 일컫는 부문을 다루는 최선의 방법이기도 하다. 자연 독점은 필요한 투자 규모가 워낙 거대해서 특정 시장에서 하나의 기업이 운영하는 것이 경제적으로 합리적일 때 생긴다. 배전配電 같은 공공 사업이 이에 해당한다.

자연 독점 상태가 아닌 산업에서도 국영 기업은 비용과 경영의 전제 조건들 때문에 대규모 프로젝트를 감당할 수 있는 유일한 조직 형태일 수 있다. 그렇기 때문에 금융 자원이 부족하고 민간 부문의 기업들이 심하게 리스크 회피 성향을 띠기 쉬운 개발도상국에서는 특히 국영 기업이 그 역할을 수행해야 한다. 대규모 국영 기업 부문의 설립이 앞선 프랑스, 오스트리아, 타이완 등이 이런 상황이었다. 이들 국가의 민간 기업인들은 2차 세계 대전 이전까지만 해도 극히 리스크 회피적인 성향이 있었다. 그러나 이들은 2차 세계 대전 후 상당수 핵심 산업을 국유화하면서 역동적이고 미래 지향적인 인사들을 국영 기업의 경영자로 임명했다. 이렇게 생긴 국영 기업들은 산업 근대화에서 중심적인 역할을 수행했다.

국영 기업은 때로 수익성이란 재정적 부분을 뛰어넘을 수 있으므로 외부성을 고려하기 더 나을 수 있다(7장의 각주 19에 나온 외부성 참조.). 어떤 경우에는 정부가 국영 기업 경영에 영향력을 행사할 수 있기 때문에 국영 기업을 통해 (지역적 소득 불균형 해소와 같은) 사회적 목표를 달성하기도 한다.

어떤 상황에서는 국영 기업 민영화가 적절한 조치일 수도 있으나, 민영화 과정을 관리하는 데는 비용도 많이 들고 어려울 수 있다.

(민영화가 적절한 경우에도) 민영화 정책을 설계할 때 정책 입안자가 고려해야 할 몇 가지 요소가 있다. 정부 쪽에서는 수익성이 가장 떨어지는 국영 기업을 매각하고 싶겠지만, 민간 부문에서는 가장 수익성이 높은 국영 기업을 매입할 것이다. 그래서 정부는 실적이 나쁜 공기업에 관심을 가질 수 있도록 상당한 자금을 투입하는 경우가 종종 있다. 그러나 여기서 문제가 발생한다. 정부의 이 같은 노력이 성공해서 국영 기업의 수익성을 높인다면 이 기업을 매각할 이유가 사라지기 때문이다.

주식 시장을 통해 국영 기업을 매각하는 데도 엄청난 비용과 시간이 드는 경우가 종종 있다. 국영 기업의 가치를 평가하고 주식을 발행해 시장에서 자본금을 모으는 것은 정부에 상당한 부담이 될 수 있기 때문이다. 이런 문제들은 해당 국가에 제대로 굴러가는 주식 시장이 없는 경우 극도로 복잡해질 수 있다. (어떤 경우에는 해당 기업의 주식을 해외 자본 시장에 상장해야 한다.) 더구나 특정 국내 자원을 외국인이 소유하는 것은 자원에 대한 권리 행사에서 문제가 될 수 있다.

상당수 국가는 재정 수입을 늘리는 수단으로 민영화를 도입한다. 그러나 여러 연구에 따르면 민영화가 생각만큼 정부 예산에 보탬이 되는 것은 아니다(11.3장 참조). 국영 기업은 외국 투자자나 국내 '내부자insiders'에게 헐값으로 팔리는 경우가 많은데, 이런 거래는 상당한 부패를 동반하기도 한다.

정책 대안

정부는 민영화가 경제적으로 합리적인지 심사숙고해야 한다.

개발도상국에서 수많은 국영 기업들은 훌륭한 성과를 내고 있으며, 이런 국영 기업들은 민영화되어서는 안 된다. 수많은 정부가 시장 개혁에 대한 의지를 분명하게 드러내기 위해서, 또는 중단기 예산 적자를 해결하기 위해서 민영화를 추진한다. 그러나 이것은 민영화 이외의 다른 수단을 통해서도 이룰 수 있으므로 그 정당성이 의심스러운 대목이다. 몇몇 나라들은 대규모 국영 기업 부문이 있더라도 성공적으로 외국인 투자를 유치했다. 예산 적자를 해결한다는 목적도 재정 개혁을 통해 더 효과적으로 달성할 수 있다(11.3장 참조).

정부는 민영화 비용도 고려해야 한다.

앞에서 언급했듯이 민영화 정책을 도입하는 데는 많은 비용이 들 수 있다. 또 분배와 정치적·사회적 비용이라는 문제가 있는데, 특히 사회에서 취약한 계층에 대한 배려 측면이다. 하다못해 정부는 민영화로 고통 받는 경제적으로 취약한 계층에게 상당한 보상을 해야 할 의무가 있다. 수많은 정부가 민영화로 발생하는 비용을 적절하게 평가한다면 그토록 쉽게 민영화를 선택할 수는 없을 것이다.

민영화가 아니더라도 국영 기업의 실적을 개선할 수 있는 방법은 많다.

우선 조직을 개혁하는 것이 대안일 수 있다. 국영 기업의 경우 (사회적 목표, 산업화, 기본적인 공공 서비스 제공 등) 지나치게 많은 목표를 채워야 한다는 부담이 있다. 그리고 이런 목표의 상대적 중요도도 명확하지 않다. 결국 이런 식의 모호한 목표 설정 때문에 경영진은 집중해야 할 부분을 상실하게 되고, 이에 따라 기업 효율성이 떨어진다. 이에 대한 해결책은 분명하다. 정부가 해당 국영 기업의 사업 목표를 명확히 설정하고, 이 목표에 대한 경영진의 책임을 분명히 하는 것이다.

조직 개혁에서 또 하나 중요한 요소는 국영 기업의 실적에 관한 정보의 질을 높이고 감독하는 것이다. 상당수 국가에서는 국영 기업의 실적을 감독하는 정보와 기술이 부족한 경우가 많다. (일부 국가의 국영 기업은 심지어 대차대조표도 만들지 않는다.) 국영 기업 관련 정보의 흐름과 감독 역량을 향상시키는 것이 이 부문에 대한 개혁의 핵심 목표다.

국영 기업 운영과 관련해서는 인센티브 체계와 감독 시스템의 개혁이 필요하다. 인센티브 체계는 효율성, 생산성, 고객 만족 등의 부문에서 뛰어난 실적을 보인 경영자와 직원에게 확실히 보상할 수 있도록 설계되어야 한다. 국영 기업에 대한 감독을 개선하려면 유능한 직원으로 구성된 단일한 감독 기관을 설립해야 하는데, 오늘날 수많은 국영 기업들은 명목상 다수 기관으로부터 감독을 받는다. 하지만 이는 실제로는 어떤 기관도 제대로 감독하지 않는다는 말이다. 감독 책임을 단일 기구로 통합해야 감독의 효율성을 높일 수 있고, 감독이 부적절했던 것으로 드러날 때 이 사태의 책임이 어디에 있는지 명확하게 밝힐 수 있다. 그래야 국영 기업 경영진들이 징계를 피하기 위해서라도 올바른 경영을 하게 된다. 한편 중복된 국영 기업 감독 업무를 통합해 경영 성과를 향상시킨 사례도 많다.

어떤 형태의 경쟁은 국영 기업의 실적 향상에도 이롭다. 특히 어떤 국영 기업은 (같은 업종은 아니라고 해도) 관련 경쟁 기업이 민영화되었을 때 더 좋은 성과를 내기도 한다. (앞에서 보았던) 한국의 통신 산업의 경우 국영 기업 간의 경쟁이 매우 유익한 결과를 냈다.

때로 정치 개혁이 국영 기업의 성과를 향상시키는 최선의 방법일 수 있다. 일부 국가에서는 국영 기업이 특정 지역이나 계층을 위한 일자리와 소득을 창출하는 데 사용된다. 예를 들어 이탈리아 남부 빈곤 지역에서 고용을 증진하기 위한 목적으로 국영 기업이 활용된 적이 있고, 인종 차별 시기의 남아프리카 공화국에서도 국영 기업이 백인을 위해 일자리를 창출했다. 그러나 정치적으로 풀어야 할 문제를 국영 기업으로 해결하려고 해서는 안 된다. 예컨대 이탈리아의 경우 부유한 북부에서 가난한 남부로 부를 이전하는 메커니즘을 만드는 것이 남부의 저개발 문제를 해결하는 데 더 효과적이고 적절한 방법일 수 있었다.

8.2 지적재산권

용어 설명

지적재산권IPR은 아이디어에 관한 권리다. 지적재산권은 특허, 저작권, 상표권을 말하며 법적 보호를 받는다.

신자유주의적 관점

지적재산권은 투자와 성장에 필수적이다.

지적재산권은 일종의 재산권이다. 지적재산권에 대한 보호가 없다면 투자자가 새로운 아이디어나 제품을 개발하는 데 위험을 무릅쓰고 자원을 투자할 인센티브도 없을 것이다. 예를 들어 제약 회사는 새로운 약품을 판매해 수익을 독점할 수 있어야 신약 개발에 투자할 인센티브를 갖게 된다. 마찬가지로 소비자는 나이키의 상표가 보호되지 않는다면 구태여 비싼 돈을 지불하며 이 회사 제품을 구입하려 들지 않을 것이다. 상표권이 보호되지 않는다면 소비자는 모조품을 사는지 진품을 사는지 확신하지 못하기 때문이다.

특허나 지적재산권은 산업 국가의 개발기에도 혁신과 투자에 매우 중요했다. 특허법은 18세기에 미국, 영국, 프랑스에서 제정되었는데, 정부가 새로운 지식이나 발명, 기술 진보를 보호해야 할 중요성을 인식했기 때문이었다. 같은 이유로 사실상 다른 모든 유럽과 북미 국가가

19세기 중반에 특허법을 도입했다. 아메리카 대륙의 자유 무역을 위한 전미 법률 센터US National Law Center for Inter-American Free Trade는 다음과 같이 기록하고 있다. "산업 국가의 역사적 기록을 보면 지적재산권 보호는 경제 개발, 수출 증대, 새로운 기술과 예술 문화를 확산하기 위한 가장 강력한 도구였다." (1997: 1)

WTO는 지적재산권 보호를 강화해 왔다. 일반적인 견해와 달리 이런 조치는 개발도상국에 혜택이 될 것이다.

아주 최근까지 개발도상국은 이러한 권리를 보호하는 국내법이 있더라도 일상적으로 특허와 다른 지적재산권을 무시해 왔다. 예를 들어 인도의 제약 회사는 서양에서 초기에 막대한 개발비를 들인 신약을 모방해서 저렴한 가격으로 이들 약품을 생산했다. 한국 기업은 구찌 가방과 같은 명품을 위조했으며, 그 결과 이런 위조품은 자국 브랜드의 위상을 떨어뜨리는 데 일조했다.

이제는 개발도상국도 산업 국가 정도의 수위로 지적재산권을 보호해야 한다. WTO의 무역 관련 지적재산권TRIPS 협정으로 많은 국가들은 (여러 개발도상국에서 이미 보호 받고 있었던 제약 공정과는 달리) 의약품 등 이전에는 보호 받지 못하던 영역까지 특허권을 확대해야 한다. 지적재산권 협정 아래서 개발도상국들은 특허권 보호 기간을 20년으로 연장해야 한다. 이 협정은 지적재산권을 위반한 국가에 무역 제재를 가할 수 있다.

지적재산권 협정에 대한 개발도상국들의 반대는 근시안적인 태도다. 현재의 개발도상국들이 특허 때문에 상당한 로열티를 지불하고 있는 것은 사실이다. 그러나 중장기적으로 보면 개발도상국들도 지적재산권을 보호해서 얻는 이익이 로열티로 지불하는 비용보다 훨씬 클 것이다. 그 이유는 다음과 같다. 첫째, 지적재산권 보호는 혁신과 외국인 투자를 장려한다. 둘째, 지적재산권 협정의 강화는 개발도상국이 선진 기술과 제품에 더 쉽게 접근하도록 만든다. 이는 발명가와 투자자가 지적재산권 위반 때문에 지키지 못했던 자신의 정당한 권리를 보호 받을 수 있기 때문이다. 셋째, 산업 국가의 기업들은 지적재산권 위반을 염려하지 않아도 되므로 (열대 질병 치료를 위한 의약품 개발과 같은) 개발도상국을 위한 제품과 기술을 생산하고 개발할 의지가 더 높아진다.

신자유주의적 관점 기각

모든 상황에서 반드시 사적인 지적재산권을 보호해야 새로운 지식이 생성되는 것은 아니다.

다른 문제로 가기 전에 우리는 먼저 신자유주의 관점에서 지적재산권의 정확한 의미와 함의를 살펴보아야 한다. 신자유주의 관점에서는 오직 사적인 주체만이 지적재산권을 향유해야 한다. 다시 말해 개인이나 '법인 기업'만이 아이디어에 대한 재산권을 부여 받아야 한다고 주장한다. 개인이나 기업 등 사적 주체는 금전적 이익이라는 인센티브가 있어야 혁신, 투자, 기술 진보 등을 수행할 수 있다는 것이다. 그러나 지적재산권에 대한 이 같은 신자유주의적 관념에서 일단 벗어나고 나면, '사회적 이익'이나 사회복지 역시 혁신을 위한 인센티브로 작용할 수 있으며,

어떤 경우에는 정부가 지적재산권을 소유하는 것이 타당할 수 있다.

실제로 금전적 이익을 염두에 두지 않고도 아이디어가 창출된 많은 사례가 있다. 이런 상황에서 우리는 '공공 또는 사회 공동체'적 지적재산권이란 아이디어를 구상해 볼 수 있다. 공동체적 지적재산권의 좋은 사례는 인터넷에서 구할 수 있는 (이른바 프리웨어라 부르는) 공개 소프트웨어 프로그램이다. 공개 소프트웨어의 이면 원칙은 간단하다. 비용을 치르지 않고 모두 자유롭게 공유하자는 것이다. 그러면 사용자는 이 소프트웨어를 향상시키고, 이 향상된 소프트웨어는 다시 대중에게 공유된다. 유일한 조건은 누구도 이 소프트웨어를 상업적 이익을 위해 사용해서는 안 된다는 것이다. 신자유주의적 관점에서 보면 금전적 이득이 아닌 다른 이유로 아이디어를 내기 위해 상당한 투자가 필요한 공개 소프트웨어를 만드는 것은 어리석은 짓이다.

이런 맥락에서 19세기의 수많은 뛰어난 사상가들이 자신의 아이디어를 대중과 공유한 일은 매우 흥미롭다. 미국 초대 국무 장관이며 3대 대통령이었던 토머스 제퍼슨Thomas Jefferson은 아이디어는 '공기와 같아서' 개인이 소유해서는 안 된다고 주장했다.[28] 자유 무역을 옹호한 19세기 경제학자들 역시 특허가 일종의 독점을 창출한다고 생각했기 때문에 특허 폐지를 옹호했다.

수많은 신자유주의자들의 관점과 달리 우리는 지적재산권으로 인한 금전적 보상이 지식과 혁신을 추구하게 만드는 유일한 동기가 아니라는 사실을 안다. 공공의 이익을 위해 또는 개인적 만족을 위해 지식을 추구

---

[28] 아쉽게도 그는 사람 역시 공기와 같다는 점을 믿지 않았다. 그는 노예 소유주였다.

하는 이들이 실제로 존재하기 때문이다. 이런 점에서 최근 영국 왕립학술원 회원인 13명의 저명한 과학자들이 연명으로 지적재산권에 대해 강력한 어조로 공개 질의를 한 것은 흥미롭다. 그들은 이렇게 말했다.

"특허는 발견과 발명을 촉진하는 한 수단에 불과하다. 과거부터 과학적 호기심은 인류에게 이익을 주려는 열망과 결부되면서 인류 역사 내내 〔특허보다〕 훨씬 더 중요한 역할을 해 왔다." (2001년 2월 14일자 『파이낸셜 타임스』 20면)

신자유주의자들은 대다수의 산업에서 새로운 지식을 창출하는 데 사적인 지적재산권이 반드시 필요한 것은 아니라는 사실을 간과했다. 실제로 많은 산업에서 새로운 기술은 쉽게 모방되거나 복제될 수 없다. 이는 혁신자가 상당 기간에 걸쳐 새로운 기술에 대해 일종의 독점력을 행사할 수 있다는 의미다. 이런 사실에 기초해 (전 오스트리아 재무 장관이었던) 경제학자 조지프 슘페터 Joseph Schumpeter는 혁신 이론을 고안했다. 그는 자본주의 시스템은 새로운 기술에 대한 독점권을 누리는 기간 동안 혁신의 대가를 거둬들일 수 있기 때문에 그 자체로 혁신에 대한 인센티브를 제공한다고 주장했다. 슘페터는 발명자가 독점적 지위를 누릴 기간을 보호하기 위한 특허의 필요성도 고려하지 않았다.

물론 혁신자의 기술을 모방하기가 쉽기 때문에 일정 유형의 특허권 보호가 필요한 경우도 있다. 화학, 제약, 소프트웨어 산업 등은 새로운 기술을 복제하기 매우 쉬운 대표적 산업으로, 이들 산업은 이런 이유로 특허권 보호에 가장 열성적이다. 그러나 일정 유형의 특허권 보호가 필요하다는 사실만으로 현행 지적재산권 협정 아래서 기업들이 요구하고 있는 절대적인 특허권 주장을 정당화할 수는 없다.

특허는 때때로 모호한 사용이나 합법성을 갖고 있다.

특허 제도에 대한 비판자들은 특허가 '승자 독식winner-takes-all' 정신을 부추겨 일부 영역에서 경쟁자들을 새로운 발견을 위한 편집증적인 경쟁으로 몰아넣는다고 주장한다. 이런 형태의 경쟁에서는 중복 투자와 이중적인 노력이 필연적으로 발생하게 되는데 이는 자원 낭비로 귀결된다. 또 완전히 새로운 지식을 창출하기보다 새로운 특허를 얻기 위해 기존의 특허를 비껴 나가려는 노력을 하는 만큼 자원 낭비라고도 할 수 있다. 한편 비판자들은 특허 제도가 누적적이고 상호 반응하는 기술 진보의 속성에도 부합하지 않는다고 주장한다. 이런 점과 관련해서 비판자들은 "핵심적 혁신에 대한 강력한 보호 때문에 다른 경쟁자들이 사회적으로 유용한 혁신을 시도하지 못하는"(Levin et al. 1987: 788) 현상을 목격하기도 했다. 마지막으로 비판자들은 모든 발명을 동일한 수준으로 보호하는 관행에 의문을 제기했는데, 통상적으로 대부분의 국가에서는 최소 17년에서 20년까지 권리를 보호한다.

최근에는 공공 자금 지원을 통해 이루어진 연구 활동에서 비롯된 특정 발명에 특허를 허용할 수 있는지 여부가 논란이 되고 있다. 에이즈 치료약인 AZT에 관한 논란이 그런 사례다(Palast 2000). AZT는 1964년에 미국보건협회NIH의 자금을 지원 받은 미국 과학자가 개발한 약품이다. 그리고 영국 제약 회사인 글락소가 애완용 고양이에 대한 치료약으로 사용하기 위해 AZT를 구매했다. 에이즈가 전 세계적으로 확산되자 미국보건협회는 AZT가 HIV 바이러스에 효과가 있는지 검증하기 위해 실험을 했는데, 문제는 미국보건협회의 강력한 반대에도 아랑곳하지 않고 글락소가 AZT에 대한 특허를 출원해 버렸다는 것이다. 글락소는 현재 AZT를 판매해서 엄청난 수익을 올리고 있다.

특허에 관한 마지막 문제는 특허가 지식 발전에 장애가 될지도 모른다는 점이다. 갈수록 세부적인 지식까지 (말하자면 유전자 수준까지) 특허로 인정되는 상황에서 과학 진보의 속도가 행정적이고 금전적인 이유로 늦어질 위험이 있다. (유전 공학을 이용해 베타카로틴을 주입한 쌀인) 황금쌀 golden rice 사례가 이런 딜레마를 잘 설명한다. 황금쌀은 전 세계적으로 수백만 명 사람들의 영양실조를 해결할 가능성이 있는 기술이다. 그러나 황금쌀 기술을 개발한 두 명의 과학자는 이 기술을 더 발전시키는 데 필요한 70개에서 105개의 특허를 출원하기가 어렵다는 이유로 초국적기업에 권리를 팔아 버렸다.[29]

특허권은 현재 산업 국가의 발전에는 중요하지 않았다.

역사적 기록을 살펴보면 산업 국가들은 산업화 과정이 완성되기 전까지는 특허권을 인정하거나 시행하지 않았다. 스위스는 기계 발명품을 보호하는 특허법을 1888년에 도입했지만 포괄적인 특허법은 1907년에야 도입했다(Schiff 1971). 네덜란드는 1817년에 처음으로 특허법을 도입했지만 특허가 자유 무역과 자유 시장을 중시하는 국가의 원칙과 부합하지 않는 방향으로 독점을 창출한다는 이유로 1869년에 특허법을 폐지했다(Schiff 1971). 특허법은 1912년이 돼서야 네덜란드에 다시

---

29 황금쌀 사례를 연구한 일부 연구자는 특허 수에 이의를 제기한다(RAFI 2000).

도입되었다. 흥미롭게도 자유 무역과 자유 시장을 가장 옹호했던 19세기 경제학자들은 독점이라는 이유를 들어 특허를 거부했다(Machlup and Penrose 1951).

다른 산업 국가들은 19세기 중반에 특허법을 도입했으나, 20세기까지도 이 특허법은 지적재산권 협정이 개발도상국에 요구하는 엄격한 수준에는 크게 미치지 못했다. 예를 들어 19세기에 상당수 국가들은 해외에서 수입된 발명에 특허를 허용했고, 일반적으로 특허를 주기 전에 독창성에 대한 심사는 하지 않았다. 일본과 스위스, 이탈리아는 1970년대까지 (제조 공정에 대해서는 특허를 인정한 것과는 달리) 화학과 의약품에 대한 특허를 인정하지 않았고, 캐나다와 스페인은 이런 종류의 특허를 1990년 초반이 돼서야 인정했다. 아주 최근까지도 인도는 화학과 의약품에 대해 이와 같은 접근 방식을 취했다.

증거를 통해 보면 개발도상국은 아직 지적재산권 협정에서 어떤 이익도 얻지 못했다.

지적재산권 협정 자체가 개발도상국에서 혁신을 더 촉진할 것으로 믿을 만한 이유는 전혀 없다. 혁신을 위해서는 (높은 수준의 기술과 과학 교육과 같은) 수많은 선결 조건이 있지만 개발도상국은 현재 이런 조건을 구비하고 있지 못하다.

지적재산권 협정이 산업 국가에서 개발도상국으로 기술 이전을 장려한다는 증거도 거의 없다. 오히려 이 협정은 기술 이전과 혁신을 저해할 가능성이 더 크다. 이는 지적재산권 협정이 개발도상국으로 하여금 역분석 공학(reverse engineering, 제품 조립 순서의 반대로 제품을 하나하나 분해하여 제품의 제조 과정과 성능을 파악하는 기술을 말하는 것으로 기술적으로 열위에 있는 기업이 특정 상품을 모방, 생산하려는 경우에 주로 사용한다.- 옮긴이)이나 (기술을 조금 변형하거나 특허 물질의 대체 프로세스 개발과 같은) 다른 채널의 기술 이전을 통해 선진 기술을 개량하거나 모방하는 것을 더욱 어렵게 만들기 때문이다. 역사적으로 이런 비공식적인 기술 이전은 개발도상국에서 중요한 역할을 했다. 하지만 불행하게도 새로운 지적재산권 체제는 이런 기술 이전을 대부분 못 하게 막는다.

마지막으로 지적재산권 보호가 외국인 직접투자FDI에 영향을 미친다는 주장도 아무런 근거가 없다(9.4장 참조). 실제로 스위스의 경험은 이 주장과 상반된다. 즉 특허법이 없었기 때문에 스위스는 더 많은 외국인 투자를 끌어들일 수 있었다(Schiff 1971). 캐나다와 이탈리아에 대한 외국인 직접투자의 흐름도 역사적 사실을 다시 한 번 확인시켜 준다(UNDP 1999: 73). 일부 분석가들은 특허권 보호가 외국인 직접투자 유입을 위한 선결 조건이 아니라 대체물 역할을 했다고 지적했다(Vaitsos 1972).

지적재산권 협정은 개발도상국에게 많은 비용을 치르게 해 왔다.

첫째, 개발도상국이 치러야 할 지적재산권 협정의 가장 직접적인 비용은 산업 국가의 기업에게 당장 지불해야 할 엄청난 규모의 로열티 비용이다. 이런 로열티 지불 의무는 가뜩이나 부족한 개발도상국들의 외환 보유고를 더욱더 압박한다.

둘째, 지적재산권 협정은 소비자에 대한 초국적기업의 영향력을 증대시켰다. 이 협정은 초국적기업들이 (독점 가격 같은) 독점 행위에 가담할 여지를 확대시켰다. 이는 개발도상국의 독점금지법이 취약한 데다 (심지어 일부 개발도상국에는 존재하지 않는 경우도 있으며), 특히 초국적기업에게는 사법권을 행사할 역량이 부족하기 때문에 문제가 된다.

셋째, 복잡한 지적재산권 보호 제도에 적응하려면 그에 필요한 대규모 자금 지출과 상당수의 국제 특허 변호사와 기술 고문들이 필요하다. 개발도상국이 WTO 체제 내에서 벌어지는 지적재산권 논쟁에서 자국의 이익을 지켜 내려면 더욱 그렇다. 게다가 개발도상국 처지에서는 이 정도 수준의 자원과 인력을 국내에서 사회적으로 활용할 방법이 별로 없다는 것도 문제다.

넷째, 지적재산권 협정을 통해 산업 국가의 기업은 개발도상국에서 특허 없이 이미 활용해 왔던 수많은 자연 가공품natural processes과 자원에 대해 특허를 낼 수 있게 되었다. 이는 주로 개발도상국에서 전통적인 지식 시스템의 일환으로 존재해 왔던 재화나 (심지어 미생물이나 생물학적 과정 같은 극미한 영역의) 자원까지도 특허 신청 대상으로 재포장할 수 있는 산업 국가의 기업 능력 때문이다. 현재 개발도상국은 그동안 국내에서 상시적으로 생산되고 사용해 온 재료를 이용하려면 외국 기업에 대가를 지불해야 할 처지에 놓여 있다. 예를 들어 미국 기업은 인도에서 수천 년 동안 의료용으로 사용해 온 매운 심황(인도산 생강의 일종 - 옮긴이)의 의료적 사용에 대해 특허를 획득하려 했으나, 다행히 인도 정부가 미국 기업의 특허 신청 움직임을 알아채 그 기업을 제소했기 때문에 아직 특허를 얻지 못하고 있다.

마지막으로 지적재산권 협정은 일정한 유형의 혁신과 기술 진보를 가로막는다. 다시 말해서 지적재산권 협정은 개발도상국에서 혁신이 증가할 기회를 줄인다는 것이다.

지적재산권에 대해 강력한 보호를 제공하는 것은 개발도상국의 경제적 관심사가 아니다.

지적재산권은 신자유주의자들이 주장하는 것보다 혁신을 증진하고 기술이 진보하는 데 그리 중요하지 않다. 따라서 개발도상국은 지적재산권 보호를 낮은 수준으로 유지하는 게 경제적 이익에 부합한다. 실제로 개발도상국 대부분은 아직 지적재산권이 신기술 발전에 결정적으로 중요한 단계에는 이르지 못하고, 다만 몇 가지 첨단 산업 부문에서나 일정 정도 기여를 하고 있다. 이런 상황에서 대부분의 개발도상국들은 새로운 기술을 창출하기보다는 사용하는 데 중점을 두는 편이 낫다.

특허와 공공 이익 — AIDS/HIV 치료약 논쟁 사례

최근 지적재산권을 둘러싼 논쟁이 가열되고 있다. 특히 산업 국가의 제약 회사와 (주로 타이, 브라질, 인도, 아르헨티나 같은) 개발도상국의 제약 회사 간에 벌어진 논쟁이 관심을 끈다. 개발도상국의 제약 회사는 저렴한 AIDS/HIV 치료제를 다른 개발도상국, 특히 사하라 이남의 아프리카 국가에 판매하려고 했다.

산업 국가의 제약 회사들은 생산 원가의 20배나 되는 가격으로 이 의약품을 판매하는데, 이것은 심지어 극빈 국가에 판매하는 경우에도 그렇다. 일부 제약 회사는 가격 정책에 대해 대중적 비난이 일자, 극빈국에 AIDS/HIV 치료제를 할인하기로 결정했다. 물론 이들 기업은 할인 가격으로 치료제를 제공하는 것은 일종의 자선이며, 절대로 지적재산권에 대한 견해를 바꿔서가 아니라고 강조한다. 우리도 그들이 지적재산권에 대한 견해를 절대로 바꾸지 않았다는 사실을 잘 안다. 이들 기업은 남아프리카공화국의 특허법이 공중 보건을 위해 특허권을 무시할 수 있는 권한을 정부에 부여했다는 이유로 2001년 3월 남아프리카공화국을 제소한 41개 제약 회사 연합 중 일부이기 때문이다. 이 기업들은 남아프카공화국 정부가 공중 보건을 위해 시행하고 있는 (국가가 특정 제품에 대해 특허 부여를 거부하는) 강제 실시compulsory licensing나 (수입권을 특허권으로 인정하지 않고 특허권자가 승인한 경로 이외의 방법으로 제품을 수입하는 행위인) 병행 수입parallel imports을 불법이라고 주장했다. 다행히 정부의 정책을 옹호하는 단체가 효과적인 캠페인을 펼침으로써 대중의 분노가 높아지자, 이들 제약 회사는 고소를 취하하는 대가로 강제 실시를 최소화하겠다는 약속을 남아프리카 정부로부터 받아 냈다.

제약 회사들은 식품 회사들이 영양실조를 줄이기 위해 식품을 지원하는 정도 이상으로 약품을 지원하며 공익에 봉사할 의무는 없다고 주장한다(Pilling 2001). 그러나 제약 산업은 이익 중 상당 부분을 사회적으로 용인된 (특허 같은) 독점에서 거두기 때문에 이 주장은 그리 설득력이 없어 보인다. 그리고 식품 산업은 특허 덕분에 발생하는 수익의 비중이 제약 산업의 수익에 비할 바가 아니다. 더욱이 제약 산업의 연구 중 상당 부분은 공공 부문이나 민간 기금에서 지원을 받는다. 따라서 제약 산업은 다른 형태의 산업보다 훨씬 더 공적 의무를 다해야 할 이유가 있다.

결론적으로 광의의 인권과 공중 보건에 대한 비용까지 들먹이며 특허권에 지나치게 집착하는 것은 잘못된 결과를 가져온다. 그리고 공중 보건이 위기에 처하는 경우에는 특허권을 완화시킬 충분한 이유가 있다. 산업 국가의 정부는 공익을 위해 특허권을 무시하기도 한다. 특히 캐나다 정부는 2001년 가을에 탄저병이 발생했을 때 바이엘 사가 갖고 있던 시프로Cipro라는 의약품의 특허를 무효화했고, 미국 정부도 비슷한 조치를 취해 이 약품을 반값에 팔도록 했다.

정책 대안

개발도상국의 처지에서는 지적재산권 강화로 얻을 수 있는 이익이 거의 없다.

개발도상국은 지적재산권 보호 수준을 낮춰야 득이 된다. 지적재산권에 대한 정책 대안은 두 가지 경로가 있는데, 바로 기존의 지적재산권 제도의 여지를 활용하는 것과 제도 자체에 이의를 제기하는 것이다.

특정 목표를 겨냥한 연구나 응용 연구에 대한 교육과 정부 지원은 개발도상국에서 혁신을 촉진하는 데 지적재산권 보호보다 훨씬 더 중요하다.

개발도상국에서 지적재산권 보호보다 훨씬 더 중요한 것은 다양한 수단을 통해 혁신과 기술 진보를 촉진하는 것이다. 혁신을 촉진하려는 노력은 산업 정책의 목표와 긴밀하게 연관되어야 한다(7.2장 참조). 이를 위해 정부는 교육에 대한 지원과 특정 목적을 띤 연구를 강화해야 한다. 이 같은 조치를 취하는 데 필요한 재원은 교육 예산의 재분배만으로도 상당액을 마련할 수 있다. 또 정부는 병역이나 공익 근무를 대신해 (유학 같은 것까지도) 고등 교육을 지원할 수도 있다.[30] 정부는 일정 기간 공공 근무를 하는 대가로 교육비 대출 중 일부를 탕감해 줄 수도 있다.

정부는 외국인 직접투자를 기술과 지식 이전을 촉진하고 국내 연구자의 혁신을 자극하는 전략적 수단으로 활용할 수 있다.

외국인 직접투자에 대한 전략적 정책 역시 기술 이전과 국내 연구자에 의한 혁신을 촉진할 수 있다. 정부가 특정 유형의 투자 유치를 염두에 두고 그에 따라 운영 방식을 합의한다면 외국인 직접투자는 기술 이전의 수단이 될 수 있다(9.4장 참조). 아울러 외국인 직접투자를 활용해 개발도상국과 산업 국가의 연구자들 사이에 파트너십을 구축하는 전략적 방안을 생각해 볼 수도 있다. 실제로 몇몇 국가의 정부는 외국인 직접투자 협정을 맺으면서 연구자의 파트너십을 협상했다. 또 이들 정부는 내국인 연구자를 외국 기업의 연구 센터로 파견해서 연구 인턴십 과정을 밟을 수 있도록 협상했다. 이런 전략은 특히 숙련된 연구자가 충분히 확보되지 않은 국가에 유용하다.

개발도상국 정부는 새로운 지식 창출에 중요한 일부 산업에서만 특허를 활성화해야 한다.

---

30 많은 국가에 이런 종류의 정책이 있기는 하지만 수혜자에게 교육을 마친 후 국가에 대한 의무를 지키도록 압력을 행사하지 않기 때문에 법적 강제는 매우 중요하다.

앞에서 살펴봤듯이 특허는 제약, 화학, 소프트웨어 분야 등 일부 산업에서는 혁신을 촉진하는 역할을 할 수 있다. 이런 제한적 사례에서 정부는 국내 연구개발 역량을 감안해서 두 가지 전략 중 하나를 추구할 수 있다.

어느 정도의 연구개발 역량을 갖춘 국가의 경우, 정부는 기업과 대학 연구소가 그들 작업의 특허권을 얻을 수 있도록 재정적·행정적으로 지원할 수 있다. 이런 지원은 연구 방향과 결합되어 일정한 방법을 통해 산업 정책의 목표 달성에 기여할 수 있어야 한다(7.2장 참조). 그리고 정부는 지원을 받은 연구자가 출원한 특허에서 얻은 수익을 공유할 수 있다. 또 정부는 특정 형태의 연구를 위한 정보 교환소로 기능할 수 있다. 즉 특정한 전략적 목표를 위해 연구자들을 결합시키고, 특허권을 획득하지 않은 사용 가능한 연구 성과를 공개적으로 활용할 수도 있다.

기존의 연구개발 역량이 거의 전무한 국가의 경우, 정부는 전통 지식과 지역 자원의 특허에 대해 외부 연구자가 관심을 갖도록 조직하고 자금을 지원할 수 있다. 중앙과 지방 정부, 지역 공동체, 정부와 민간 부문 파트너는 이런 접근 방법을 통해 개발된 특허를 보유할 수 있다.

개발도상국 정부는 기존 지적재산권 협정 내의 조항을 이용해 일부 특허권을 무효화할 수 있다.

(앞에서 본) AIDS/HIV 치료제에 대한 양보를 얻어 낸 개발도상국의 성공 사례는 이 전략이 다른 지적재산권에도 사용될 수 있다는 것을 시사한다. 외국 기업은 개발도상국이 압력을 가한다면 홍보나 기업 이미지

때문에 지적재산권 협정의 예외 조항을 허용할 수도 있다. 기존 지적재산권 협정의 틀 안에서도 공익을 이유로 예외 조항을 인정하라고 특허권자에게 압력을 가할 수 있는 것이다. 개발도상국들은 발언권을 강화하고 이 같은 도전에 따르는 비용을 분담하기 위해서 집단적으로 지적재산권 협정에 도전할 필요가 있다.

기존 지적재산권 협정은 개발도상국이 산업 국가 수준의 지적재산권 보호를 채택하기까지 유예 기간을 허용했다. 그러나 이 유예 기간은 대부분의 개발도상국에 대해서는 만료되었고, 2005년에는 최빈국도 그 대상에서 벗어나기로 되어 있었으나 논란 끝에 2013년으로 연장되었다. AIDS/HIV 치료약을 둘러싼 논쟁의 여파가 증폭됨에 따라 심지어 상당수 지적재산권 지지자들까지 유예 기간 연장을 제안하고 있다는 것은 의미심장한 일이다. 개발도상국들이 지적재산권 협정의 유예 기간을 대폭 연장하고 유연화하기 위해서 압력을 행사하는 것은 그래서 매우 중요하다.

지적재산권 체제는 바뀌어야 한다.

마지막으로 이제 전반적인 지적재산권 체제를 재고하도록 압력을 가해야 할 시점이다. 지적재산권의 약화와 예외 조항 확대는 지적재산권에 대해 새롭게 접근하는 데 시간과 노력을 들일 만한 방향이다. 지금이야말로 지적재산권 협정을 개정하기 위해 개발도상국들이 단결해야 할 적절한 시기라 할 수 있다.

9
정책 대안 3
국제 민간 자본 이동

9.1 일반 분석

용어 설명

국제 자본 이동은 공적 이동과 민간 차원의 이동으로 나누어진다. 우선 공적 이동public flows은 한 국가의 정부에서 다른 국가의 정부로 자본을 이전시키는 것을 말한다. 국제 자본의 공적 이동에는 두 가지가 있는데, 하나는 한 정부가 다른 국가의 정부에 원조나 차관을 제공하는 것과 같은 쌍무적 형태를 취하는 것이다. 다른 하나는 다자간 이동으로 IMF, 세계은행, 아시아개발은행ADB, 미주개발은행IADB 등 다국적 기구가 자금을 제공하는 형태다.

민간 차원의 이동private flows에는 세 가지 주요 형태가 있는데 외국 은행 대출, 포트폴리오 투자PI, 외국인 직접투자FDI가 그것이다.[31] 외국 은행 대출은 해외 상업 은행이나 (IMF나 세계은행 등) 다국적 기구가 특정 국가의 공공 기관이나 민간 부문에 대출하는 것이다. 포트폴리오 투자는 특정 국가 이외 지역의 거주자가 해당 국가의 민간 부문이 발행한 주식, 채권, 파생 상품 등 금융 상품에 투자하는 것이다. 채권의 경우 정부가 발행하고 민간 투자자가 구매할 수도 있다. 외국인 직접투자는 특정 국가 이외 지역의 거주자가 해당 국가 기업의 (적어도 자산의 10% 이상으로 정해진) '지배적 지분 controlling interest'에 투자하는 것이다. 외국인 직접투자는 두 가지 형태를 띨 수 있다. 하나는 '신규 투자 greenfield investment'로 현지에 외국인에 의한 공장 건설 같은 새로운 시설을 설립하는 것이다. 다른 하나는 '기존 기업 투자 brownfield investment'로 현지 기존 기업의 자산을 구입하는 인수 합병을 포함하는 형태다. 또 국가 간 부동산 투자도 외국인 직접투자로 분류된다.

실증적 추세

개발도상국으로 유입되는 국제 자본의 구성은 1990년대에 급격히 변화했다.

개발도상국으로 유입되는 국제 자본의 성격은 1990년대 접어들면서

---

31 국제 민간 자본 이동의 또 다른 범주는 민간 송금이다. 민간 송금은 국제 자원의 개인 간 이동을 말하는 것으로, 이 송금의 가장 흔한 형태는 해외에서 일하는 가족 구성원 중 하나가 본국 가족에게 자금을 보낼 때 발생한다. 여기에서는 이런 송금에 대해서는 다루지 않는다. 신자유주의자들은 이 영역에 관해서는 정책 제안을 하지 않기 때문이다. (따라서 우리도 송금 정책에 대한 대안을 제시하지 않는다.) 중앙아메리카나 카리브 해 국가와 같은 일부 소규모 개발도상국에서는 이 송금이 가장 중요한 외화 획득원이다. 세계은행(2003)은 노동자 송금이 현재 개발도상국의 외부 자금 조달 경로로 외국인 직접투자 다음에 있는 두 번째 중요 수단이라고 보고했다.

주목할 만한 변화를 겪는다. 한편 국제 정치 환경의 변화로 개발도상국에 대한 해외 원조의 규모가 정체되었으며,[32] 다른 한편 개발도상국으로 흘러들어 가는 민간 자본의 구성이 변화되었다. 그 이전까지는 개발도상국으로 흘러들어 가는 민간 자본 중 가장 규모가 컸던 부문은 해외 상업 은행의 대출이었다. 그러나 해외 상업 은행들은 1990년대에 접어들면서 다음 두 가지 이유로 이런 대출을 줄였다. 첫째, 상업 은행들은 1980년대에 발생한 '외채 위기' 이후 (물론 초대형 은행들은 다양한 공적 금융 수단을 통해 개발도상국 대출 비용을 다른 부문에 전가할 수 있었지만) 개발도상국에 대한 대출에 신중한 태도를 취하게 되었다. 둘째, 1990년대 은행들은 금융 환경이 자유화됨에 따라 대출보다 훨씬 매력적인 '투기 기회speculative opportunities'를 찾아냈다.

이처럼 1990년대에는 개발도상국에 대한 원조와 은행 대출이 함께 줄어들고, 이에 따라 자본 유입이 줄어든 개발도상국들은 외국인 직접투자와 포트폴리오 투자 유치에 혈안이 되었다. 실제로 1990년대에 개발도상국에 유입된 외국인 직접투자와 포트폴리오 투자 규모는 눈에 띄게 증가했다.

개발도상국에 대한 국제 민간 자본의 이동에서 나타난 이런 근본적인 변화는 다음과 같은 (각 연도별 세계은행) 자료로도 설명할 수 있다.[33] 상업 은행들이 개발도상국에 제공한 (IMF에 의해 제공된 대출은 제외하고 채권은

---

[32] 하지만 터키와 파키스탄처럼 전략적으로 중요한 개발도상국은 2001년 9월 11일 테러 사건 이후 미국에서 상당한 해외 원조를 받았다.

[33] 이 데이터는 예를 들어 설명하기 위해 제시되었다는 사실에 주의하라. 국제 민간 자본의 이동에 관한 일관된 연간 데이터가 없는 상태에서 기간별 평균을 계산하기는 힘들다.

포함한) 장기 은행 대출의 순유입액은 1970년의 70억 달러에서 1980년 과 1990년에는 각각 653억 달러, 431억 달러로 대폭 증가했다가, 2000년에 51억 달러, 2002년에는 마이너스 90억 달러로 크게 줄었다.[34] 반면 개발도상국으로 흘러들어 간 외국인 직접투자와 포트폴리오 투자의 순유입액은 1990년대까지는 그리 주목할 만한 수준이 아니었지만 그 이후 급격하게 증가했다. 예를 들어 개발도상국에 유입된 순외국인 직접투자는 1970년에는 22억 달러, 1980년에는 44억 달러였으나, 1990년에는 241억 달러를 기록하더니 2000년에는 1606억 달러, 2002년에는 1430억 달러로 엄청나게 증가했다. 순포트폴리오 투자$^{Net\ PI}$ 역시 1990년대에 눈에 띄게 증가했다. 1970년과 1980년에는 거의 전무했던 순포트폴리오 투자가 1990년 37억 달러, 2000년 260억 달러, 2002년 94억 달러를 기록하게 된 것이다. 2000년 이후 포트폴리오 투자가 큰 변동을 보인 이유는 다음에 다룰 것이다.

개발도상국에 유입된 외국인 직접투자와 포트폴리오 투자의 규모가 성장한 것은 사실이지만, 국제 자본 이동의 전체 규모에서 개발도상국 투자가 차지하는 비중은 그리 크지 않다. 개발도상국으로 흘러들어 간 투자는 주로 소득 규모 중상위권 국가들에 집중되었다.

앞에서 제시된 통계치를 보면 개발도상국으로 유입되는 국제 민간 자본 이동의 내용이 1990년대에 어떻게 변했는지 알 수 있다. 그러나

---

[34] 2002년에 나타난 마이너스 수치는 해외 대출자에 대한 상환 금액이 개발도상국에 행해진 새로운 대출액을 초과한다는 사실을 의미한다.

이 자료들에는 다음과 같은 두 가지 중요한 사실이 드러나 있지 않다. 첫째, 국제적으로 이동하는 민간 자본 중 개발도상국에 투자된 몫은 사실 미미하다는 점이다. 심지어 1990년 이후 국제 포트폴리오 투자 중 개발도상국에 유입된 몫은 1991년에 9.7%, 1994년에 9.0%, 1998년에 6.2%, 2000년에는 5.5%에 불과했다.[35] 둘째, 국제 민간 자본은 개발도상국으로 유입되는 경우에도 주로 소득 규모가 중상위권인 국가들로 흘러들어 갔다. 2003년 세계은행 보고서에 따르면, 지난 13년 동안 개발도상국으로 유입된 순포트폴리오 투자 중 84%가 소득 규모 상위 8개국에 집중되었다. 외국인 직접투자의 경우에도 1989년 이후 개발도상국에 유입된 총 외국인 직접투자 중 22%가 중국에 집중되었다. 중국 다음으로는 멕시코, 브라질, 남아프리카공화국, 인도, 타이, 말레이시아, 체코 등이다. 이와 대조적으로 최빈국에는 개발도상국으로 유입된 외국인 직접투자 중 극히 적은 몫이 투자되었다. 2002년 (개발도상국에 유입된 포트폴리오 투자 중 9.5%를 차지한) 인도를 제외한 남아시아 국가들과 (7.4%를 차지한) 남아프리카공화국을 뺀 사하라 사막 이남의 아프리카 국가들은 포트폴리오 투자를 전혀 받지 못했다.

외국인 직접투자의 경우에는 사정이 좀 낫다. 외국인 직접투자 중 개발도상국으로 흘러들어 간 몫은 1991년에 22.3%, 1994년에 35.2%, 1998년에 25.9%, 2000년에는 15.9%였다. 그러나 개발도상국에 유입된 외국인 직접투자 역시 소득 수준이 중상위인 10개 국가에 집중되고 있다. 1992~2001년의 경우 개발도상국 중 외국인 직접투자가 가장 많이 유입된 국가를 순서대로 나열하면 중국, 브라질, 멕시코, 아르헨

---

[35] 여기와 다음 단락에서 나온 모든 데이터는 세계은행의 연도별 데이터에서 가져왔다.

티나, 폴란드, 칠레, 말레이시아, 타이, 체코, 베네수엘라 등이다. 이들 10개 국가는 2002년에 개발도상국으로 유입된 외국인 직접투자 중 70%를 받았다. 이와 대조적으로 저소득 개발도상국으로 유입된 국제 민간 자본은 극히 미미하다. (세계은행은 2001년 기준으로 1인당 국민소득이 745달러 이하인 나라를 저소득 국가로 정의한다.) 저소득 개발도상국은 순외국인 직접투자 중 1970년에 3억 달러, 1980년에 2억 달러, 1990년에 22억 달러, 2000년에 97억 달러, 2002년에 70억 달러를 받았다. 포트폴리오 투자의 경우, 저소득 개발도상국들은 1970년과 1980년에는 아무런 실적이 없었으며 1990년에 4억 달러, 2000년에 26억 달러, 2001년에는 25억 달러에 그쳤다.

이처럼 국제적으로 자본 배분이 불균등하고 개발도상국에 실제로 유입된 국제 자본이 얼마 되지 않는다는 사실에도 불구하고, 신자유주의자들은 시장 개방과 자유화, 그리고 다른 개혁을 통해 해외 자본 유치 정책을 추진해야 한다고 주장한다. 우리는 9.2장, 9.3장, 9.4장에서 국제 민간 자본 이동의 각 형태에 대한 신자유주의자들의 주장과 정책을 논의할 것이다. 그러기 전에 제한 없는 자본 이동이 경제 발전에 도움이 된다는 신자유주의의 일반적인 주장에 대해 살펴보기로 하자.

국제 민간 자본 이동에 관한 신자유주의적 관점

국제 민간 자본 이동을 자유화하면 수많은 경제적 이익을 얻을 수 있다.

자본 시장 개방은 개발도상국의 공공 부문과 민간 부문이 국내에서 동원할 수 없는 자본과 (기술 등과 같은) 여러 자원에 접근할 수 있는 기회를 제공한다. 개발도상국 내에서는 저소득과 낮은 저축률, 자본 이탈 등으로 인해 경제 개발에 필요한 자본과 자원을 창출할 수 없다. 그래서 신자유주의자들은 해외 민간 자본을 국내로 원활하게 유입시키는 방법으로 개발도상국의 자본 규모와 생산성, 소득을 향상시키는 선순환을 창출하자고 주장한다. 예컨대 정부 채권을 해외 투자자에게 팔아 공공 지출에 필요한 재원을 증대할 수 있다는 것이다. 개발도상국 정부의 경우 세금 징수가 어려울 뿐 아니라 예산 수요도 워낙 많아서 언제나 자금 부족에 시달리고 있기 때문이다.

또 국제 민간 자본 이동을 자유화하는 경우 전반적으로 개발도상국 경제의 효율성을 높이는 한편, 이 나라의 정책을 국제 기준에서 벗어나지 않도록 하는 효과policy discipline를 거둘 수 있다. 해외 민간 자본을 유치하거나 또는 (국내 투자자와 해외 투자자에 의한) 국내 자본이 해외로 빠져나가지 못하게 하려면, 정부와 기업은 정책 설계, 거시 경제 운용, 기업 지배 구조 등에서 국제 기준을 지켜야 하기 때문이다. 예를 들어 해외 민간 자본을 유치하려는 정부는 물가 상승 억제와 반부패 정책을 추진할 가능성이 높은데(11.2장과 11.3장 참조), 이는 투자자가 가격 안정, 투명성, 법이 준수되는 국가를 중시하기 때문이다.

더욱이 국제 민간 자본 이동의 자유화는 유입된 자본이 정부가 아니라 시장에 의해 배분된다는 의미다. 시장에 따른 자본 배분 메커니즘은 경제 전반의 효율성을 높이고, 사회복지에 가장 기여할 수 있는 사업으로 자금이 몰리는 효과를 낳는다. 물론 이 사업은 가장 높은 수익률을 올릴 수 있는 부문이기도 하다.

앞에서 설명한 모든 이유보다 중요한 것은 자본 이동의 자유화가 개발도상국이 경제 실적을 건실하게 향상시키는 데 필수적이고, 특히 투자, 소득, 경제 성장에 매우 중요하다는 점이다. 사실 1997~1998년의 아시아 금융 위기가 발생하지 않았다면 IMF는 모든 국제 민간 자본 이동의 자유화를 중심 목표로 설정하고, 자본 이동에 대한 관할권을 확대하는 방향으로 협약 조항을 수정했을 것이다.

국제 자본은 유동성이 극히 높으므로 이를 자유화하는 조치는 신중하게 추진할 필요가 있다. 그러나 우리의 궁극적인 목표는 자본 자유화를 완수하는 것이다.

상당수 논자들은 자본 이동의 자유화에 앞서 (산업 부문 같은) 다른 부문에서의 성공적인 자유화, 최소한의 금융 시장 발전, 제도와 규제 부문에서 국가적 역량 강화 등을 먼저 완수해야 한다고 주장한다. 이른바 '단계적' 발전론sequencing arguments이 그것이다. 그러나 단계적 발전론이 보편적으로 수용되는 견해는 아니라는 점에 주목해야 한다. 사실 수많은 저명한 학자들은 다른 부문에서 자유화를 이루고 역량을 갖춘 뒤에 자본 이동을 자유화하는 방식에는 부정적이다. 이런 식의 단계적 발전 과정에서 나타나는 (부패, 개혁 무력증, 느린 성장, 높은 자본 비용 같은) 폐해가 전면적 경제 자유화로 인한 금융 불안정보다 훨씬 위험할 수 있다는 것이다.

금융 위기의 원인이 금융 자유화를 지나치게 서두른 것에서 비롯되었다는 시각 때문에 단계적 발전을 옹호하는 학자들의 입지가 강화된 것은 사실이다. 특히 아시아 금융 위기 이후 (심지어 IMF 내부인을 포함한) 일부 연구들은 국제 자본 이동에 대해 (이런 통제가 일시적이고 다른 경제 부문이 자유화되어 있는 경우에는) 일정한 형태의 통제는 개발도상국에서 과도한 금융 변동 가능성을 예방할 수 있다는 사실을 인정하기도 했다(Prasad et al. 2003; Kuczynski and Williamson 2003).

그러나 심지어 단계적 발전을 옹호하는 학자들도 완전한 자유화가 모든 개발도상국들을 위한 궁극적 목표란 점을 의심하지 않는다는 사실은 중요하다.

국제 민간 자본 이동에 관한 신자유주의적 관점 기각

규제 없는 국제 민간 자본 이동과 관련된 심각하고 일반적인 문제는 매우 많다.

모든 국제 민간 자본의 이동은 그 정도와 수단은 다르지만 다음과 같은 문제점들을 안고 있다. 환율이 시장에서 결정되는 변동 환율제 아래에서 대규모 자본이 급작스럽게 유입되면 해당 국가의 통화에 대해 절상 압력이 가해질 수 있다(9.3장과 11.1장 참조). 국내 통화의 대폭 절상은 (국내 소비재에 비해 가격이 낮아져) 수입을 증가시키고 (다른 나라의 소비재에 비해 가격이 상승해) 수출을 감소시키므로 국제수지 악화라는 문제를 초래한다. 또 해외 자본의 유입은 (투자자들은 해당 국가의 경제적, 정책적 환경이 마음에 들 때 투자할 것이므로) 국내 정책 결정에 대한 국내외 투자자의 영향력을 지나치게 강화시킬 수 있다. 그리고 국내 자원에 대한 외국인의 통제와 소유권 역시 도에 넘치는 수준에 이를 수 있다.

자본이 자유롭게 들어온다는 것은 (예컨대 외국인 투자에 대한 배당금, 외국인 대출에 대한 이자 지급, 주식 포트폴리오의 청산과 같은 식으로) 자본이 자유롭게 나갈 가능성이 있다는 말이다. ('자본 이탈'이라고 하는) 급작스런 대규모 자본 유출은 국내 통화를 절하시키는 압력으로 작용할 수 있다(다음 9.3장과 11.1장 참조). 자본 이탈은 종종 추가적인 자본 이탈과 통화 가치 하락, 부채 상환 압력, 그리고 주식 (또는 다른 자산) 가치 하락을 불러온다. 이는 공황 상태에 빠진 투자자들이 앞 다퉈 보유 자산을 팔아 예상되는 통화 가치와 자산 가치 하락에서 발생하는 자본 손실을 줄이려고 하기 때문이다. 자본 이탈은 이런 방식으로 기존 거시 경제의 취약성과 금융 불안을 야기하거나 악화시킨다. 이런 상황은 금융 위기 때 최고조에 달해 경제 실적과 (특히 빈곤층의) 생활수준을 심각하게 위협하고, 때때로 외국인이 국내 정책 결정에 과도한 영향력을 미치게 만든다. 끝으로 시장을 통한 자본의 국제적 배분 역시 비효율적이고 낭비적이며, 장기적 발전의 측면에서 비생산적인 방식으로 이루어지는데, 그 폐해 정도는 (다음 장에서 자세히 살펴보는 것처럼) 정부가 자본 배분을 주도하는 경우보다 더욱 심각하다.

국제 민간 자본 이동의 자유화가 개발도상국 경제에 이롭다는 것은 근거 없는 주장이다.

최근에 나온 국가별 비교 연구 및 역사적 사례 연구에 따르면, '자본 이동의 자유화'와 '개발도상국의 인플레이션, 경제 성장, 투자 실적' 간에는 의미 있는 경험적 상관관계가 존재하지 않는다(Eichengreen 2001; Rodrik 1998 참고). 오히려 자본 이동의 자유화가 개발도상국 경제에 치명적 문제점을 발생시키거나 격화시켰다는 것을 확실하게 보여 주는 실증적 증거가 숱하게 드러나고 있다. 예를 들어 상당수의 연구자들은 금융 자유화가 은행, 통화, 금융 위기와 밀접하게 연관되어 있다는 사실을 발견했다(Demirgüc-Kunt and Detragiache 1998; Weller 2001). 심지어 자유화가 빈곤과 불평등 심화와 관련 있다는 연구 결과도 있다(Weller and Hersh 2002).

신중하게 계획되고 설계된 자본 통제가 발전 과정의 결정적 시기에 중요한 역할을 수행했다는 사실은 여러 국가의 경험을 통해 입증된다.

자본 통제는 유출입 자본의 규모, (외국인 직접투자, 포트폴리오 투자 등) 외자의 형태, 외자의 배분 등을 관리하는 것이다. 외국인 투자의 유출입 기회를 제한하는 조치 역시 이에 해당한다. 거의 모든 산업 국가는 오랜 기간 동안 자본 통제를 성공적으로 활용했다. 예를 들어 유럽 대륙의 국가들은 2차 세계 대전 이후 찾아온 불황기에 광범위한 자본 통제를 실시했다. 이른바 자유로운 자본 이동의 본거지이며, 전 세계에서 유입된 외자로 가장 많은 혜택을 입은 미국조차 1963년경 당시 미국의 경제 환경에서 자본을 통제할 만한 충분한 근거가 있었기 때문에 일시적인 자본 통제 조치를 취한 바 있다.

자본 통제는 일본과 한국이 높은 성장률을 기록하던 시기에도 매우 중요한 역할을 했고, 1950~1960년대에 브라질에서도 성공적으로 활용되었다. 칠레와 콜롬비아는 1990년대에 자본 통제를 성공적으로 사용했고, 말레이시아 정부는 1994년과 1998년에 엄격한 자본 통제를 효과적으로 활용했다. (신자유주의가 득세함에 따라) 자본 통제를 그리 탐탁지않게 받아들이게 되었지만 인도와 중국처럼 성공적으로 경제 성장을 달성한 일부 국가는 다양한 투자와 금융 활동에 대해 광범위한 자본 통제를 계속 실시하고 있다. 이들 국가의 경험 가운데 칠레와 콜롬비아의 자본 통제만이 많은 신자유주의자들이 대체로 긍정적인 시각에서 보는 유일한 사례다(아래 내용 참조).

정책 입안자들은 자본 통제를 통해 사회적 가치가 높은 다양한 정책 목표들을 달성할 수 있다.

우리는 이 장과 다음 장에서 다양한 국내외 자본 이동을 신중하게 통제하는 경우 주요한 정책 목표를 달성할 수 있다는 것을 여러 국가의 사례를 통해 제시할 것이다. 첫째, 자본 통제는 금융 안정을 촉진하고 경제 위기와 관련 있는 경제 사회적 혼란을 예방할 수 있다. 둘째, 자본 통제는 (즉 장기적이고 안정적이며 지속 가능한 투자/금융은 고용 기회를 창출하고 생활수준을 향상시키며 소득 불평등을 개선하고 기술 이전과 학습 효과를 장려해) 바람직한 투자와 금융을 촉진하고, 바람직하지 않은 투자와 금융 행위를 억제할 수 있다. 셋째, 자본 통제는 국내 의사 결정과 국가 재원 관리에 과도한 영향력을 행사하려는 투기꾼과 외부인의 간섭을 줄여 민주주의와 국가 자율성을 향상시킨다.

정책 대안을 위한 일반적 방향

국제 자본 이동은 자본 통제를 통해 관리되어야 한다.

나라마다 경제 구조가 다르고, 이에 따라 국민 경제의 취약 지점도 다르므로 자본 통제 역시 다른 형태를 취할 수밖에 없다. 자본 통제는 어느 정도 상시적으로 유지될 수도 있고, 경제 상황에 따라 실시될 수도 있다. 그러나 역사적으로 보면 상시적으로 운영되는 자본 통제가 훨씬 더 일반적이다.

경제 상황에 따른 자본 통제는 각종 경제 지표를 통해 이 조치가 필요하다는 것이 드러날 때 실시할 수 있다. 그레이블(Grabel 2003a, 2004)이 개발한 방법론에 따르면, 거시 경제의 취약성이 심각하게 악화되거나 심지어 경제 위기로 치닫는 것을 조기에 차단하기 위한 조치가 필요하다고 판단되는 경우에는 점차 단계를 높여 가되 투명하게 자본 통제를 발동할 수 있다. 이 접근 방식에는 '인계 철선trip wires'과 '속도 방지턱speed bumps'이라는 두 가지 수단이 있다. 인계 철선 제도는 정책 입안자와 투자자에게 국민 경제가 여러 부문에서 (예컨대 통화 붕괴, 외국 대출자와 투자자의 이탈, 취약한 금융 전략의 출현 등과 같은) 매우 위태로운 상태로 접근하고 있다는 단순한 경고 조치다. 일단 인계 철선이 특정 부문이 취약해지고 있다는 것을 예고하면, 정책 입안자는 즉시 이 취약성을 제거하기 위해 해당 부문을 겨냥한 점진적 자본 통제, 또는 이른바 속도 방지턱 조치를 실시하는 것이다.

그런데 개발도상국마다 국부의 수준이 다른 만큼 인계 철선의 기준도 다를 수밖에 없다. 인계 철선은 경제 위기와 관련된 미세한 움직임에도 민감하게 반응하고 조절할 수 있어야 한다. 정책 입안자는 인계 철선에 민감해야 위험이 고조되어 경제 위기가 닥치기 전에 점진적인 속도 방지턱 조치를 실시해 투자자들이 집단적 패닉에 빠지는 일이 없도록 조치를 취할 수 있다. 외국 은행 대출과 포트폴리오 투자에 대한 인계 철선 및 속도 방지턱 제도는 다음 9.2장과 9.3장에서 다룰 것이다. 자본 통제의 수단인 인계 철선-속도 방지턱 조치는 위기 국면으로 접어들기 전에 지속 가능하지 않은 금융과 투자 패턴을 억제하기 위한 것이다.

9.2 외국 은행 대출

신자유주의적 관점

외국 은행 대출은 다양한 거시적, 미시적 이익을 가져온다.

외국 은행 대출이 제공하는 재원은 국내 대출과 저축으로 형성되는 자본 풀pool에 보완적 역할을 한다. 즉 외국 은행의 대출은 국내에서 동원 가능한 자금만으로는 달성하기 힘든 더 높은 차원의 투자와 경제 성장의 기회를 제공한다. 게다가 외국 은행 대출과 관련된 추가적인 개발 이익이 있다. 외국 은행은 국내 은행보다 낮은 비용으로 대출을 확대하는데, 이처럼 자본 비용이 낮아진다는 것은 더 높은 수준의 투자와 성장으로 이어질 수 있다는 의미다. 또 외국 은행과 국내 은행 사이의 경쟁은 국내 은행이 더 낮은 이자로 자금을 제공하게 만들고, 효율성과 서비스를 외국 경쟁자가 제공하는 수준으로 높인다. 따라서 국내 소비자와 기업은 외국 은행과 국내 은행 사이의 경쟁으로 혜택을 보게 된다.

또 외국 은행의 대출은 거시적, 미시적 차원에서 계도적 장치로서 기능한다. 거시적 수준에서 외국 은행 대출은 기업과 정부에 대해 건전한 금융 환경을 창출하는 경우에는 보상하고, 그렇지 않은 경우에는 처벌하는 역할을 한다. 처벌은 자금 회수나 이자율 인상을 통해 이루어진다. 따라서 외국 은행 대출은 적절한 (또는 다른) 경제 정책 개혁의 필요성을 강화한다. 미시적 차원에서 국내 기업의 성과는 외국 대출자와의 관계에 의해 향상된다. 외국 대출자에게 자금을 차입한 국내 기업은 외국 은행이 차입자에게 부과하는 신뢰도와 경영 능력의 엄격한 기준을 충족시켜야 한다. 이처럼 외국 은행 대출은 기업 운영과 경영 관행을 향상시키는 방법으로 개발도상국 경제의 효율성을 높인다.

신자유주의적 관점 기각

상당수 외국 은행 대출은 투기적 거품 경제와 과잉 투자를 조장했고, 이에 따라 금융 불안을 격화시켰다.

외국 은행이 제공하는 자본은 (장기 발전이란 측면에서) 적절하게 배분될 때에만 생산적 투자와 경제 성장을 촉진할 수 있다. 하지만 이런 경우는 드물었다. 개발도상국의 민간 부문에서 외국 은행 대출을 이용하는 경우 비생산적이고 소모적인 곳에 사용되는 경우가 많았다.

금융 자유화와 함께 도래한 투기 거품의 시대에 외국 은행 대출 중 상당 부분은 투기적인 상업용 부동산 개발이나 주식 거래의 자금원이 되었다(아래 9.3장과 10장 참조). 이런 경향은 특히 금융 자유화 이후 라틴 아메리카와 동남아시아의 많은 국가에서 두드러졌다. 외국 은행 대출은 투기적 거품을 부채질하는 한편 이미 상당한 과잉 투자가 이루어져 있는 부문에 투자 자금을 제공하기도 한다. 아시아 금융 위기가 발생하기까지 수년 동안 외국 은행의 대출이 (예컨대 자동차와 전자 산업 같은) 개발 도상국의 일부 산업 부문에 과잉 투자 현상을 더욱 악화시킨 경우가 많았는데, (과잉 투자의 결과인) 과도한 생산 능력은 가격을 떨어뜨리고 수출에서 얻는 수입을 감소시키는 압력으로 작용했다.

정부가 대출 자금 배분에 영향을 미치지 못한다면, 외국 은행 대출이 반드시 경제 발전에 필수적이며 사회적 가치에 부합하는 부문에 투자되리라는 보장 역시 없다. 설사 국내에서 동원 가능한 대출 규모가 빈약해서 외국 은행 대출이 필요하다고 하더라도, 그것이 국민 경제의 장기적 발전의 관점에서 볼 때 비생산적 목적으로 사용된다면 큰 의미가 없다. 외국 은행 대출이 국내 은행이 제공하는 자금보다 더 저렴하다는 신자유주의의 주장은 확실히 옳다. 그러나 외국 은행의 대출 비용이 아무리 저렴하다고 해도 종종 그랬던 것처럼 비생산적인 영역에 투자된다면, 국민 경제 발전에서 해외 대출의 긍정적 영향은 그리 크지 않게 된다.

또 외국 은행 대출은 '만기 불일치'나 '지역 불일치'의 문제를 일으키거나 악화시킬 수 있다. 만기 불일치는 장기 투자 자금을 단기 대출로 조달하는 상황을 일컫는다. 이런 상황에서 채무자들은 상환 만기를 연장할 때마다 이자율과 상환 연장이란 두 측면에서 불리한 처지에 설 수밖에 없다. 외국 은행은 매우 싼 이자로 단기 대출을 제공하는 경우가 많아 자금 조달이 어려운 개발도상국 채무자들에게는 아주 매력적인 것이 사실이다. 그러나 일단 이런 돈을 빌린 개발도상국 채무자들은 상환을 연장할 때 혹독한 재정적 어려움을 겪게 된다. 만기 연장 자체가 매우 어렵거나 연장에 성공해도 비싼 이자를 내야 하는 등 상당한 비용을 치러야 하기 때문이다.

한편 '지역 불일치'는 채무국이 자국 통화 이외의 통화로 해외 부채를 상환하는 경우에 발생한다. 개발도상국에서는 일반적으로 외채를 달러화, 엔화, 유로화 같은 경화hard currency로 상환해야 하는데, 지역 불일치 현상에 따라 개발도상국은 자국 통화가 평가절하되는 경우 채무 상환액이 더욱 오르는 효과가 발생하기 때문에 불이익을 받게 된다. 만기 불일치와 지역 불일치는 모두 멕시코, 동아시아, 아르헨티나 등 최근 발생한 금융 위기에서 중요한 역할을 했다.

또 해외 채권자는 자신의 대출금에 대한 회수 성향이 국내 채권자보다 강하다. 즉 해외 채권자는 어느 정도의 리스크만 느껴져도 국내 채권자보다 훨씬 쉽게 대출금 회수나 만기 단축에 들어가는가 하면, 더 높은 수익 기회를 찾아 다른 나라로 투자금을 옮길 수도 있다. 개발도상국 정부는 그나마 국내 채권자에게는 정책 지시나 윤리적 설득을 통해 영향을 미칠 수 있지만, 해외 채권자의 의사 결정에는 거의 영향력을 행사할 수 없다는 문제가 있다. 해외 대출금의 갑작스런 철수는 금융 불안을 야기하거나 악화시킬 수 있는데, 이런 사례는 1997~1998년의 동아시아 많은 국가와 2001~2002년의 아르헨티나를 보면 알 수 있다.

외국 은행의 대출은 강력한 보상과 처벌의 기능이 있다. 그러나 이 같은 기능이 개발도상국의 국민 경제 발전에 권할 만한 성과를 내는 것은 아니다.

해외 대출은 정부와 기업이 (신자유주의자가 생각하기에) '적절한' 행위를 하도록 인센티브와 보상을 제공한다는 (또 '부적절한' 행위를 하지 못하도록 겁을 주거나 처벌한다는) 신자유주의자들의 주장은 정확하다. 현재 지배적인 이데올로기 환경하에서 외국 은행 대출은 개발도상국의 정부와 기업이 오직 신자유주의 노선만 추종해야 할 필요성을 강화한다. 문제는 개발도상국들이 신자유주의를 추종한 결과가 그리 바람직하지 않다는 것이다. 그러나 이 같은 현상은 일단 차치해 두더라도 현실 속에서 이루어지는 외국 은행 대출의 배분(그리고 채무 불이행 시 상환 의무를 면제해 주는 조치)이 고도로 정치적인 방식을 통해 이루어진다는 사실을 제대로 인식하지 못하고 있다는 것이 더 놀랍다. 개발도상국에 대한 은행 대출의 규모와 조건을 결정하는 데 있어서 지정학은 초기 단계부터 최소한 객관적인 경제 상황 분석만큼이나 중요한 역할을 하기 때문이다.

외국 은행 대출이 국내 은행을 강제해서 자본 비용(이자)을 낮추게 하거나 은행 업무의 효율성을 향상시킨다고 보기는 어렵다.

국내 은행이 외국 은행과의 경쟁 때문에 자본 비용(이자)을 낮출 수밖에 없게 된다는 주장에는 명백한 근거가 있는 것은 아니다. 국내 은행과 외국 은행이 개발도상국에서 동일한 시장을 둘러싸고 영업하는 경우는 거의 없으므로 실제로는 서로 경쟁하지 않는다. 일반적으로 외국

은행은 (특히 국제 시장과 연관성이 높은) 대기업에 신용을 제공하고, 중소기업은 국내 은행에서 돈을 빌린다. 물론 국내 은행이 외국 은행에서 자금을 빌리는 경우도 종종 있지만, 그렇다고 해서 중소기업들에게까지 대출 기회가 넓어진다고 보기는 어렵다. 특히 투기가 성행하는 시기에는 국내 은행이 외국 은행에서 돈을 빌려 투기에 끼어들기도 한다.

외국 은행과 국내 은행이 서로 영향을 미치는 현상 그 자체만으로 이른바 선진적 경영 관행이나 효율성 중심의 경영 기법 등이 국내 은행으로 이전되는 것도 아니다. 물론 면밀하게 설계된 외국 은행과 국내 은행의 공동 운영 협정 등의 방법으로 첨단 경영 기법의 국내 이전이 가능할 수도 있지만, 이 목표가 실제로 이루어지는 경우는 그리 많지 않다. 또 외국 은행 역시 국내 은행과 마찬가지로 투기가 성행하는 시기에는 판단력과 통찰력을 상실한다. 개발도상국에서 발생한 최근 금융 위기의 영향을 살펴보면 외국 은행도 국내 은행만큼이나 열정적으로 '비합리적 광란irrational exuberance'에 휘말린다는 것이 명백해졌다. 실제로 최근 개발도상국에서 발생한 투기적 열풍의 상당수는 외국 은행의 참여가 없었더라면 그렇게 달아오르지 않았을 가능성이 크다.

해외 채무 상환 부담 때문에 국민 경제가 붕괴될 수도 있다.

외채는 개발도상국들에 광범위한 '부채 누적debt overhang'을 떠맡겨 막대한 자원을 채무국에서 채권국으로 이전시키는 결과로 이어진다. 이런 부채 부담은 장기적으로 경제 성장 전망을 어둡게 하고, 가난과 사회적 피폐를 낳으며, 개발도상국에서 대다수 인구가 바라는 열망을 희생해 가며 외채를 상환하는 데 급급하게 만든다. 또 외채를 상환해야 한다는 압력으로 말미암아 채무국은 희소한 외화를 획득하기 위해 무분별하게 천연자원을 개발해 팔아야 하는 탓에 환경 파괴가 조장되기도 한다. 외채 위기와 동반되는 IMF의 구조 조정 프로그램은 많은 개발도상국에서 경제적으로나 사회적으로 막대한 혼란을 야기했다. 마지막으로 IMF 등에서 외채를 빌릴 때 개발도상국에 강요되는 조건들, 특히 IMF가 부과하는 조건은 국내의 정책 자율성을 훼손하고 심지어 민주주의를 가로막기까지 한다.

정책 대안

가능한 수준으로 외채를 관리하는 몇 가지 방법이 있다.

개발도상국은 외국 은행 대출에 대한 의존도를 크게 줄이는 게 중요하다. 개발도상국들이 외채 의존도를 성공적으로 줄이는 방법은 외국 은행 대출에 대한 허용 규모를 낮추는 것이다. 그러므로 정책 입안자는 신규 외채의 규모를 엄격하게 제한하는 정책을 운용하면 국민 경제에 상당한 이익이 될 수 있다. 이런 규제로는 '총 대출액 중 외채 비율의 제한', '특정 사업을 위한 기업의 자금 조달액 중 외채 비율의 제한' 등이 있다. 또 외채를 빌리는 조건으로 '일정 기간 이상의 만기'나 '특정 (자국) 통화를 통한 상환' 등을 제시할 수도 있다.

외채에 대한 규제는 상황이 허락하는 한 인계 철선이나 속도 방지턱 (9.1장 참조) 조치 등에 따라 역동적으로 운용될 수 있다. 이런 조치로 정책 입안자는 해외 대출이 중단되었을 때 외채에 대한 국민 경제의 취약성을 측정하는 인계 철선을 주시해야 한다. 인계 철선으로는 '민간과 공공이 보유한 (단기 채권에 더 많은 가중치를 부여한) 외화 표시 채무에 대한 국가 외환 보유고의 비율' 등이 포함된다. 이 비율이 위험 수준에 이르게 되면 정책 입안자는 신규 외채의 유입을 제한해서 상황이 개선될 때까지 점진적 속도 방지턱을 발효할 수 있다.

또 개발도상국의 정책 입안자는 외채를 금융 자원으로 활용하는 것을 억제(금지가 아니라)할 수 있다.

조세 제도는 국내 차입자가 가급적 외채를 빌리지 않게 억제하는 수단으로 다양하게 활용될 수 있다. 예컨대 국내 차입자가 외채를 빌려올 때 그 중 일정 비율을 정부나 중앙은행에 수수료로 납부하도록 하는 것이다. 이런 과징금은 채무의 구조에 따라 다양하게 부과될 수 있다. 예를 들어 '지역 불일치'나 '만기 불일치'와 관련된 채무인 경우에는 높은 과징금을 부과한다. 또는 차입자의 부채 규모에 따라 과징금 수준을 조정할 수도 있다. 예컨대 이미 대규모 외채를 지고 있는 기업에게는 더 높은 과징금을 부과하는 것이다. 조세에 기반한 이런 접근은 차입자가 가급적 국내 금융 자원을 활용하도록 유도할 수 있는데, 이는 국내 자원은 과징금 부담이 없기 때문이다. 또 다른 전략으로는 외채를 조달하는 이유에 따라 과징금을 조정하는 것이다. 예를 들어 수출을 위한 생산에 사용되는 외채에 대해서는 일정 비율의 과징금을 환불해 주는 방법이 있다.

칠레와 콜롬비아의 정책 입안자들은 1990년대 상당 기간 동안 외채 도입을 억제하는 조세 기반 정책을 실시했다. 칠레는 외채에 대해 연간 1.2%의 (차입자가 납부하는) 세금을 부과했다. 또 칠레의 정책 입안자는 모든 유형의 외채에 대해 30%의 '무이자부 지급 준비금'을 부과했다. (그리고 실제로 이 나라에 유입되는 모든 해외 투자에 그런 준비금을 부과했다.) 지급 준비세 reserve requirement tax라 부르는 이 정책은 1992년 5월부터 1998년 10월까지 실시되었는데, 해외 채무에 대해 부과된 (차입자가 납부하는) 이런 지급 준비금은 채무의 만기와 상관없이 중앙은행이 1년간 보관하도록 했다. 콜롬비아 당국은 국내 차입자들이 가급적 외채를 빌리지 않도록 억제하기 위해 지급 준비세 제도를 설계했다. 1993년 9월 초부터 콜롬비아의 정책 입안자는 만기가 18개월 미만인 해외 채무에 대해서는 1년 동안 해당 금액의 47%를 무이자로 예치하는 정책을 실시했다.(1994년 8월에 만기는 5년까지 늘어났다.)[36] 여기에 덧붙여 부동산 거래와 관련된 해외 차입은 금지했다. 칠레와 콜롬비아가 실시한 정책의 실증 연구를 통해 보면 이들 국가는 외채 감소를 포함해서 주요한 목표를 성취했다는 것을 알 수 있다(Grabel 2003과 이 논문의 참고문헌 참조).

차입자가 적어도 어느 규모까지는 외채를 빌려야 하는 국민 경제에서는, 정부가 외채의 배분과 조건을 관리하는 것이 매우 중요하다.

외채의 배분에 대한 신중한 관리는 이 자금이 생산적이고 개발적인

---

36 칠레와 콜롬비아에서 행해진 지급 준비세의 수준과 범위, 방법은 정책이 실행되는 동안 여러 번 바뀌었다. 자세한 내용은 Grabel(2003a)을 참조하라.

용도에 사용되도록 만들 수 있다. 1990년대의 금융 자유화 이전에 동아시아와 동남아시아의 여러 국가는 외채 배분과 사용에 대해 엄격하게 규제했다. 또 중국과 인도의 정책 입안자들은 현재까지도 이런 관행을 계속 유지하고 있다(자세한 내용은 Epstein et al. 2003 참조). 예를 들어 중국 기업들은 외국에서 자금을 빌려 오려면 반드시 정부의 허가를 받아야 한다. 인도 정부는 1990년대에 점진적으로 금융 부문을 자유화했지만, 여전히 국내 기업이 보유한 외채의 수준과 조건을 엄격히 통제하고 있다. 1997년에 발생한 아시아 금융 위기에서 교훈을 얻은 인도는 계속해서 외국 통화 기반의 상업 채무를 제한하고 있다. 인도 재무부는 국내 기업이 외국에서 빌리는 자금의 규모와 이자율을 1년 단위로 상한을 두어 통제한다. 또 사례별로 해외 차입을 심사해 만기 구조와 해당 자금의 최종 사용자가 누군지를 검토한 뒤 차입을 승인하는데, 승인 심사 과정에서는 장기 부채와 중요한 부문에 대출 우선권을 준다. 중국과 인도의 기업은 대외 부채에 대한 의존도가 낮고 외부 금융에 크게 흔들리지 않는데, 이는 외채에 대한 정부의 강력한 통제 때문이다. 일반적으로 정책 입안자는 국내 차입자가 지역 불일치나 만기 불일치를 일으키는 자금 조달 전략을 사용하지 못하도록 제한하는 조치를 실시해야 한다. 앞에서 논의했던 규제, 과징금, 승인 등의 수단과 더불어 정책 입안자들은 지역 불일치나 만기 불일치가 위험 수위를 넘어서지 않도록 하기 위해서 인계 철선이나 속도 방지턱 제도를 설계할 수 있다. 지역 불일치를 위한 인계 철선은 외화 표시 부채와 국내 통화 표시 부채의 비율이다. (이 비율 계산에서는 단기 부채에 더 큰 가중치를 부여한다.) 만기 불일치를 위한 인계 철선은 단기 부채와 장기 부채의 비율이다. (이 비율 계산에서는 외화 표시 부채에 더 큰 가중치를 부여한다.) 이런 인계 철선이 위기 가능성에 대한 조기 경보를 울릴 때 차입자는 지역 또는 만기 불일치의 정도를 줄이기 위한 점진적인 일련의 속도 방지턱이 실행되는 것이다.

외채에 대한 규제는 해외 차입의 감소로 인한 가용 자금의 손실로 이어질 수 있으나 이 문제는 경제 개혁으로 해결할 수 있다.

위와 같은 조치에 비판적인 학자들은 해외 차입 (또는 다른 형태의 자본 이동) 등이 제한된다면 경제 성장이 정체될 수 있다고 반박할지도 모른다. 하지만 외국 투자자에게 우호적인 개혁은 투자 붕괴로 이어지기도 한다. 예를 들어 한국에서 발생한 금융 위기 이후 신자유주의적인 금융 개혁은 한국을 국제 자본의 이동에 필요 이상으로 개방적으로 만들었지만 이 개혁은 투자 확대로 이어지지 않았다. 오히려 한국에서 GDP 대비 평균 투자 비율은 1990~1997년에는 37.1%였으나 1998~2002에는 25.9%로 떨어졌다.

이와 대조적으로 정부가 해외 차입을 적절하게 규제하는 대신 국내에서 자금 조달의 원천을 확대하는 조치를 실시하면 규제로 인해 유입되지 못한 해외 자금을 대체할 수도 있다. 같은 맥락에서 국내 저축과 기업의 자금이 유출되지 못하도록 하는 조치 역시 (이런 자금의 대부분은 자본 이탈의 기회를 상실하게 되는 만큼) 국내에서 조달할 수 있는 자본의 원천을 확대할 것이다(아래 9.3장과 10장 참조). 산업 정책과 국내 금융 규제의 조화는 또한 국내 기업이 자국에서 창출된 자본에 접근할 수 있도록 보장한다(7.2장과 10장 참조). 조세 개혁은 국내 자원의 기반을 확충하는 또 다른 수단이다(11.3장 참조). 좀 더 일반적으로 말해서 2부에서 논의했던 경제 정책 개혁은 높은 수준의 투자와 경제 성장을 달성하기 위해서다. 이런 개혁이 성공적으로 추진된다면 경제는 중장기적으로 새로운 자원을 창출해서 추가 투자 재원을 조달할 수 있다.

9.3 포트폴리오 투자

신자유주의적 관점

포트폴리오 투자는 여러 형태의 외국 자본 중 투자 대상 국가에 가장 유리한 자금이다.

포트폴리오 투자[PI]는 기업과 정부에게 국제 금융 시장에서 활용 가능한 거대 자본에 접근할 수 있는 기회를 제공한다. 자본에 대한 접근이 확대되면 투자가 많아지고 경제가 성장하는 선순환이 이루어진다. 포트폴리오 투자는 국제 자본 시장에서 다양하게 산재해 있는 투자자를 통해서 경쟁적으로 가격이 책정되고 효율적으로 배분된다. 포트폴리오 투자에 대한 접근은 경제의 전반적인 효율과 성과를 향상시킨다. 이는 포트폴리오 투자가 이루어지는 국제 자본 시장에서는 (정부가 주도하는 자본 배분과 은행 대출 등) 연고 자본주의적 관행에서 벗어난 정상적[arm's length] 경제 행위가 작동하기 때문이다. 더욱이 국제 자본 시장의 특징 중 하나는 가격 조정이 신속하게 이루어진다는 점이다. 또 포트폴리오 투자는 일단 투자했다가도 언제든 다시 회수할 수 있는 가역성[reversibility이 있는데, 이런 특성은 정부와 기업이 효율성을 높이고 국제 시장의 규율에 적응하는 데 도움이 된다. 정부와 기업은 국제 투자자에 대한 신뢰도를 높여야 포트폴리오 투자를 받을 수 있는데, 신뢰도가 낮은 경우 투자자들은 자신의 포트폴리오 자금을 쉽게 회수(가역성)해 가기 때문이다.

물론 포트폴리오 투자와 관련된 이 같은 특징들은 외국 은행 대출(앞의 9.2장 참조)에도 마찬가지로 적용되지만, 포트폴리오 투자는 외국 은행 대출에 비해 접근 가능한 자본 규모가 더 클 뿐 아니라 보다 유동적이므로 훨씬 더 큰 효과를 얻을 수 있다. 따라서 포트폴리오 투자는 경제 성장을 촉진시킬 가능성이 높을 뿐 아니라 (유동성 때문에) 보상-처벌 기능도 더 잘 수행할 수 있다. 게다가 포트폴리오 투자는 자본 시장에서 자산 소유권의 광범위한 전파를 통해 리스크 분산을 (이에 따른 금융 안정과 투자 분산까지) 촉진시킨다. 마지막으로 외국 은행에서 대출을 받는 경우는 해당 은행이 대출에 조건을 붙이거나 자금 사용을 통제하는 경우가 있는데, 포트폴리오 투자는 이런 조건이나 통제가 없으므로 외국 은행 대출보다 더 낫다.

신자유주의적 관점 기각

<u>규제 받지 않는 포트폴리오 투자는 발전을 촉진하기는커녕 중요한 문제를 유발하거나 악화시킨다.</u>

포트폴리오 투자가 투자와 성장의 선순환을 가져온다는 주장을 뒷받

침할 만한 경험적인 증거가 없다. 외국 은행 대출(위의 9.2장 참조)과 마찬가지로 포트폴리오 투자가 국민 경제 발전에 가장 필수적인 투자 계획에 사용된다고 확신할 만한 근거 역시 없다.

정부가 조정하는 자금 배분과 달리 포트폴리오 투자는 수익률에 따라 국제 자본 시장에서 배분된다. 사실 이런 배분 메커니즘은 (도로 건설 등과 같이) 사회적 이익이 크거나 경제 발전에 이로운 프로젝트보다는 (상업용 부동산 개발 등) 투기 사업에 자금이 몰릴 가능성이 크다. 이런 투기 사업은 국내외 소규모 투자자에게 높은 수익률을 안겨 주며 중단기에 걸쳐 투자와 성장을 증진시킬 수는 있다. 그러나 투기적 포트폴리오 투자는 광범위한 의미에서의 경제 발전에는 거의 기여하지 못하며 불평등을 악화시키기도 한다.

또 규제 받지 않는 대규모 포트폴리오 투자는 거시 경제의 불안정성을 높일 수 있다. 대다수 개발도상국에서는 (1994~1995년의 멕시코 위기나 1997년의 타이와 말레이시아 같은) 투기적 주식 시장의 붕괴가 금융 위기의 주요 원인이었다. 실제 자료를 보면 금융 위기는 심각하고 지속적으로 경제적·사회적 비용을 발생시키는데, 이런 상황에서 가장 큰 피해를 입는 것은 빈곤 계층이다. 상당수 연구도 경제 위기는 빈곤율과 소득 불평등 확대, 그리고 경제 성장률의 하락이 뒤따른다고 보고한다(Weller and Hersh 2002와 이 논문의 참고문헌).

포트폴리오 투자가 다른 형태의 자금 조달 방식보다 본질적으로 우월한 것은 아니다.

포트폴리오 투자가 (특히 국내 은행 대출 같은) 다른 형태의 자금 조달보다 우월하다는 신자유주의의 주장은 옳지 않다. 포트폴리오 투자자가 다양하고 산재해 있기는 하다. 그러나 이런 속성이 반드시 경제 발전에 도움이 되는 건 아니다. 역사적 사례를 통해 살펴봐도 경제 발전이 성공하려면 이와 무관한 투자자가 아니라 해당 국가의 경제와 이해관계가 있는 투자자가 필요하다. 유럽 대륙과 일본, 동아시아와 라틴 아메리카가 높은 성장률을 보이던 시기에는 해당 국가의 경제 발전에 이해관계가 있는 투자자들이 존재했다. 심지어 (정상적 투자 관행의 전형이라는) 미국도 2차 세계 대전까지의 경제 개발은 투자 컨소시엄, 공공-민간 파트너십, 심지어 현재 '내부 거래'로 부르는 관행 등 다양한 형태의 관계형 금융을 통해 촉진되었다.

포트폴리오 투자와 관련된 급속한 가격 조정은 경제의 불확실성을 증가시키고 금융의 취약성을 확대한다. 또 유동성은 환율, 국제 무역, 금융 불안, 생활수준과 관련된 문제를 악화시킨다.

포트폴리오 투자를 배분하는 국제 자본 시장이 (거의 동시에 이루어질 정도로) 빠른 가격 조정 메커니즘의 특성이 있다는 신자유주의자들의 주장은 옳다. 하지만 이런 메커니즘은 자산 가격의 변동으로 인해 (경영자가 미래에 자금을 조달하는 비용을 확신할 수 없으므로) 특정 기업의 불안정을 증가시키고, 구조적 불안정과 금융 위기가 발생할 취약성을 유발할 수 있기 때문에 거의 이득이 없다. 많은 경우 자본 시장에서 가격 조정은 투자 전망에 대한 신중하고 과학적인 평가보다는 투자자의 변덕과 시장 심리에 따라 좌우된다.

포트폴리오 투자는 매우 유동적인데, 이는 투자자가 자금을 쉽게 회수해 갈 수 있다는 의미다. 대규모 포트폴리오 투자의 갑작스러운 유출은 추가적인 자본 이탈과 통화 가치 하락, 부채 위기, 자산 가치 하락이라는 악순환을 낳을 수 있다. 1997년에 동아시아에서 발생한 사건은 이런 악순환이 엄청난 대가와 고통을 치르게 할 금융 위기로 귀결된다는 사실을 분명하게 보여 주었다. 앞에서 언급했듯이 빈곤 계층은 금융 위기로 인한 인적 비용을 다른 계층보다 많이 부담하게 된다. 금융 위기는 어떤 형태의 자본 유출로도 발생할 수 있지만 유동성이 매우 높은 포트폴리오 투자는 특히 유출 가능성이 큰 투자 형태다.(그렇다고 외국인 직접투자가 문제가 없다거나 똑같다는 의미는 아니다. 앞의 9.4장을 참조하라.)

비록 외국인 투자자의 투자 철수만이 경제 위기의 원흉인 것처럼 비난받고 있지만, 국내 포트폴리오 투자자의 자금 회수도 외국인 투자자의 이탈만큼 위험하다는 사실에 주목해야 한다. 실제로 국내 투자자는 자국 경제의 문제를 더 잘 알고 있기 때문에 외국인 투자자보다 먼저 이탈하는 경우가 있다. 국내 투자자에 의한 자본 이탈은 금융 안정성에 미치는 악영향도 크지만, 대안 재원으로서 외국인 투자의 필요성을 더욱 높이고 국내 조세 기반을 허문다는 점에서 특히 유해하다(이 문제에 관해서는 11.3장을 참조).

대규모로 이루어지는 급작스러운 포트폴리오 투자 유출만 문제인 것은 아니다. 예상치 못한 대규모 포트폴리오 투자 유입도 외환 시장에서 국내 통화 가치를 상승시키라는 압력을 가한다면 이 역시 문제가 된다(11.1장 참조). 예컨대 어떤 국가가 단기간에 대규모 포트폴리오 투자 유치에 성공한다면 자국 통화의 평가절상으로 인해 수출 실적이 나빠질 수 있다. 대규모 외국인 직접투자가 단기간에 유입될 때도 마찬가지 문제가 발생한다. 예를 들어 외국인 투자자가 몇 개 대규모 국내 기업의 재산의 상당 부분을 매수할 때다.[37] 환율이 고정되었거나 특정 범위로 변동이 제한되었다면 대규모 포트폴리오나 다른 형태의 외국인 직접투자 유입은 사전에 결정한 범위 내에서 환율을 유지하려고 애쓰는 국내 통화 당국에 무거운 짐을 지울 수 있기 때문이다.

포트폴리오 투자는 간접적이긴 하지만 정책 자율성에 상당한 제한을 가한다.

신자유주의는 개발도상국 정부를 국제 시장의 규율에 적응하도록 강제하는 포트폴리오 투자의 효과를 찬양한다. 하지만 우리는 이 문제를 매우 다른 관점에서 바라본다. 포트폴리오 투자와 관련된 정책 자율성 제한은 개발도상국 경제에 큰 비용을 치르게 하는데, 특히 개발도상국의 성장과 생활수준에 많은 영향을 미친다(Grabel 1996).

정부는 대규모 투자 이탈을 유발하지 않을까 염려하기 때문에 국내외 포트폴리오 투자자를 실망시킬 수도 있는 정책을 섣불리 실시하지 못할 수도 있다. 포트폴리오 투자자는 물가 상승이 투자 수익률을 감소시키기 때문에 이를 유발하거나 악화시킬 수 있는 정책을 특히 싫어한다. 신자유주의적 관점에서 (특히 적자 재정일 때 일어나는) 정부 지출은 물가 상승을 유발한다.(정부 지출-적자-물가 상승에 관한 주장을 비판한 내용은 11.3장을 참조하라.) 정부 지출과 물가 상승 사이의 관계에 대한 이 같은 추정이 (비

---

[37] 대조적으로 외국인 직접투자가 점진적으로 증가한다면 국내 통화는 그리 큰 평가절상 압력을 받지는 않을 것이다.

록 옳지 않더라도) 의미하는 것은 정부가 어떤 대가를 치르더라도 포트폴리오 투자를 유치하겠다면, 확장적 재정 정책은 포기해야 한다는 뜻이다. (국내 이자율 하락으로 이어지는 정책인) 확장적 통화 정책도 신자유주의자들에게는 정부 지출 증가, 물가 상승, 경제 성장율 저하로 간주되기 때문에 마찬가지로 문제가 있다고 본다(이 관점에 대한 비판은 11.2장 참조). 게다가 정부가 투자자의 자유를 제한하는 정책을 실시하기는 더 어려워졌는데, 이런 정책이 포트폴리오 투자를 저해하는 것으로 보이기 때문이다. 여기서 설명한 정책 자율성의 제한 범위는 분명히 간접적이긴 하지만 세부적인 내용에서는 강력한 영향을 미친다.

또 경제 위기가 발생하면 개발도상국의 정책 자율성에 대해서는 혹독하고 직접적인 제한이 가해진다. 경제 위기 상황에서는 급작스런 정부 지출 감소와 이자율 인상이 포트폴리오 투자자의 신뢰를 회복하기 위해 (그리고 투자자의 복귀를 유인하기 위해) 필요한 것처럼 보이기도 한다. 그래서 IMF는 개발도상국이 위기에 빠졌을 때 지속적으로 긴축 재정 정책과 통화 정책을 펼치도록 압력을 넣는데, 역사적 사례를 보면 이런 정책이 유해하다는 것이 명백한데도 그렇게 하도록 요구한다. 한국과 아르헨티나는 최근의 금융 위기 후에 긴축 정책을 펼쳤으나 부도율이 높아지고 경제 전반에 걸쳐 위험 요소들만 더욱 확대되었을 뿐 포트폴리오 투자자들을 되돌아오도록 설득하는 데는 실패했다. 수많은 신자유주의자들은 확장적인 정책을 통해 경제 회복을 촉진하고 사회의 취약 계층을 보호해야 할 상황인데도 불구하고 투자자의 신뢰 회복을 위해서는 긴축 정책을 펼쳐야 한다고 주장한다.

정책 대안

<u>포트폴리오 투자에 대한 통제는 심각하게 고려해야 할 문제다.
이와 같은 통제 정책은 여러 국가의 경제 발전에 중요한 기여를 했다.</u>

포트폴리오 투자에 대한 신중한 관리는 이런 금융 자원과 관련된 이익을 최대화하고 비용을 최소화할 수 있다. 상당수 국가들은 오랜 기간 동안 포트폴리오 투자를 성공적으로 규제해 왔다. 예를 들어 2차 세계 대전 이후 20년 동안 모든 산업 국가는 포트폴리오 투자의 유출입을 강력하게 규제했다(Helleiner 1994). 여기서 유일한 예외는 미국이었다. 그러나 미국조차 1960년대에 포트폴리오 투자를 일시적으로 통제한 적이 있는데, 이는 정책 입안자들이 당시 미국 경제의 위기를 극복하려면 경제에 대한 신뢰도를 높여야 한다고 생각했기 때문이다. 실제로 대다수 유럽 국가와 일본은 1980년대 중반까지 포트폴리오 투자와 함께 다른 형태의 자본 이동에 대해서도 강력하게 통제해 왔다.

자본 통제 정책을 활용한 것은 산업 국가에 국한되지 않았다. 포트폴리오 투자에 대한 통제는 신자유주의 경제 개혁이 정통 교리로 자리 잡기 전까지는 개발도상국에서도 표준적인 정책이었다. 실제로 상당수 개발도상국들이 뛰어난 경제 성장 실적을 기록했던 1950~1970년대 중반은 포트폴리오 등 자본 이동에 대한 통제가 실시되던 시기였다. 신자유주의 시대와 비교해서 개발도상국은 2차 세계 대전 후 30여 년간 전반적으로 인상적인 경제 성과를 달성했는데, 당시에는 자본 통제가 지금보다 훨씬 광범위하게 사용되었다(1장 참조). (산업과 무역 정책에 더해)

자본 이동에 대한 통제는 1970년대와 1980년대에 많은 동남아시아 국가가 놀라운 경제 성과를 올리는 데 상당한 기여를 했다(5장과 7장 참조).

일부 개발도상국은 중요한 목적을 위해 포트폴리오 투자에 대한 통제를 (최근까지) 여전히 사용하고 있다.

현재의 신자유주의적 환경에서도 일부 대규모 개발도상국은 포트폴리오 투자의 유출입에 대한 통제를 효과적으로 사용하고 있다. 여기서는 그런 전략과 관련된 최근의 몇 가지 사례를 소개하고자 한다.(추가적인 사례는 Grabel 2003a와 Epstein et al. 2003을 참조하라.)

말레이시아 당국은 오늘날과 같은 신자유주의 시대에도 포트폴리오 투자에 대해 두 번이나 제한을 가했다. 첫 번째는 1994년 초였다. 당시 말레이시아 경제에는 (포트폴리오 투자에만 국한된 것이 아니라) 해외 자본 유입이 급격히 증가했다. 정책 입안자들은 이런 유입이 부동산과 주가에 지속 불가능한 투기 붐을 야기하고 국내 통화에 압력을 가할 것이라고 염려했다. 이런 맥락에서 정책 입안자들은 엄격하지만 일시적인 유입 통제를 실시했는데, 여기에는 통화성 예금과 외국 은행 대출금에 대한 규제, 국내 은행과 대기업의 환차손 위험에 대한 통제, 만기가 1년 미만인 자국 통화 채권의 해외 판매 금지 등이 포함된다.

이런 조치에 대한 반응은 빠르고 극적이어서 당국은 1년도 채 안 돼 (소기의 목적을 달성했으므로) 계획대로 통제 조치를 해제할 수 있었다. 통제가 실시되던 기간에 순민간 자본과 단기 자금의 이동 규모는 크게 떨어져서 유입 자본의 구성이 상당히 변했고, 통화에 대한 압력도 줄어들었으며, 주가와 부동산 가격에서 발생한 인플레이션도 진정되었다(Palma 2000). 일시적인 자본 통제로 즉각적이고 강력한 효과를 거둔 말레이시아의 사례는 경제 위기를 조기에 차단할 수 있는 속도 방지턱 조치의 잠재력을 여실히 보여 준 것이다(아래 내용 참조).

말레이시아 정부는 아시아 금융 위기가 발생한 1998년에도 다시 자본의 유출입에 대한 엄격한 통제를 실시했다. 이런 노력에는 자국 통화에 대한 외국인 접근 제한, 통화의 국제적 이전과 거래 제한, 해외 보유 자국 통화의 환전 제한 등이 포함되었다. 또 자국 통화 가치를 고정시키고, 증권 유통 시장을 폐쇄했으며, 비거주자가 보유한 말레이시아 주식은 1년 안에 매도하지 못하게 했다.

다소 엄격한 이런 조치는 다양한 이유로 추가적으로 발생할지도 모르는 내부 혼란을 예방했다. 특히 당시 이 나라가 심각한 정치적, 사회적 위기에 봉착하게 되자 그 성과는 두드러졌다. 아시아 금융 위기를 겪었던 다른 나라와 말레이시아를 비교한 여러 연구에 따르면, 말레이시아의 자본 통제는 경제와 주식 시장을 신속하게 회복시켰을 뿐 아니라 고용과 임금에서도 충격을 크게 줄였다(Kaplan and Rodrik 2001). 경제 위기에도 불구하고 말레이시아에서 고용과 임금이 그런대로 유지될 수 있었던 이유는 이 나라 정부가 추가적인 자본 이탈 위협이나 IMF의 비난에도 아랑곳하지 않고 자본 통제를 통해 경기를 부양시킬 사회 경제 정책을 추진했기 때문이다.

1992~1998년에 칠레와 콜롬비아의 정책 입안자들도 포트폴리오 투자를 꽤 광범위하고 성공적으로 규제했다. 이 시기에 콜롬비아 정부는 외국 투자자가 채권이나 주식을 매입하지 못하도록 했는데, 이 정책

은 외국 투자자들이 금융 불안을 이유로 보유 중인 자국의 유동성 자산을 팔아 버리고 갑작스럽게 이탈할 가능성을 막기 위해서 고안되었다. 하지만 외국인 직접투자는 실질적으로 통제하지는 않았다. 외국인 직접투자와 포트폴리오 투자를 다르게 대우한 것은 경제 성장에 중요한 외국인 투자는 촉진하는 반면, 경제 불안을 부추기는 투자는 차단하겠다는 목적에서였다.

외국인 투자와 관련, 칠레 정부도 콜롬비아와 유사한 정책을 추진할 만한 상황이었다. 칠레 정부는 장기 투자를 유도하고 안정적인 외국인 투자를 장려할 목적으로 30%에 달하는 지급 준비세 제도를 실시했다 (앞의 9.2장 참조). 당시 칠레는 외국인 직접투자와 포트폴리오 투자에 대해 최소 1년을 유지하라고 요구했다. 또 정부는 연금 펀드 매니저가 그들 자산의 12% 이상을 해외에 투자하는 것을 금지했다. 이 정책은 가장 중요한 자국 내 대형 투자자들이 자본을 유출시키지 않도록 하는 게 목적이었다.

다양한 실증 연구에 따르면 칠레와 콜롬비아의 금융 통제는 (단지 자본의 양적 측면이 아니라) 순자본 유입의 구성과 만기 구조를 건설적인 방향으로 변화시키는 데 중요한 역할을 했는데, 특히 통제가 강화된 1994년에서 1995년 사이에 이런 특징이 두드러졌다.(Grabel 2003a와 이 논문의 참고문헌을 보라.) 두 국가가 이와 같은 정책을 실시한 이후 외부 금융은 대출에서 직접투자 방식으로 옮겨 갔다. 이를 통해 칠레와 콜롬비아의 정책 입안자들은 성장 지향적 정책을 실행할 수 있었는데, 그 이유는 외국 투자자의 이탈이라는 리스크가 금융 통제로 상당히 줄어들었기 때문이다. 마지막으로 이런 금융 통제를 통해 달성된 거시 경제의 안정은 멕시코와 아시아의 금융 위기 이후에도 칠레와 콜롬비아가 금융 안정을 누리는 데 기여했다. 예를 들어 다른 라틴 아메리카 국가들이 (주식과 국채 시장에서 투자자 이탈로 인한) 금융 위기로 황폐화되는 동안 칠레는 대체로 안정적인 상태를 유지했으며, 칠레에 대한 민간 자본의 유입이 크게 줄어든 것은 1998년 8월 이후였다.

중국의 경우는 주식 시장에 대한 외국인 참여를 엄격히 제한하고, (외국인에 대한 대출을 금지하고 외화에 대한 접근도 규제하는 등) 국영 은행들의 활동도 강력하게 제한했다. 또 중국에 거주하는 사람들이 자본을 해외로 보내는 데 상당한 제약을 가했다. 사실 중국 정부는 아시아 금융 위기 이후에는 기존의 규제를 더욱 강화했고 새로운 금융 통제 제도를 도입했다. 아시아 금융 위기가 전개되자 중국 정부는 10만 달러 이상의 외환 거래에 대해 새로운 규제 정책을 발표했고, 국내외 기업이 중국에서 자금을 빼거나 유입시키는 것을 어렵게 만드는 조치들을 새롭게 도입했다. 또 해외에 불법적으로 외화 예치금을 보유한 자국 기업을 처벌하는 엄격한 법규를 새로 제정했다. 타이완 당국도 (지역 주식 시장을 불안하게 만든다고 비난받아 왔던) 조지 소로스George Soros가 관리하는 펀드의 불법적 거래를 막는 조치를 취했다.

국내 투자자가 해외 자본 시장에 접근하지 못하도록 제한해야 한다는 강력한 주장이 있다.

국내 투자자의 이탈은 금융 불안과 조세 기반 축소와 같은 다른 경제 문제를 야기할 수 있다. 이런 이유로 국내 투자자가 해외 예금 계좌를 갖거나 자본 이탈에 참여하지 못하도록 제한해야 한다는 강력한 주장이 있다.

1980년대 중반, 한국은 세계에서 네 번째로 외채가 많은 나라임에도 자본 유출에 대한 가혹한 통제 덕분에 외채 외기를 헤쳐 나갈 수 있었다. 중국과 인도는 좀 더 최근 사례에 해당한다. 중국은 (우선 국내 투자자가 외화에 접근하는 기회를 제한하는 방식으로) 국내 투자자의 해외 포트폴리오 투자에 대한 엄격한 규제를 유지하고 있다. 인도 역시 국내 투자자가 외화에 접근하는 기회를 제한하는 방법으로 국내 투자자의 해외 이탈을 규제하고 있다. 인도 거주자나 기업이 해외에 외화 계좌를 유지하는 것을 막았고, 인도 은행은 외화로 예금을 받거나 대출을 해 줄 수 없다. 최근 연구에 따르면 자본 이탈, 통화 투기, 외화 접근성, 외화 대출에 대한 통제 등의 복합적인 효과로 중국과 인도는 아시아 금융 위기 동안에 불안정한 상태에서 벗어날 수 있었다.

포트폴리오 투자를 관리하기 위한 전략

앞에서의 논의는 포트폴리오 투자를 관리하기 위해 몇 가지 방법이 있다는 사실을 알려 준다. 중국, 인도, 칠레, 콜롬비아에서 포트폴리오 투자에 대해 엄격한 제한을 가해 거둔 성공은 외국인 투자자가 언제나 외국인 투자에 최소 거주 요건이나 다른 방식의 금융 통제를 하는 국가를 피하는 건 아니라는 사실을 보여 준다. 또 우리는 조세 제도를 국제 자본 이동의 구성과 만기 구조에 영향을 미치도록 사용할 수 있다는 사실도 보았다. 국내 투자자와 저축자에 의한 도피 가능성은 자본 유출에 대한 세금, 도피 금지 또는 외화에 대한 접근 제한을 함으로써 감소될 수 있다. 마지막으로 말레이시아의 경험은 포트폴리오 투자에 대한 일시적인 통제 역시 효과적으로 사용될 수 있음을 보여 준다.

인계 철선-속도 방지턱 접근 방식은 포트폴리오 투자에 일시적인 통제를 가할 목적으로 고안되었다(앞의 9.1장 참조). 포트폴리오 투자의 유출 위험을 알려 주는 인계 철선은 해외 포트폴리오 투자 총액에 대한 주식 시장의 시가 총액 또는 총 국내 자본 형성의 비율이다. 인계 철선이 특정 국가로부터 포트폴리오 투자 유입이 역전^{reversal}되고 있다는 사실을 드러내면, 점진적인 일련의 속도 방지턱을 통해 이 비율이 떨어질 때까지 새로운 유입이 늦춰질 것이다. 속도 방지턱 덕분에 국내 자본 형성이나 주식 시장의 시가 총액이 충분할 정도로 증가하거나 외국인 포트폴리오 투자가 감소하기 때문이다. 그에 따라 포트폴리오 투자에 대한 속도 방지턱은 국내에서 투자가 대규모로 증가해서 자금이 조달될 수 있을 때까지 지속 불가능한 자금 조달 방식을 늦추게 만들 것이다. 우리는 포트폴리오 투자의 유입을 관리하는 속도 방지턱의 중요성을 강조한다. 속도 방지턱은 경제가 외국 투자자에게 매력적이고 유출에 대한 통제가 투자자에게 공포를 안겨 줄 것 같지 않은 상황에서 효과를 보기 때문이다. 이것은 유출을 통제하는 대체 수단은 아니지만 유입에 대해 제한을 하는 것이 유출의 빈도와 규모를 줄이기도 한다.

어떤 유형의 포트폴리오 투자는 인계 철선-속도 방지턱 접근 방식을 통해서는 개선되지 않는다는 사실을 간과할 수는 없다. 파생 상품과 같은 이른바 부외 활동(簿外活動, off-balance-sheet activity)에서 야기되는 위험은 인계 철선으로는 감지할 수 없고, 따라서 속도 방지턱으로도 단속하기 힘들다. 이는 기업이 부외 활동에 관한 데이터를 (대차대조표 상에서) 보고할 의무가 없기 때문이다. 부외 활동의 위험은 절대로 사소하지 않다. 일부 연구를 보면 아시아 금융 위기에서 부외 활동이 상당히 중요한 역할을 한 것을 알 수 있다(Dodd 2000).

부외 활동을 위한 인계 철선과 속도 방지턱은 정책 입안자가 이런 활동에 보고 의무를 부여해 투명하게 강제함으로써 구축할 수 있다. 그러기 위해서는 투명성을 강제하겠다는 의지가 부족한 개발도상국의 정책 입안자들에게 국내 경제 주체들이 부외 활동에 참여하지 못하도록 해야 하는 이유를 충분히 설득할 필요가 있다. 인도 정부는 파생 상품 거래에 대해 현명한 방식으로 엄격한 통제를 유지하고 있다.

9.4 외국인 직접투자

신자유주의적 관점

외국인 직접투자FDI는 자본과 선진 기술에 접근할 기회를 제공하고, 우수한 경영 기법과 경영 관행을 소개하며, 외국 시장과 연계하거나 접근할 기회를 제공하기 때문에 개발도상국에 도움이 된다.

외국인 직접투자와 초국적기업의 (기술 이전과 위탁 경영contract management 제공 등과 같은) 다른 활동은 개발도상국을 세계 경제로 편입되도록 촉진한다. 외국인 직접투자는 개발도상국을 위한 '윈-윈win-win' 사업이다. 외국인 직접투자를 수행하는 초국적기업에게 좋은 것은 이 투자나 기업을 유치하는 국가에도 좋은 것이다.

1960년대와 1970년대에 개발도상국에서 유행한 초국적기업 규제 정책은 잘못된 이데올로기의 산물이다. 한 저명한 기업 경제학자는 "정부와 기업의 목표가 상충된다는 주장은 더 이상 적절치 않다."고 말한 적도 있다(Julius 1994: 278). 이런 맥락에서 영국의 전 유럽위원이었던 레온 브리탄 Leon Brittan의 "(오늘날 다행스러운 일은) 투자가 자신의 진정한 가치를 인정받고 있다는 것이다. 투자는 잉여 자본의 원천이고, 건전한 외화 표시 자산을 형성하는 데 기여한다. 또 투자는 생산성 향상과 고용 증가, 효율적 경쟁, 합리적 생산, 기술 이전의 기초이며, 경영 노하우의 원천이기도 하다."(Brittan 1995: 2)는 언급은 옳다.

외국인 직접투자는 전에도 경제 발전에 중요했으나 생산과 기업 조직의 세계화로 그 중요성이 더욱 커지고 있다.

지난 20년 동안 국제 무역, 생산 과정, 기업 조직 등은 모두 극적인 변화를 겪었다. 이런 변화들이 결합된 결과 외국인 직접투자가 개발도상국에 특히 더 중요한 요소가 되었다.

1980년대까지는 단일한 상품에 대한 생산 과정이 (필요한 기술과 원재료는 다른 나라에서 수입하더라도) 대부분 하나의 국가라는 지리적 경계 내에서 이루어졌다. '전통적'인 국제 무역은 특정 지역에서 생산된 상품을 거래하는 것이었다. 그러나 1980년대 이후 생산 과정은 수많은 부분으로 나뉘어 지구적 차원으로 분산되었는데, 이런 분산의 양태는 지구적 생산망, 지구적 생산 네트워크, 지구적 가치 사슬, 지구적 조립 라인 등으로 표현된다. 이처럼 새롭게 출현한 국제적 생산 및 무역 패턴에서 개발도상국이 혜택을 보려면 지구적 생산망에서 일정한 지위를 확보해야 한다.

기업은 또한 지난 20년 동안 변화를 겪어 왔다. 기업은 더 이상 특정 국가에 묶여 있지 않다. 국적 기업은 점점 더 초국적 또는 '무국적' 기업으로 변하고 있다. 점차 (연구개발과 같은) 기업의 핵심 활동은 물론이고 심지어 기업 본부까지도 자사를 국적 기업이라 여기게 했던 전통적 본거지에서 벗어나고 있다. 월드 카world car 또는 글로벌 카global car라 불리는 상품의 출현, 유럽이나 미국에 연구개발 센터를 설립하는 한국과 일본 소유의 컴퓨터 기업 등은 이런 기업 조직의 새로운 형태를 잘 보여 주고 있다. 오늘날 기업의 무국적성은 개발도상국에게 긍정적인 영향을 미친다고 볼 수 있다. 초국적기업은 국적이 없기 때문에 그들이 진출한 국가를 착취할 어떤 이유도 없다.

여러 자료들을 살펴보면 무역 패턴, 생산 과정, 그리고 기업 조직에서 일어난 변화의 중요성을 알 수 있다. 1982년 이후 외국인 직접투자는 (전통적인) 국제 무역보다 4배나 빠르게 성장했다. 1970년대 이후, 초국적기업의 협력 생산은 국제 무역량을 초과했다. 최근 개발도상국으로 유입되는 외국인 직접투자의 엄청난 증가는 상당수 국가가 국제 생산망에 포함되었다는 사실을 드러낸다. 제조업에서 전 세계 무역의 약 75%는 초국적기업을 통해 이루어졌고, 이 실적 중 3분의 1은 초국적기업 내부에서 발생한 (국가 간) 무역이었다.

외국인 직접투자는 다른 모든 형태의 국제 민간 자본 이동보다 우위에 있다.

외국인 직접투자가 외국 은행 대출이나 포트폴리오 투자보다 선호되는 이유는 안정성 때문이다. 최근 세계적으로 금융 불안이 심화되고 있는가 하면, 외국 은행 대출이나 포트폴리오 투자의 경우 그 흐름이 워낙 유동적인 데다 갑작스럽게 회수되는 경우가 많아 금융 위기를 유발하고 있다. 이런 사정을 감안하면 외국인 직접투자의 안정성은 특히 중요하다.

조건 없이 외국인 직접투자를 받아들인 국가들은 인상적인 성과를 거두었다.

과거의 기록과 실증적 경험을 살펴보면 일부 국가들은 외국인 직접투자와 초국적기업의 활동에 개방적인 태도를 취해 이익을 거두었다. 동아시아의 경제 '기적'과 (특히 멕시코 같은) 일부 라틴 아메리카 국가들이 지난 20년간 거둔 실적은 외국인 직접투자와 국제 무역은 물론 다른 초국적기업의 활동에 대한 개방적 태도가 산업 발전, 수출 진흥, 성장을 촉진시킬 수 있다는 사실을 단적으로 드러낸다.

외국인 직접투자나 초국적기업의 활동을 제한하는 국가는 고립이나 자본 이탈을 겪을 것이다.

초국적기업은 활동에 제한을 두는 국가에는 진출하지 않을 것이고, 또 국가가 기존 초국적기업에 새로운 규제를 가하는 경우에는 그 국가를 떠날 것이다. 이미 국제적인 생산 네트워크가 출현해 있고, 전 세계적인 범위에서 외국인 직접투자에 대해 개방적인 국가가 늘어나고 있다. 이는 초국적기업이 자사에 적대적인 국가를 떠나 쉽게 다른 국가에 생산 과정을 재배치할 수 있게 되었다는 것을 의미한다. 앞에서 살펴봤듯이(앞의 9.2장과 9.3장 참조) 자본 이탈의 위협은 외국인 직접투자와 초국적기업에 대한 정부 정책을 국제적인 개방 기준에 맞춰 유지하도록 만들 수 있다.

신자유주의적 관점 기각

역사적으로 외국인 직접투자와 초국적기업은 개발도상국에서 다양한 문제들을 일으켰다. 이런 문제는 지금도 마찬가지다.

개발도상국에서 외국인 직접투자와 초국적기업의 활동에 대해 비판적 논객들은 1960~1970년대에 다음과 같은 주장을 펼친 바 있다. 첫째, 초국적기업들은 '부적절'하고 쓸모없는 기술을 개발도상국에 이전하고, 심지어 터무니없이 비싼 가격에 팔아먹기도 한다. 둘째, 초국적기업은 그들이 진출한 국가의 정치적, 경제적 조건에서 엄청난 독점력을 행사한다. 셋째, 초국적기업은 '이전 가격 조작 transfer pricing'이라는 관행을 통해 세금을 회피한다. (이전 가격 조작은 동일한 초국적기업의 자회사 간 거래에서 '내부 가격'을 조작하는 행위이다. 예컨대 가격 조정을 통해 세율이 낮은 국가의 자회사에서는 이윤을 기록하고, 세율이 높은 국가의 자회사에서는 손실을 기록하는 식이다.) 넷째, 국내 기업은 초국적기업과 대등하게 경쟁하기 어렵기 때문에 초국적기업은 개발도상국의 국내 투자를 저해하게 되는 셈이다. 또 일부 초국적기업들은 자사의 이익에 우호적이지 않은 정부를 공격하는 운동에 가담하기도 한다. 그런 사례로 가장 유명한 것은 칠레에서 구리 산업 부문의 초국적기업이 아옌데^{Allende} 대통령에 맞선 피노체트^{Pinochet} 장군의 민병대를 지원한 일이다. 아옌데 대통령은 당선 이후 구리 광산을 국유화한 바 있다. 우리의 견해로 보자면 (그리고 다른 많은 사람의 견해도 마찬가지지만) 오늘날에도 이 같은 초국적기업의 문제점들은 과거와 마찬가지다. 하지만 우리는 적절한 정책을 구사하면 이런 초국적기업도 관리할 수 있다고 믿는다.

개발도상국은 외국인 직접투자에 대한 전략적 관리로 혜택을 극대화할 수 있다.

앞에서 논의한 중요한 문제들에도 불구하고 외국인 직접투자는 적절하게 관리된다면 개발도상국에 유익할 수 있다. 이를 위해서는 인센티브, 보상과 통제 등을 적절히 묶어 구사하는 전략이 필요하다. 외국인 직접투자에 관한 정책을 고안할 때는 많은 요소를 고려해야 한다. 즉 (투자 국가와 유치 국가 같은) 투자 관계에 얽힌 국가들, 산업과 기업 형태, 투자 받는 지역의 규제와 조세 제도 등이다 (다음 내용 참조).

외국인 직접투자 정책은 한 나라의 국가 발전 전략에서 필수적인 구성 요소로 보아야 한다.

외국인 직접투자와 초국적기업을 통해 가장 많은 혜택을 입은 개발도상국은 이들의 투자를 국가 발전 전략과 일치되게 관리한 국가들이다. 외국인 직접투자와 초국적기업에 대한 일련의 정책들은 산업화와 다양한 경제 목표를 추진하는 데 유효한 것으로 판명되었다.

일본과 한국, 타이완은 외국인 직접투자에 대한 규제 정책을 바탕으로 산업 정책의 기반을 닦았다.[38] 이들 국가는 특정 분야에만 외국인 직접투자를 허용했고, (특별한 경우를 제외하고는) 핵심 분야에서 외국인이 최대 주주가 되는 것을 금지했다. 이들 세 국가의 정책 입안자들은 초국적기업의 자회사에게 (예를 들어 생산 과정에서 현지 투입 요소를 일정한 비율로 사용해야 한다는) '현지화' 조건을 의무적으로 부여했다. 이런 조건은 초기에는 낮은 수준으로 부과되었지만 시간이 지나면서 강화되었다. 또 정부는 초국적기업의 현지 파트너가 기술 도입의 대가로 지불해야 할 로열티에 상한선을 두었다.

일본과 한국, 타이완 정부는 몇 가지 목표를 염두에 두고 외국인 직접투자 정책을 설계했다. 이 정책은 비용보다 이익이 큰 분야에만 외국인 직접투자를 장려했고, 기술을 적당한 가격에 이전하도록 초국적기업을 유도하는 것이었다. 또 초국적기업의 여러 활동을 통해 국내 생산자가 기술 습득을 극대화하도록 정책을 펼쳤다. 그리고 초국적기업이 현지에서 거둔 수익을 본국으로 지나치게 많이 송금하지 못하도록 했으며, 현지 자회사의 수출 활동을 제한하고 초국적기업이 창출하는 수입과 수출을 극대화하도록 정책을 설계했다.

한국과 타이완에서 외국인 직접투자에 대한 정책은 일반적으로 규제

---

[38] 외국인 직접투자에 대한 제한은 동아시아 국가에만 나타난 현상이 아니다. 1930년대와 1993년에 핀란드는 기업의 외국인 보유 지분을 20%로 제한했다. 19세기에 미국은 연안 해운업, 석탄 및 목재와 같은 산업에서 외국인 직접투자를 통제하면서 외국 노동자를 고용하는 초국적기업에 불이익을 주었다. 역사적으로 외국인 직접투자를 제한한 사례는 Chang and Green(2003)을 참조하라.

위주였으나 몇몇 분야에서는 매우 개방적이었다. 예를 들어 정책 입안자들은 이들 국가가 외환 부족으로 어려움을 겪던 1950년대와 1960년대에 자유무역지역FTZ이나 수출촉진지역EPZ을 건설했다. 이 지역에서 의류나 장난감 생산, 전자 조립에 종사하는 초국적기업은 지분을 100% 소유하는 것을 허용했고, 생산의 100%를 수출한다는 조건으로 (예컨대 노동법과 같은) 다른 규제에서도 면제를 받았다. 정책 입안자에게 자유무역지역은 다소 받아들이기 싫은 측면이 있기는 해도 경제 개발 초기에 특정 목적에 이용할 수 있는 유용한 수단으로 여겨졌다. 초기에 외환 부족을 개선하기 위해 고안된 자유무역지역은 단계적으로 그 기능이 축소되었다.[39] 이런 전략은 오늘날 다른 많은 나라에서 사용하는, 자유무역지역으로 외국인 직접투자를 끌어들이는 것 자체가 목적인 방식과는 좀 다르다.

싱가포르와 코스타리카는 유치하고 싶은 외국 기업의 유형과 자국에 들어오고자 하는 기업의 진입 조건에 대한 분명하고도 주도면밀한 계획 속에서 공격적으로 초국적기업 유치를 시도했다. 이들 나라 정부는 소국인 자국의 상황을 감안하면 토착 민간 대기업을 육성하기란 어렵다는 사실을 인정했다. 그 때문에 이 두 나라는 초국적기업과 합작 기업을 건설하기로 결정했고, 이에 따라 수준 높고 양질의 외국인 직접투자를 장려했다. 그런 다음 이들 나라 정부는 국가 개발 계획에 부합하

---

39 1980년대 중반에 한국에서는 (자유무역지역의 초국적기업을 포함해) 초국적기업 자회사의 6%만이 본사가 100% 지분을 보유하는 것이 허용되었다. 이는 멕시코와 브라질의 경우와 뚜렷하게 대비된다. 이 두 나라에서는 초국적기업 자회사의 각각 50%와 60%가 완전한 외국 기업이었다(Evans 1987: 208).

는 외국인 투자자를 유치해 국가의 가능성을 극대화하기 위해 특정 유형의 인프라와 교육에 집중적인 투자를 시작했다. 코스타리카 정부는 인텔의 주요 반도체 생산 시설을 자국에 자리 잡도록 하는 데 확신을 주기 위해 그에 걸맞은 인프라와 교육에 투자했다.

싱가포르와 코스타리카 정부는 타이완, 특히 한국이 선택한 정책에 비해 외국인 직접투자에 대해 좀 더 개방적인 태도를 취했다. 그러나 이 네 나라는 모두 외국인 직접투자 정책을 계획적이고 공격적으로 펼쳤으며, 그것이 국민 경제 발전이라는 목적에 부합했다.

이와는 대조적으로 지난 10여 년 동안 상당수 개발도상국은 초국적기업에 급격하게 시장을 개방했지만 그들 경제에는 거의 득이 되지 않았다. 이는 초국적기업 유치가 국민 경제 발전을 위해서라는 분명한 전략 없이 이루어졌기 때문이다. 비전 없는 개방은 '잘못된' 외국인 직접투자로 이어진다. 이런 외국인 직접투자의 대부분은 부동산 개발이나 기존 기업의 인수에 몰리게 되는데, 이는 선진 기술의 이전 같은 긍정적 효과를 낳기가 힘들다. 기존 기업을 인수하는 방식의 외국인 직접투자는 신중한 산업 전략의 일환이라기보다는 국가 재정 수입을 위한 국영 기업 민영화와 관련되는 경우가 많다(8.1장 참조).

자유 방임적 외국인 직접투자 정책을 국가의 외국인 직접투자 전략과 결합시키는 과정에서 상당수 국가는 외국 기업에게 (면세 기간 tax holiday이라 하는 조세 감면 정책이나) 필요 이상의 보조를 허용하고, 초국적기업에 대한 소유권 제한을 폐지했다. 또 이윤 송금에 대한 제한을 축소하고 기술 현지화 조건을 철폐하거나 기술 이전에 대한 규제를 풀었으며, 불필요할 정도로 (노동과 환경 관련 세금 같은) 조세 감면을 승인했다. 이런 현상은 흔히 '바닥을 향한 경쟁race to bottom'이라 부르는데, 이 같은 경쟁은 개발도상국의 조세 기반, 생활수준, 사회적·환경적 상황에 수많은 부정적 영향을 미친다.

일관된 국가 산업 전략과 외국인 직접투자 전략의 부재는 장기적으로 볼 때 외국인 직접투자를 통해 확보한 투자 자원과 외화를 자국 경제 발전에 제대로 활용하기가 쉽지 않다는 것을 의미한다. (산업 국가의 압력으로 인한) 바닥을 향한 경쟁은 WTO를 통해 신자유주의적 다자간 투자 협정이 채택될 경우에 더 심화될 수도 있다.

외국인 직접투자를 규제한다는 것이 해당 국가가 외국인 투자자를 회피하는 것은 아니라는 근거도 있다.

'바닥을 향한 경쟁'은 개발도상국에게 단지 비용이 많이 드는 것뿐 아니라 외국인 직접투자를 끌어들이는 데 그다지 효율적인 전략도 아니다. 실제 사례를 보면 외국인이 투자할 때 가장 중요하게 고려하는 요소는 해당 국가의 규제 시스템이 아니다. 오히려 그 나라의 경제 성장, 국내 시장의 규모, 건전한 사회 기반 시설과 교육 수준, 잘 교육 받고 훈련된 노동력 등이 규제 시스템보다 훨씬 더 중요한 요소다. 초국적기업에 대한 자유주의 정책을 지지해 온 기구인 세계은행마저도, "직접투자를 많이 유치하기 위해서는 해당 국가의 일반적인 정치적·경제적 환경, 금융과 환율 정책이 규제 시스템이나 (직접투자를 유치하기 위한) 특정 인센티브보다 더 중요하다."고 지적한다(World Bank 1985: 130).

중국과 베트남은 외국인 직접투자를 상당히 공격적으로 규제하면서도 성공적으로 유치한 사례다. 외국인 투자자들은 이 두 나라가 대규모 국내 시장을 보유하고, 빠른 경제 성장을 보이며, 상대적으로 교육 수준이 높고 노동 윤리를 제대로 갖춘 노동력을 보유하고 있었기 때문에 아주 매력적인 투자처로 여겼다. 싱가포르와 코스타리카, 그리고 최근 인도의 경험은 외국인 직접투자를 유치하는 데 교육 수준이 높은 노동력이 얼마나 중요한지를 단적으로 보여 준다.

외국인 직접투자 정책은 투자 의사 결정에 영향을 미치는 여러 요소들에 대한 실증적 증거를 기반으로 설계되어야 한다. 초국적기업은 경제적으로 역동적인 국가를 창출한다기보다 오히려 이미 경제적 역동성을 갖춘 국가에만 진출한다고 보는 것이 여러 증거를 통해 너무나 분명하게 드러난다. 다시 말해서 상당수 자유주의자들이 제안하는 이런저런 방법이 아니라 경제 성장 그 자체가 외국인 직접투자를 이끄는 것이다(Milberg 1998).

초국적기업들이 모두 활동에 제약을 받는다고 해당 국가를 떠나는 것은 아니다.

개발도상국의 정책 입안자들은 자칫 모든 종류의 초국적기업이 (특히 중단기적으로) 동일한 수준의 자본 이탈 성향을 가지고 있는 것으로 착각하기 쉽다. 이 문제는 흔히 정책 입안자들이 초국적기업에 대한 규제가 이들을 해당 나라에서 떠나도록 만드는 것이라고 가정하기 때문에 중요하다. 하지만 이런 두려움은 지나친 경우가 대부분이다.

사실 규제가 많은 환경 탓에 더 이상 매력적인 투자처가 아니라는 이유로 쉽게 떠날 수 있는 이동성이 높은 산업은 그리 많지 않다.[40] 예를 들어 의류, 신발, 섬유, 장난감 산업 등은 다른 산업에 비해 상대적으로 옮기기 쉬운 산업이다. 이와 비교해 다른 산업은 투자에서 발을 빼기가 쉽지 않다. (화학이나 철강 같은) 상당수 산업에서는 생산을 위한 자본 설비에 대규모 초기 투자가 필요하다. 즉 이런 산업들은 다른 나라로 공장을 옮기는 경우 상당한 비용과 시간이 소요되기 때문에 이전 결정을 쉽게 내릴 수 없다. 물론 첨단 전자 산업이나 자동차 산업의 경우에는 상대적으로 생산 기계와 설비를 이동시키기 쉽기 때문에 물리적 차원에서는 공장 이전이 쉬울 수도 있다. 하지만 이런 산업은 생산에 필요한 계열사나 하청 기업 네트워크에 의존하는 경우가 많기 때문에 다른 곳에 자리 잡기 쉽지 않아 실제로 재배치를 하기가 매우 어렵다.

결론적으로 초국적기업에 의한 모든 투자가 똑같이 자본 이탈을 할 수 있는 것은 아니다. 정부가 국가 발전 전략의 일환으로 계획하는 외국인 직접투자 규제를 자본 이탈에 대한 잘못된 두려움 때문에 망설여서는 안 된다.

정책 입안자는 외국인 직접투자 그 자체가 때로 상당한 규모의 자본 유출을 야기한다는 사실을 인식해야 한다.

1990년대 개발도상국에서 발생한 수많은 금융 위기 이후 다른 형태의 투자에 비해 외국인 직접투자의 안정성이 분명해졌다. 케임브리지 대학교 경제학자인 가브리엘 팔마 Gabriel Palma의 표현처럼 상당수 학자

---

40 증거를 보면 일반적으로 생각하는 것과 달리 규제는 외국인 직접투자 결정에 그리 영향을 미치지 못했다.

들은 외국인 직접투자를 '자본 유입의 마더 테레사'로 간주하게 되었다. 그러나 우리는 외국인 직접투자가 상당한 규모의 자본 유출을 야기할 수도 있다는 사실에 주목해야 한다.

이런 유출은 해외 투자로 얻은 이익이 해당 국가 바깥으로 빠져나갈 때 발생한다. 초국적기업들은 상당수 국가들이 이윤을 본국으로 송금하는 데 대한 규제를 풀었기 때문에 점점 더 많은 돈을 피투자국 외부로 내보낼 수 있게 되었다. 또 이전 가격 조작은 여전히 초국적기업의 중요한 전략 중 하나다. 초국적기업은 이전 가격 조작을 통해 피투자국에서 실제로 얻은 이윤을 초과해서 자본을 본국으로 송금할 수 있다.

게다가 자본 시장이 개방되고 국제적으로 통합되면서 외국인 (직접) 투자자들은 자신의 자산을 담보로 피투자국 은행에서 대출을 받은 뒤 피투자국의 엄청난 국내 자금을 해외로 유출시킬 수 있게 되었다. 그 후 이런 자금은 외화로 바꿔 해외에서 운용할 수도 있다. 따라서 (포트폴리오 투자와 같은) 다른 형태의 자본 이동과 마찬가지로 규제받지 않는 외국인 직접투자는 개발도상국에서 상당한 규모의 자원을 유출시키는 잠재적 원인이 될 수 있다. 외국인 직접투자 조건에 대한 신중한 관리는 자원 유출이 일어날 가능성을 예방하거나 약화시킬 수 있다.

정책 대안

역사적 경험과 실증 연구는 외국인 직접투자와 초국적기업에 관한 두 가지 핵심 교훈을 드러낸다.

첫째, 외국인 직접투자와 초국적기업을 관리하는 유일한 방정식은 없다. 개발도상국 정부는 경제, 그 중에서도 특히 고용 창출, 생활수준 향상, 지식과 기술의 이전 촉진으로 산업과 경제 개발을 이루는 데 부합하는 방향으로 외국인 직접투자의 잠재력을 극대화해야 한다.

앞에서 살펴봤듯이 이런 목표를 달성하기 위해 수많은 서로 다른 경로가 있다는 사실이 역사적, 실증적 기록을 통해 드러난다. 외국인 직접투자와 초국적기업을 관리하는 능력은 (국가의 크기에 의존하기도 하지만) 투자 유치국의 상대적 협상력, 산업의 기술적 특성, 정부의 전반적인 국가 개발 비전 속에서 특정 기업이나 산업의 중요도 등과 같은 몇 가지 요소에 달려 있다.

동아시아 일부 국가는 외국인 직접투자와 다른 형태의 초국적기업과의 관계를 통해 개발 이익을 극대화하기 위한 전략을 사용한 훌륭한 사례다. 중국과 인도, 베트남의 최근 경험은 외국인 직접투자와 초국적기업의 활동을 규제한다고 해서 해외 투자자가 반드시 이탈하는 것은 아니라는 사실을 증명한다. 이런 경험들은 외국인 직접투자에 대한 관리가 오늘날에도 여전히 가능하다는 사실을 입증한다. 실제 증거를 살펴봐도 투자 결정을 내릴 때 초국적기업은 규제 제도가 얼마나 개방적이냐보다는 대규모 국내 시장, 교육 받은 노동력, 증가하는 소득과 경제 성장, 건전한 인프라를 중시한다.

둘째, 외국인 직접투자 정책이 국가 개발 또는 산업 정책 계획과 긴밀하게 연결되었을 때 개발의 목표를 달성할 가능성이 가장 높다. 한국과 타이 같은 국가는 대부분의 산업에서 엄격한 외국인 직접투자 정책을 사용했던 나라로 알려져 있지만, 다른 분야에서는 외국인 직접투자에 대해 매우 개방적인 태도를 취하기도 한다. 이들은 산업들 사이에 차별화된 명확한 외국인 직접투자 전략이 있었기 때문에 규제 전략과 개방 전략을 유연하게 구사할 수 있었던 것이다. 싱가포르와 코스타리카의 최근 경험은 정책 입안자가 자국의 산업과 개발 전략을 중심으로 특정 유형의 외국인 직접투자 유치를 (또는 특정 기업을) 목표로 삼을 수 있다는 사실을 보여 준다(7.2장 참조).

외국인 직접투자 전략은 그 나라가 원하는 유형의 외국인 직접투자, 해당 나라의 부존자원과 산업 정책의 목표 등을 면밀하게 따져서 설계되어야 한다.

일부 국가, 특히 최빈국의 경우에는 (어떤 기준으로 측정하든) 고용 증가와 외화 획득이 절실하므로 일단 외국 자본의 유입만을 목표로 하는 협소한 외국인 직접투자 전략을 수립할 수도 있다. 섬유 산업, 신발 생산, 장난감 제조 등은 이런 맥락에서 한계가 뚜렷한 산업이지만, 경우에 따라서 최빈국의 경제 발전에는 교두보 역할을 해 낼 수도 있다. 이런 경우 해당 국가는 이 같은 산업들이 '현금 창출원' 역할을 하기 때문에 외국인 직접투자에 대해 상대적으로 개방적인 태도를 취하는 것은 이해할 수 있고 심지어 중요하기도 하다. 상당수 국가는 이런 산업에 외국인 직접투자를 유치하기 위해 수출촉진지역EPZ을 설립하기도 한다. 그러나 현금을 창출하는 산업은 장기적으로 '사양 산업'으로 들어설 수밖에 없다는 사실에 유의해야 한다. 따라서 정책 입안자는 이런 산업에서 새로운 산업 역량을 창출하기 위해 수출로 벌어들인 소득을 재투자하는 전략을 세워야 한다.

일부 국가와 산업에서 정부는 자본 설비와 기술에 값비싼 투자를 하기 위해 외국 투자자를 유치할 필요를 느낄 수 있다. 어떤 경우에는 자국의 자원을 활용하려면 외국인 투자를 반드시 유치해야 하는 경우도 있다. 국내의 기술 수준이 (광석 자원과 같은) 천연자원을 활용할 수 있는 정도까지 발전하지 못했을 수도 있기 때문에 이런 맥락에서 외국인 투자자를 유치하기 위해 이 부문에 대한 외국인 직접투자 전략을 채택할 필요가 있을지도 모른다. 그렇다 하더라도 자본 유치국은 자국이 보유한 천연자원을 사용하는 외국인 투자자에게서 가능한 '사용료'를 최대한 얻어 내야 한다. 이런 국가에서는 신중하게 설계된 합작 운영 협정이 훌륭하게 작동하고 있다.

어떤 경우에는 정부가 특정 산업 부문에서 장기적으로 국제 경쟁력을 높이기 위한 산업 정책 계획의 일환으로 특정 산업을 발전시키려 할 수 있다. 이런 계획의 초기 단계에서는 새로운 기술과 자본이 도입되어야 하는데, 그 역할을 하도록 초국적기업을 끌어들일 수도 있다. 정부는 이와 같은 상황에서 기술 이전을 위해 초국적기업과 협상을 벌이고, 초국적기업이 수출과 연구개발에 제한을 두지 않도록 하는 게 중요하다. 1990년대 중반, 중국의 자동차 산업과 한국의 고속철도 프로젝트는 이 같은 협상을 훌륭하게 수행했다.

마지막으로 한 국가가 특정한 산업에서 국제 경쟁력을 거의 갖춘 경우에는 초국적기업을 배제하는 것이 필요할 수도 있다. 이는 국내 시장이 작을 때 특히 중요하다. 이런 제약은 국내 기업이 자신의 경쟁적 우위를 개발할 기회가 가장 클 때 필요하다.

핵심은 모든 형태의 초국적기업과 외국인투자에, 그리고 모든 국가에 적합한 단일한 전략은 존재하지 않는다는 사실이다. 모든 산업은 산업 개발이라는 더 큰 계획 속에서 저마다 다른 역할로 이바지한다. 외국인 직접투자와 초국적기업에 대한 정책은 각 산업과 각 나라의 특별한 상황에 맞춰야 한다. 외국인 직접투자와 초국적기업 정책은 내부와 외부 조건의 변화에 유연하게 대처할 수 있는 역동성이 있어야 한다.

개발도상국은 초국적기업에 대하여 일정한 협상력이 있다. 그리고 이런 협상력을 가능한 최대한도로 이용해야 한다.

물론 전략적인 방식으로 초국적기업을 활용해야 한다는 것과 실제로 그럴 수 있다는 것은 별개의 문제다. 매우 빈곤하거나 소규모이거나 부존자원이 부족한 개발도상국은 '초기 조건'이 좋은 다른 개발도상국보다 협상력이 떨어진다. 여기서 부존자원이 부족한 국가는 때로 (의류 생산처럼) 자본 이동성이 매우 높은 산업에서 인기를 누리는 피투자국이기 때문에 특히 문제가 된다.

반면 수많은 개발도상국들은 적어도 일부 산업에서는 저마다의 처지에서 일정한 협상력을 보유한다. 어떤 국가의 경우는 크고 빠르게 성장하는 국내 시장에 대한 전망을 보여 준다. 중국, 인도, 브라질과 빠르게 성장하는 동아시아 국가가 그런 사례다. 크고 빠르게 성장하는 시장은 수송 비용이 상대적으로 높고, 가급적 시장 주변에서 생산이 이루어져야 하는 산업을 유치하는 데 매우 유리한 조건이다.

일부 국가가 보유한 협상력의 또 다른 요소는 잘 교육 받고 훈련된, (그리고 상대적으로 임금 수준이 낮은) 노동력의 존재다. 주목할 만한 사실은 이전에 사회주의 국가였던 동유럽 국가와 현재 사회주의 국가인 베트남과 중국은 역설적이기는 하지만 공산주의 유산 덕분에 임금은 낮지만 훌륭한 노동력을 보유하고 있다. 지리적 위치 또한 일부 개발도상국이 보유한 또 다른 장점이다.

풍부한 소비자를 보유하고 대규모 시장에 쉽게 접근할 수 있는 지역적 (그리고 법적) 이점을 갖고 있는 국가들 또한 외국 투자자에게 협상력을 발휘할 수 있다. 멕시코는 미국과 가깝고 나프타 회원국이라는 장점을 이유로 협상력이 높아졌다. 그리고 (체코와 슬로바키아, 폴란드, 헝가리 등) 중부 유럽 국가들은 서유럽과 지리적으로 가깝고 나중에 EU 회원국이 될 가능성이 높기 때문에 협상력이 높아졌다. 희귀 자원이나 전략적 자원을 갖고 있거나 또는 다른 가치가 있는 광물이나 천연자원을 갖고 있는 국가도 협상력이 높다.

말할 필요도 없지만 개발도상국은 경제적 기반이 건실할 때 가장 높은 협상력을 발휘할 수 있다. 따라서 이 책 2부에서 논의했던 많은 영역에서 적절한 경제 정책을 추구하는 것이 중요하다. 또 내부적으로 일관되고 정치적으로나 행정적으로 외국 투자자와 다른 대상을 상대로 협상력을 발휘할 능력이 있는 정부를 갖는 것도 아주 중요하다.

10

정책 대안 4
국내 금융 규제

신자유주의적 관점

개발도상국에서 많이 활용되는 국가의 금융 시스템 규제 또는 '금융 억압'은 비생산적이다.

개발도상국의 전형적인 금융 시스템은 경제 발전에 역행한다. 이 금융 시스템은 강도 높은 국가 개입과 함께 (주식이나 채권 시장 같은) 자본 시장이 아니라 은행이 주도적 역할을 하는 게 특징이다. 이런 상황을 가리켜 폭넓게 '금융 억압financial repression'이라고 한다.

금융 부분에 대한 강도 높은 국가 개입은 여러 가지 역효과를 가져온다. 예를 들어 국가는 (특히 높은 인플레이션 상황에서) 저금리를 유지하도록 유도하는데, 이 경우 국내 저축자들은 해외 금융 기관에 자금을 맡기거나, 국내 금융 기관에 저축하기보다는 대개 지금 소비하는 것을 더 선호하게 된다. 이로 인한 낮은 저축률은 국내 은행들이 충분한 대출을 할 수 없게 만든다. 또 금융에 대한 국가의 개입은 국내 금융 시장의 분열로 이어지기도 하는데, 이 경우 정치적으로 연줄이 있는 소수 집단만이 유리한 조건으로 자금을 빌릴 수 있게 된다. 이 과정에서 대출 기회를 박탈당한 사람들은 엄청난 이자를 요구하는 규제 받지 않는 '비공식'(또는 장외) 사채업자에게 의존하거나, 그렇지 않으면 자본이 부족한 상태에서 간신히 헤쳐 나갈 수밖에 없는 상황이다.

금융 자유화는 성장과 안정에 필수적이다.

위와 같은 문제를 고려할 때 개발도상국은 금융 시스템을 자유화해야 한다. 경쟁적 자본 시장에 기초한 자유화된 금융 시스템은 높은 저축 수준, 투자, 외국 자본 유입과 함께 경제 성장을 촉진하는 핵심이다. 국내 금융 자유화는 투자 수준을 높일 뿐 아니라 투자 프로젝트들에 대해 엄격한 수익률 기준을 적용한 객관적 심사 과정을 거쳐 자금을 공정하게 배분함으로써 금융 시장의 효율성을 높인다. 국내 금융 자유화는 금융 규제 상황 아래서 성행했던 비경제적이고 부패한 관행을 제거해 비효율을 없애고, 대출자와 기업 경영자가 시장 원칙을 준수하게 만든다. 결과적으로 금융 부문의 건전한 관행이 금융 안정에 대한 전망을 밝게 하는 것이다.

또 자유화는 새로운 금융 상품과 이런 상품이 거래될 시장이 출현하도록 촉진한다. 이런 프로세스를 일러 금융 혁신이라 부른다. 투자와 금융 안정은 위험을 다각화하고 분산하는 이런 새로운 기회를 통해 이루어진다. 아울러 자유화는 금융의 효용을 높여 비공식적인 (그리고 때때로 착취적이기도 한) 금융 중개업의 필요를 없애고, 차입자는 특정 프로젝트에 가장 걸맞은 형식으로 투자 자금을 조달할 수 있게 된다.

자본 시장을 통해 제공된 자금은 (예컨대 은행 대출 같은) 다른 형태의 자금보다 여러 가지 면에서 우월한 것으로 간주된다. 자본 시장은 리스크를 분산시키고, 효율성과 성과 기준에 따라 객관적으로 자금을 배분하며, (은행 대출 같은) 외부 금융보다 저렴할 뿐 아니라 매우 유동적이기도 하기 때문이다. 자본 시장을 통해 제공된 자금은 매우 유동적이라는 사실이 특히 중요하다. 유동성은 기업의 성과가 기대에 미치지 못할 경우, 투자자는 언제든지 이탈(또는 더 높은 자본 비용을 요구)할 수 있는 위협 요인으로 작용하기 때문에 건전한 기업 경영을 촉진할 수 있다.(금융의 유동성이 어떤 방식으로 경영자를 규율하는지에 대한 더 다양한 논의는 8.1장과 9.3장 참조하라.) 또 개발도상국들은 자본 시장이 국제적으로 통합된 덕분에 국제 금융 시스템에 더욱 빨리 편입하게 되었다.

금융 자유화를 단계적으로 추진하는 것이 유용할 수는 있다. 그러나 궁극적으로는 완전한 금융 자유화를 목표로 삼아야 한다는 것을 잊지 말아야 한다.

일부 비평가들은 국제 자본 이동 자유화와 마찬가지로 국내 금융 자유화도 단계적으로 추진해야 한다고 주장한다. 이런 견해에 따르면 경제의 여러 부문이 원활하게 작동하고 자유화된 이후에야 금융 자유화도 가능하다. 즉 무역 등 금융 이외 영역의 자유화가 금융 자유화보다 앞서야 한다는 것이다. 하지만 다른 많은 논평가들은 이런 전략이 가져올 문제점들 때문에 단계적 자유화를 비판한다(9.1장 참조). 결국 단계적 자유화에 대한 사람들의 견해가 어떠하든 가장 중요한 것은 완전한 금융 자유화가 궁극적인 목표가 되어야 한다는 점이고, 그에 대해서는 논쟁의 여지가 없다.

대다수 개발도상국들은 1970년대 중반 이후 국내 금융 자유화를 성공적으로 수행하고 있다.

칠레, 아르헨티나, 우루과이는 1970년대에 처음으로 국내 금융 시스템을 자유화한 국가였다. 이런 정책은 1980년대 초반과 중반에 문제에 봉착했다. 그러나 이는 금융 자유화 때문이 아니라 이들 나라 정부가 불완전하고 일관성 없는 경제 개혁을 실시하면서 금융 자유화를 추진했기 때문에 상황이 악화된 것이다. 개발도상국의 정책 입안자들은 이런 경험에서 교훈을 얻었고, 이후 금융 자유화는 큰 문제 없이 추진될 수 있었다. 1990년대 이후 개발도상국들은 가속화된 금융 자유화로 적지 않게 이득을 보았다.

신자유주의적 관점 기각

개발도상국의 국내 금융 자유화는 그 성과는 미미하고 분명치 않은 반면, 문제는 너무나 많고 명백해서 실패로 귀결되었다.

개발도상국의 금융 자유화는 몇 가지 서로 상승 작용을 하는 움직임들에 의해 가속화되었다. 우선 개발도상국으로 유입되는 국제 민간 자본의 중요성이 점차 커졌다는 점이다(9.1장 참조). 또 전 세계적으로 신자유주의 경제 정책으로 전환이 이루어졌으며, 금융 부문의 이해집단과 IMF가 정부의 의사 결정에 큰 영향력을 미치게 되었다.

그러나 금융 자유화의 성과는 그리 만족스럽지 않았다. 특히 민영화 프로그램이 진행되는 상황에서 개발도상국의 일부 대기업만이 금융 자유화로 창출되거나 확대된 자본 시장을 통해 상당한 자금을 조달할 수 있었다. 이런 대기업에 공급된 자금은 종종 은행 대출을 통해 마련하는 것보다 저렴했다. 또 금융 자유화는 개발도상국이 세계 금융 시장으로 통합되는 과정을 촉진시켰다.

그러나 이처럼 별로 대단하지 않는 성과마저도 문제를 안고 있었다. 이를테면 개발도상국에서 대기업의 성장은 비즈니스 집중도를 높이는 것이다. 자본 시장은 단지 대기업만이 낮은 비용으로 외부 자금을 조달할 수 있던 기존의 이중적 상황을 완화시키기보다는 강화시킨다. 일부 대기업에게만 가능한 낮은 자본 비용은 때로 과도한 투기를 부추기기도 한다. 그리고 국제 금융 시장의 통합은 시스템 리스크를 높이고, 금융 불안과 취약성을 증대시키며, 개발도상국에서 금융 위기 발생 가능성을 높이는 등 부정적 측면을 낳고 있다(9장, 특히 9.3장 참조).

상당수 경험적 사례에 따르면 국내 금융 자유화는 옹호자들이 주장해 오던 대부분의 혜택을 누리는 데는 분명히 실패했다(예컨대 Arestis and Demetriades 1997; Williamson and Mahar 1998). 국내 저축 상황은 금융 자유화 이후 개선될 조짐을 보이지 않고 있고, 경제 개발은 물론 (실업과 같은) 사회적 불행을 개선하는 데 중요한 프로젝트나 부문에 대한 장기 투자 역시 촉진시키지 못했다. 금융 자유화는 또 장기적인 경제 발전과 상관없는 투기적 활동이나 단기 금융에 돈을 몰아주는 환경과 기회, 동기를 만들어 냈다. 이런 투기적 거품 상황은 투자와 경제 활동을 일시적으로는 증가시킬 수는 있으나, 이같이 (그레이블이 '투기 주도 개발'이라 명명한 바 있는) 지속 가능하지 않고 금융적으로 취약한 환경은 개발도상국의 장기적인 경제 발전에 조금도 이롭지 않다(Grabel 1995).

금융 자유화는 보통 '투기 주도 개발'로 이어지는데, 이는 거의 어김없이 통화와 은행 시스템의 위기로 귀결된다. 또 투기 주도 개발은 소득 불평등을 심화시키고, 정치와 경제 권력의 불평등을 야기하며, 금융 취약성을 증대시킨다.

투기 주도 개발은 몇 가지 이유에서 매우 문제가 많다. 신자유주의적 관점과 달리 자유화에 뒤이어 나타나는 금융 혁신과 유동성 증가는 금융 시스템과 경제에 더 큰 위험과 불안을 낳는다. (특히 자본 시장이 국제적으로 통합되었을 때는) 자본 시장의 확대가 금융 시스템이 더욱더 허약해지도록 부채질하게 되는 것이다. 이런 위험은 종종 국가의 금융 위기로 끝나게 되고, 이 위기는 경제적으로 취약하고 정치적으로 힘이 없는 사회 계층에 불공평한 부담을 안긴다.

실제로 개발도상국에서 금융 자유화가 통화와 은행 위기로 이어지기도 한다는 사실은 많은 실증 연구를 통해 확인할 수 있다(Grabel 2003b와 이 논문의 참고문헌 참조). 칠레, 아르헨티나, 우루과이는 1970년대의 금융 자유화 실험 이후 금융 시스템이 붕괴하는 경험을 했다. 그 이후 우리는 러시아, 나이지리아, 자메이카, 한국, 타이, 인도네시아, 멕시코 등 수많은 개발도상국에서 자유화에 따른 금융 위기를 목격했다.

또 투기 주도 개발은 소득 불평등을 확대해 기존의 사회 병폐를 악화시키는 경향이 있는데, 이는 소수 사람만이 자유화된 금융 환경에서 투기 이득을 챙길 기회가 생기기 때문이다. 투기 주도 개발은 국내 금융 시장보다 해외 금융 시장과 긴밀한 관계를 유지하는 소수의 금융가 계층을 새롭게 만들어 낸다. 국내외 금융 관련 집단이 정치, 경제 권력을 장악하게 되는 것은 바로 이런 맥락을 통해서다.

투기 주도 경제에서는 금융 관련 집단이 '국가 이익'의 성스러운 중재자로 자처한다. 이는 (낮은 인플레이션, 높은 이자율, 낮은 공공 지출의 촉진과 같은) 금융 관련 집단의 경제적 이익을 높이는 정책이 더 큰 공공의 이익에 이바지한다는 미명 아래 정당화된다는 사실을 의미한다(11.2장과 11.3장 참조).

시장에 기초한 자본 배분은 사회적으로 필요한 투자를 촉진시키는 최선의 수단이 아니다. 또 비효율, 낭비와 부패 등에 대한 만병통치약도 아니다.

금융 자유화를 옹호하는 사람들은 국가의 자본 배분보다 시장에 의한 자본 배분이 이롭다는 사실을 강조한다. 하지만 시장의 자본 배분이 경제 발전에 이롭다는 주장에는 구체적 증거나 역사적 사례가 없다. 이는 놀라운 일이 아닌 게 시장 경제에서 자본 배분은 투자의 성공 여부를 판단하는 유일한 잣대인 (이윤 같은) 사적 금융 수익률에 따라 결정되기 때문이다. 그런데 투자에 대한 사적 금융 수익률만으로는 개발이나 사회적 이윤에 대해 올바르게 평가할 수 없다. 예를 들어 깨끗한 식수 공급을 위해 투자된 개발 이익은 사적 수익을 초과할 가능성이 크다. 이처럼 사적 수익과 사회적 수익이 다르다는 것은 민간 차원에서 수익이 보장되지 않는 투자를 촉진하려면, 시장을 통한 자본 배분 이외의 대안이 필수적이라는 의미다.

금융 통제 아래서 부패하거나 비효율적인 관행을 보이는 금융 시스템은 자유화 이후에도 이런 특성을 유지한다. 자유화는 형식을 변화시키기는 하나 부패나 비효율의 정도를 바꾸지는 못한다. 금융 자유화 이후 러시아의 상황은 이 점을 분명하게 드러내는데, 문제는 이 나라가 예외적인 사례가 아니라는 데 있다. 2002~2003년에 발생한 미국 기업 스캔들에서 보듯이 부패와 비효율은 매우 자유화된 금융 시스템을 갖춘 국가에서 오히려 대규모로 일어날 수 있다.

경제 발전에 성공한 대다수 국가는 자유화된 금융 시스템을 채택하지 않았다.

세계에서 가장 성공적으로 경제 발전을 추진한 나라들은 자국의 경제 발전 목표에 기여하는 방향으로 금융 부문을 효율적으로 관리했거나, 또는 (주로 국가가 주도하는) 경제 발전 과정에서 금융과 산업 부문이 조화롭게 파트너십을 형성했다는 특징이 있다.

1962년 경제 사학자인 알렉산더 거셴크론Alexander Gerschenkron의 기념비적인 경제 개발 연구에 따르면, 국가 기관과 금융-산업 부문의 연계는 후발 산업 국가의 성공에 결정적인 역할을 하였다. 그는 또한 국가 기관과 금융 및 산업 부문의 연계는 산업화가 늦은 국가일수록 그 중요성이 커진다는 사실도 간과했다. 중부 유럽 국가들과 일본, 러시아, 미국의 개발 경험을 고찰한 거셴크론의 연구에 따르면 성공적인 경제 및 금융 발전을 위한 단일한 모델은 없다. 이 같은 결론은 국가마다 제도, 정치, 문화, 경제적 역량이 차이 나기 때문에 사실 그리 놀라운 것도 아니다. 그러나 거셴크론이 발견한 아주 중요한 역사적 사실은 이른바 자유화된 금융 시스템과 정상적arm's length 금융 제도는 경제 발전에 성공한 산업 국가 중 극히 일부만의 특수한 경험이었을 뿐이라는 것이다. 이 같은 상황은 대다수 개발도상국들이 높은 성장을 이루던 때에도 마찬가지로 적용된다.

산업화 시기 미국과 영국의 금융 시스템이 다른 경쟁국보다 자유로운 편이었다는 사실은 주목할 가치가 있다. 그러나 미국이 경제 발전을 하던 초기는 극적인 투기 거품, 금융 시스템에 대한 낮은 신뢰도, 만성적이고 심각한 금융 위기 등으로 얼룩진 시기였다. 미국이 다양한 규제 기관과 중앙은행, 잘 정비된 예금 보험 제도, 건전한 은행 시스템, 공시법의 강화, 금융 주체들의 수준 높은 기술적 역량 등 건전한 금융 인프라를 만들어 만성적 금융 불안을 극복한 것은 20세기 중반 이후의 일로, 20세기 초반까지는 미국에 내부 거래와 다양한 종류의 금융 부패 관행이 만연했다(Chang 2002: 3장).

영국의 금융 발전도 미국보다 혼란이 덜하기는 했지만 일반적으로 생각하듯이 시장 중심이 아니었다. 영란은행Bank of England의 통화 정책은 직접 정부의 지시를 받았고, 이 나라의 강력한 금융 집단의 상당한 영향력 아래 있었다. 영란은행은 자국의 금융 위기를 완화하기 위해서 다른 강대국이나 (특히 프랑스 같은) 부유한 국가들의 중앙은행과 긴밀하게 협조했다. 그리고 영국의 금융과 경제 시스템은 식민지 국가들로부터 직간접적인 자원 수탈을 통해 상당한 혜택을 봤다. 대규모로 산업화된 첫 번째 국가로서 영국의 위상은 다른 국가들이 도전을 시작하고 결국 성공적으로 경제적 패권을 장악하기 이전까지 국제 경제 속에서 별다른 도전을 받지 않았음을 의미했다.

미국과 영국의 금융 시스템은 1980년대 중반 이후 매우 높은 수준으로 자유화되었다. 이 두 나라의 시스템을 연구한 많은 논문에 따르면 자유화로 혜택을 입은 부문은 금융 산업밖에 없다.

여러 연구에 따르면 영국과 미국의 경우 금융 환경이 자유화되면서 기업 경영자가 단기 성과와 주식 시장의 평가 가치에 지나치게 연연하게 되었다(Grabel 1997과 이 논문의 참고문헌 참조). 이런 환경에서 기업은 연구개발같이 결실을 맺기 위해 긴 시간이 필요한 투자를 시행했다가는 자본 시장의 (주가 하락 등과 같은) 징계를 감수해야 한다. 그러나 노동자에 대한 해고, 저임금 국가로 공장 이전 등 비용을 줄이는 기업(경영자)은 (주가 상승 등의) 보상을 받는다.

미국과 영국의 주식 시장과 연관된 인수 메커니즘 역시 이들 나라의 경제에 도움이 되지 않았다(8.1장 참조). 이들 나라의 인수 합병은 경영자들에 대한 위협인 동시에 실제로 일어나는 사건이었는데, 이런 상황은 경영자들에게 '단기 성과주의'를 강요했고, 산업의 집중화와 독점화를 낳았으며, 이에 따라 상당수 산업 부문에서 실업 사태를 야기했다.

또 미국 사례를 보면 자유화된 금융 환경에서 번성하는 대형 은행은 중소기업의 성장에 도움이 되지 않는다(Berger et al. 2001). 미국의 대형 은행 관련 연구들을 보면 대형 은행은 소형 은행보다 오히려 더 중소기업 대출을 꺼리는 경향이 있다. 이런 연구 결과는 개발도상국 정책 입안자들에게 은행의 국경 간 합병 또는 국내 합병에 대한 규제를 푸는 데 신중해야 하는 근거가 되는데, 합병을 통한 은행 대형화는 이미 자금난에 시달리고 있는 중소기업의 상황을 더욱 악화시킬 수 있기 때문이다.

요약하자면 금융 자유화 및 인수 메커니즘과 관련된 잡다한 주장들은 개발도상국 처지에서는 아무런 가치도 없다.

정책 대안

국내 금융 규제는 경제 발전을 위한 재원 조달이 목표다. 금융 시스템의 성과를 평가하는 주요 기준은 기능적 효율성이다.

개발도상국에서 어떤 금융 규제를 실시할 것인지는 근본적으로 한 가지 기준에 따라 결정해야 한다. 그것은 특정 형태의 금융 규제가 지속 가능하고 안정적이며 경제 발전에 공평하게 기여할 것인지의 여부다. 개발도상국 금융 부문의 가장 중요한 기능은 바람직한 형태로 경제가 발전하도록 핵심 투자 프로젝트에 적절한 가격으로 충분한 자금을 공급하는 것이다. 금융 개혁은 이 같은 목적을 달성하느냐에 따라 평가해야 한다. 금융 개혁의 일차적 목표는 해당 국가의 경제 발전에 기여할 수 있는 형태로 금융 부문을 바꾸는 것으로, (유동성, 국제적 통합 같은)

금융 시스템의 다른 기능을 개선하는 것은 부차적 목표에 불과하다.

금융 시스템이 적절한 형태로 경제 발전에 기여할 수 있는 가장 핵심적인 방법은 바로 장기 자금을 제공하는 것이다. 이런 장기 자금은 (사회기반 시설과 유치 산업 촉진을 위한 투자 같은) 경제 발전에 핵심적인 대부분의 투자 프로젝트에 필요하다. 경제학자인 제임스 토빈James Tobin은 미국 금융 시스템을 연구한 자신의 논문(Tobin 1984)에서 장기 투자 자금을 제공할 수 있는 금융 시스템의 역량을 '기능적 효율성functional efficiency'이라고 불렀다. 기능적 효율성은 (은행 대출의 비용은 해당 대출이 활용되는 투자의 리스크를 반영한다는) 가격 결정 메커니즘에 중점을 두는 기존의 효율성 개념과 대비된다. 특정 금융 개혁의 타당성 여부는 이 같은 기능적 효율성을 기준으로 평가하는 것이 적절하다.

경제 발전 목표에 기여하는 금융 시스템을 창출하기 위한 전략

앞에서 설명한 금융 개혁의 목표와 평가 기준을 달성하기 위한 방법은 무척 다양하다. 두말할 필요도 없이 나라마다 제각기 특수한 금융 시스템, 제도적 역량, 역사적·정치적·경제적 조건을 가지고 있기 때문이다. 하지만 상당수 정부들이 자국의 자금 흐름에 영향을 미치고 유도하고 조절하기 위해 활용해 왔던 널리 알려진 정책 방안이 몇 가지 있다.

우선 정부는 은행 대출 가격(이자)과 방향(국민 경제 발전에 핵심적인 부문)에 영향을 미칠 수 있는데, 이는 일본, 유럽 대륙의 대다수 국가, 동남아시아 국가, 브라질 등에서 산업 발전에 핵심적 기능을 수행했던 정책 방안이다. 정부는 또한 민간 은행, 준민간 은행, 금융 공기업에 대해 부문별로 대출 지침을 세워 배분에 영향을 줄 수도 있다. 이와 다른 방법으로 정부는 은행 대출에 영향을 미치기 위해 조세 시스템을 활용할 수도 있다. 조세 인센티브는 전략적 기업과 산업에 은행이 자금을 제공하도록 장려할 수 있다. 이처럼 정부는 대출 방향 지도나 조세 공제를 통해 은행 대출이 일련의 사회적, 경제적 목표를 지원하도록 만들 수 있다.

전문 대출 기관 역시 특정 임무에 이바지하도록 설립될 수 있다. 특정한 임무에는 여성이나 소수 민족의 기업을 장려하고, 중소기업의 발전을 지원하며, 또 (환경 친화적 기술의 촉진과 같은) 신기술 개발 노력이 포함된다.

특정한 부문/기업에 안정적이고 장기적인 자금을 제공하기 위한 또 다른 수단은 장기 자금을 전문적으로 제공하는 개발 은행의 설립이다. 브라질, 한국, 일본, 프랑스에서처럼 개발 은행은 공공 자금으로 설립되어 공공 기관으로 운영될 수도 있으며, 또 독일의 개발 은행들처럼 민간에서 자금을 조달할 수도 있다. 아울러 개발 은행을 공공과 민간 합작으로 설립해 운영할 수도 있고, 또 국제 시장이나 민간으로부터 자금을 조달하는 방안도 생각해 볼 수 있다. 개발 은행은 일부 국가의 경험에서 볼 수 있듯이 후발 자본주의의 발전에 핵심적인 산업 정책 및 공공 투자 프로그램에 필요 불가결한 제도적 장치다(7.2장과 11.3장 참조).

후발 자본주의 국가들의 경험에 비춰 보면 개발 은행과 다른 전문 은행들을 효율적으로 경영할 수 있을 뿐 아니라 규제할 수도 있다. 이런 기관을 효율적으로 운영하는 것은 자유화된 환경에서 민간 은행을 효율적으로 운영하는 것에 비해 더 쉽지도 않지만 그렇다고 더 어려운 일도 아니다. 더욱이 싱과 베스(Singh and Weisse 1998)에 따르면 자유화된 금융 시스템을 창출하기 위해서는 그 자체에 이미 상당한 자원이 소요되므로 이 자원을 국민 경제 발전에 기여하는 적절하고 건전한 금융 시스템을 구축하는 데 사용하는 것이 바람직하다.

국내 금융 시스템이 경제 발전 목표에 기여하도록 만드는 또 다른 수단은 금융 기관에 대한 변동 자산 담보 지급 준비금 variable asset-based reserve requirement 이다. 팔리(Palley 2000)는 자산 담보 지급 준비금 제도를 주창한 바 있는데, 우리는 개발 잠재력을 높이기 위해 이 제안이 괜찮은 방법이라고 생각한다. 변동 자산 담보 지급 준비금은 세 가지 주요한 요소가 있다. 첫째, 모든 금융 기업은 주식, 채권, 모기지, 소비자 또는 중소기업 대출 등과 같은 포트폴리오에 포함된 다양한 자산별로 준비금을 보유해야 한다. 둘째, 금융 규제 당국은 자산별로 지급 준비금 비율을 정하고 관리해야 한다. 이 비율은 정부가 개발 목표를 염두에 두고 자산이나 시장 조건에 따른 위험과 같은 다양한 요소를 평가해 특정 유형의 투자를 촉진하기 위해서 정해진다. 셋째, 필요한 준비금은 이자가 없는 중앙은행 계정에 예치된다.

변동 자산 담보 지급 준비금 제도하에서 규제 당국은 지급 준비율을 낮추거나 높여 금융 기관의 특정 자산 보유 비용을 줄이거나 늘릴 수 있는데, 금융 기관은 당국이 정한 특정 자산의 지급 준비율에 따라 해당 자산을 보유하거나 처분하게 된다. 변동 자산 담보 지급 준비금 제도는 규제 당국이 분야별로 과잉 투자나 저투자의 불균형을 해소하고, 금융 시스템이 개발 목표에 이바지하도록 만드는 수단을 제공한다(7.2장 참조). 변동 자산 담보 지급 준비금은 두 가지 경로를 통해 금융 위기의 위험을 줄일 수 있다. 규제 당국은 자산 담보 지급 준비금 시스템을 활용해 특정한 자산 시장에서 발생하는 거품을 금융 위기가 나타나기 전에 잠재울 수 있다. 또 이 시스템은 자산 가치가 상승하거나 새로운 형태의 자산이 창출될 때마다 금융 기관에 추가 준비금을 예치하도록 요구하므로 자동적으로 안정 장치 기능을 수행한다.

국내 금융 시스템을 어느 정도까지 자유화시킬 것인가?

정책 입안자는 결국 제한적으로나마 금융 자유화 정책을 실시하기를 원하는데, 특히 자국에서 초기 산업화와 성장 목표가 성공적으로 달성된 경우라면 더욱 그렇다. 이런 맥락에서 두 가지 정도 고려해야 할 사항을 제안할 수 있다.

첫째, 금융 시장 자유화가 성공하려면 다양한 전제 조건들이 필요한데, 그 중 상당수는 개발도상국에 없을 뿐 아니라 외부에서 빠르고 쉽게 도입할 수도 없다. 산업 국가의 금융사를 살펴보면 자유화된 금융 시스템이 제대로 작동하려면 건전한 금융과 규제 인프라가 필수적이긴 하나 이런 인프라가 하루아침에 만들어지는 것은 아니다. 신자유주의 개혁가들은 '바람직한 지배 구조'에 대해 이러쿵저러쿵 립서비스만 한 뒤 곧바로 자유화된 금융 시스템을 개발도상국에 억지로 이식하려고 시도하는 것이 문제다. 개발도상국의 경우 이런 금융 시스템이 제대로 작동하는 데 필요한 제도나 규제 기관의 역량이 결여되어 있는데도 말이다. (19세기와 20세기 초에 미국의 경험과 더불어) 개발도상국에서 발생한 수많은 금융 위기는 이런 설익은 전략의 결과라 할 수 있다.

둘째, 정책 입안자는 자유화에 대해 보수적인 태도를 취해야 한다. 즉 이득이 될 게 분명하고 다른 수단을 통해 목표를 달성할 수 없을 때에만 자유화를 해야 한다. 금융 자유화는 이로 인해 얻을 수 있는 이익이 (시스템 리스크, 금융 변동성, 단기주의 등 이 모든 요소는 금융 불안을 증대시켜 결국 금융 위기 가능성을 높이는 등의) 비용보다 큰 경우에만 신중하게 추진해야 하는 것이다. 예를 들어 자유화된 자본 시장은 그 이전의 금융 규제 시스템보다 많은 자금을 '신생 기업'에게 제공할 수 있다. 그러나 이런 사실이 금융 자유화가 신생 기업에 자금을 제공하는 유일한 수단이라는 의미는 아니다. 공공 투자, 대출 지도, 조세 공제, 전문 대출 기관, 변동 자산 담보 지급 준비금 제도 등의 수단으로도 금융 시장에서 푸대접 받는 기업이나 산업 부문에 충분한 자금을 제공할 수 있기 때문이다.

자본 시장과 부외 거래 활동을 장려하는 두 가지 영역에서 특히 신중해야 한다.

정책 입안자가 금융 안정을 중요하게 생각한다면, 유동적이고 국제적으로 통합된 자본 시장을 도입하는 데 제한을 가하여 금융 혁신의 속도를 적절하게 규제해야 한다. 특히 금융 혁신이 파생 금융 상품 같은 부외 거래 발생과 관련이 있을 때는 더욱 그렇다.(금융 혁신에 관해서는 위의 내용을 참조하고 부외 거래에 대해서는 9.3장을 참조하라.)

앞에서 살펴봤듯이 유동적이고 국제적으로 통합된 자본 시장이 (개발도상국에게만 해당하는 사안은 아니지만) 개발도상국에 미치는 영향은 이익은 확실치 않은 반면 비용은 명백하고 엄청나다는 것이다. 그 때문에 이런 자본 시장을 키워야 한다는 주장에는 뭔가 석연치 않은 점이 있다. 그렇더라도 자본 시장을 육성해야 한다면, 이 부문의 리스크를 최소화하고 자본 시장의 활동 범위를 명확하게 제한하기 위해서 상당한 재원을 투입해야 한다. 또 금융 시스템 내에서 (은행 같은) 자본 시장 이외의 부문이 국민 경제 발전이라는 목표에 기여할 수 있도록 금융 정책을 설계해야 한다.

(파생 금융 상품 같은) 장외 거래는 투명성이 부족한 데다 리스크도 매우 높다는 더 큰 문제를 안고 있다. 따라서 9.3장에서 논의했듯이 개발도상국은 이런 거래를 도입해서는 안 된다.

11

정책 대안 5
거시 경제 정책과 제도들

11.1 환율과 통화 정책

용어 설명

태환 통화convertible currency는 보유자가 교환 목적과는 상관없이 자신의 신분을 드러내지 않고도 자유롭게 다른 국가의 화폐와 교환할 수 있는 통화를 말한다. 이는 실질적으로 중앙은행이 국내 통화를 거래량에 상관없이 사고팔겠다는 서약이나 마찬가지다. (만약 정부가 환율을 고정한 상황이라면, 태환 통화는 정해져 있는 환율에 따라 국내 통화의 교환을 보장한다는 의미로 확장된다.)

예를 들어 여러분이 멕시코 통화인 페소를 보유하고 있지만 그것으로 멕시코 상품을 구매하고 싶지는 않다고 가정하자. 이는 페소가 완전 태환성을 갖고 있기 때문에 문제가 되지 않는다. 즉 여러분은 보유한 페소로 다른 어떤 나라의 통화도 매입할 수 있다는 의미다.

그러나 중국의 위안화처럼 불태환성 통화를 보유하고 있다면 여러분은 이런 거래를 할 수 없다. 이 경우에는 (다른 나라 통화를 거래할 수 있도록 자격을 부여하는) 외환 거래 허가를 얻거나, 중앙은행이나 다른 통화 당국의 허가를 받은 뒤 사전 승인된 특정 영역 내에서만 통화 거래가 가능해질 것이다.

변동 환율제는 국내 통화의 가치가 시장의 힘에 의해 결정되는 시스템이다. 변동 환율제 아래서는 (다른 조건이 일정할 경우) 특정 국가의 통화에 대한 수요가 늘어날 경우 이 통화의 가치는 상승한다. 특정 국가의 통화에 대한 수요는 외국 투자자가 해당 국가의 자산을 구입할 때마다 (자산을 구입하기 위해 해당 국가의 통화를 매입해야 하기 때문에) 증가한다.

또 (다른 조건이 일정할 경우) 해당 국가의 통화에 대한 수요가 감소하면 해당 통화의 가치는 떨어진다. 투자자가 해당 통화로 표시된 자산이나 소유한 주식, 채권 등을 매도할 때마다 통화 수요가 감소하게 되는 것이다.

변동 환율제는 통화의 가치가 (고정 비율로) 정부에 의해 정해지거나 일정 한도 내에서만 변동이 가능한 고정 환율제와는 대조를 이룬다. '크롤링 페그crawling peg'는 환율 변동이 물가 상승률과 같은 특정한 경제적 조건에 따라 조정되는 환율 제도를 말한다.

기본적 사실들

오늘날 대다수 개발도상국들은 태환 통화와 변동 환율제를 운영하고 있다. 현재 IMF 회원국 대부분은 태환 통화를 운용한다. 최근 보고서에 따르면 (IMF 183개 회원국 가운데) 151개국이 완전한 태환 통화를 운용하는 것으로 드러났다. 그리고 최근 연구에 따르면 모든 개발도상국 중 60%가 변동 환율제를 유지하고 있다(Bird and Ramkishen 2001).[41]

통화 태환에 관한 신자유주의적 관점

통화 태환은 국제 무역과 민간 자본 이동을 활성화하는 데 필수적이다.

통화 태환은 개발도상국의 경제 발전에 필수적인 요소다. 외국 투자자들이 해당 국가에 대한 투자와 국제 무역으로 벌어들인 돈을 다른 통화로 교환하기 힘들다면 투자 의욕이 생길 수 없기 때문이다. 통화의 태환 제한은 개인과 기업이 이를 피하기 위해 (관계 당국을 매수해 불법적인 외환 거래 허가를 받는 등) 갖은 노력을 기울이게 되기 때문에 낭비와 부패를 낳는다.

---

[41] 변동 환율제와 고정 환율제는 다양한 모습을 보인다는 데 주목하라. 예를 들어 변동 환율제에는 중앙은행이 통화 시장에 다양한 방법으로 개입하는 것을 포함한다. 독립적인 변동 환율제는 엄밀하게 말하면 통화 시장에 대한 개입이 최소인 상태에서 환율이 시장에 의해 결정되는 제도를 말한다. 관리된 변동 환율제는 중앙은행이 (특정 환율을 정하거나 통화의 운용 범위를 유지하는 것은 아니더라도) 시장에 개입하는 상태를 일컫는다. 앞에서 제시한 수치는 독립적이고 관리된 변동 환율제를 운용하는 국가의 데이터다. 개발도상국에서는 환율 제도의 식별을 둘러싸고 약간의 논란이 있다. 이런 논란은 정부 (IMF 조차)가 적극적이고 은밀하게 운용하는 환율 제도를 변동 환율제로 파악하기도 한다는 사실에서 비롯된다(Calvo and Reinhart 2002 참조).

외환 제도에 관한 신자유주의적 관점

변동 환율제는 모든 개발도상국이 추구해야 할 이상적인 제도다.

변동 환율제는 시장이 최대한 힘을 발휘하도록 만들어 경제의 효율을 높이고 질서를 촉진하기 때문에 가장 이상적인 제도다. 변동 환율제에서 한 국가의 통화 가치는 그 나라 경제에 관한 중요한 정보를 제공한다. 통화 가치가 높은 국가는 투자자의 신뢰를 얻는데, 이는 국내 자산의 구매로 입증된다. 통화 가치가 낮은 국가는 투자자가 높게 평가하지 않는다.

또 변동 환율제는 투기꾼들이 해당 정부가 고정된 환율을 변화시킬 가능성이나 그 범위를 두고 '도박'을 벌일 필요가 없게 만든다. 이런 형태의 투기는 종종 정부가 고정되어 있는 환율을 급격하게 평가절하하도록 만들곤 한다. 실제로 특정 통화에 대한 투기꾼들의 공격은 그 나라의 고정 환율제를 무너뜨리기도 했다.

변동 환율제는 고정 환율제보다 금융 안정성을 크게 높여 주는데, 이는 변동 환율제에서는 투기꾼들이 자국의 통화 가치를 수호하려는 의지를 시험할 여지가 없기 때문이다.

어떤 경우에는 통화위원회나 심지어 통화 대체 같은 극단적인 고정 환율제가 변동 환율제를 대신할 차선책일 수도 있다.

변동 환율제가 언제 어떤 나라에서나 가능한 제도는 아니다. 해당 경제가 변동 환율로 인한 통화 가치 등락을 견디지 못할 정도로 허약한 경우가 그렇다. 또 통화 위기나 극심한 인플레이션을 경험한 국가의 국내외 투자자들이 통화의 안정성과 예측 가능성을 중시한다면 변동 환율제 실시가 바람직하지 않을 수도 있다. 통화 당국이 통화 시장에서 중립성을 유지하지 않는다는 불신이 확산되어 있는 경우도 마찬가지다. 변동 환율제가 유지되기 어려운 이 같은 상황에서는 차라리 통화위원회나 완전한 통화 대체 같은 아주 엄격한 고정 환율제가 필요할지도 모른다.

정치적으로 독립된 기관인 통화위원회currency boards는 외환 보유고에 상관없이 정해진 환율에 따라 자국 통화를 완전하게 교환해 주는 것을 보장하는 임무를 맡고 있다. 그러므로 해당 국가는 자국 통화를 매도하겠다는 요구에 대응할 수 있도록 (달러나 유로 같은) 강력한 외화를 지불 준비금으로 보유하고 있어야 고정 환율을 지킬 수 있다. 또 이 같은 통화위원회는 수출이나 외국인 투자금의 유입으로 지불 준비금이 증가했을 때에만 고정 환율에 맞춰 자국 통화를 추가 발행할 수 있다.

완전한 통화 대체currency substitution란 법률적으로 자국 통화를 해외의 강력한 통화로 대체하는 것을 의미한다. 이 전략은 완전한 통화 대체 제도에서 가장 일반적으로 활용되는 외화가 달러이기 때문에 흔히 달러화라고 부른다.

다시 말하자면 환율 제도에서는 (학술 용어로 '모서리해corner solutions'라고 하여 한 해법을 선택하면 다른 해법은 완전히 포기해야만 하는) '극단적인' 제도만이 현실에서 실행 가능하다. 예컨대 환율 제도의 한쪽 극단에는 변동 환율이라는 이상이 존재하고, 다른 극단에는 차선책으로 통화위원회와 통화 대체라는 방법에 의해 실행되는 엄격한 고정 환율제가 존재한다. 이처럼 극단적인 변동 환율제와 고정 환율제 사이에 존재하는 (환율 변동폭을 넓게 설정하는 페그제 또는 크롤링 페그 같은 '중간 체제'인) 절충적인 환율 제도들은 실패하게 되어 있다.[42]

일부 국가의 경우 통화위원회와 관련해서 기강과 신뢰가 필요하다.

통화위원회는 몇 가지 바람직한 특성이 있다. 이 제도는 환율 안정성을 유지해 통화 위기를 막는다. 그리고 국내 통화 공급이 증가될 수 있는 조건을 엄격하게 제한해 높은 인플레이션을 방지하기도 한다. 마지막으로 통화위원회는 통화와 가격 변동 문제를 해결하는 한편, 부패하고 정치인의 요구에 순응적인 기관이 국내 통화 문제에 영향을 미치지 못하도록 통화 문제를 전담함으로써 외국 투자를 촉진하고 신뢰도를 향상시킨다. (독립적인 중앙은행을 찬성하는 이와 비슷한 주장에 대해서는 6장과 뒤에서 살펴볼 11.2장을 참조하라.)

오늘날 통화위원회는 버뮤다, 불가리아, 보스니아 헤르체고비나, 케이만 군도, 지부티, 에스토니아, 포클랜드 제도, 페로스 제도, 지브롤터, 홍콩, 리투아니아에서 시행하고 있다.

---

[42] 오늘날 신자유주의자들은 모서리해 아이디어를 폭넓게 주장하고 있다(예컨대 Fischer 2001). 하지만 모서리해 아이디어를 거부하는 신자유주의자들도 있다. 예컨대 Williamson(2002)은 절충적인 제도를 옹호하는 설득력 있는 주장을 제기했다.

> 일부 국가에서 통화위원회는 완전하게 신뢰할 정도로는 기강이 확립되어 있지 않다. 이런 경우에는 완전한 통화 대체가 필요하다.

완전한 통화 대체는 정부가 통화위원회의 독립적인 운영을 보장하지 못한다고 불신 받거나 정책 입안자가 환율 안정과 국제 신뢰도를 회복할 가장 빠른 길을 찾을 때 통화위원회를 대신할 바람직한 방안이 된다. 2001년 현재 완전한 통화 대체를 운용하는 나라는 23개국이고, 14개국이 부분적인 통화 대체를 시행한다. 완전한 통화 대체를 운용하는 국가로는 에콰도르, 엘살바도르, 파나마, 북사이프러스, 영국령 버진아일랜드 군도 등이 있으며, 부분적인 통화 대체를 시행하는 곳은 캄보디아, 라이베리아, 과테말라, 나미비아, 타지키스탄 등이다. 부분적인 통화 대체는 훨씬 더 광범위하게 이용되는 외화와 함께 국내 통화가 유통되는 상황을 의미한다.

통화 태환에 관한 신자유주의적 관점 기각

> 제한 없는 통화 태환은 통화의 평가절하와 붕괴, 자본 이탈, 그리고 금융 불안의 가능성을 불러일으킨다. 반대로 태환 제한은 이런 문제가 일어날 여지를 줄인다.

금융 안정이라는 관점에서 봤을 때 제한 없는 통화 태환을 유지하는 것은 문제가 많다(Grable 2003a 참조). 투자자가 자신의 자금을 어떤 통화에서 다른 통화로 쉽게 태환할 수 없다면, 그 자금을 국가와 국가 사이에서 자유롭게 이동시키지도 못할 것이다. 그러나 통화 태환이 자유롭고, 이에 따라 자국 통화로 표시된 자산이 갑작스럽게 국외로 이탈한다면 개발도상국에서는 자국 통화가 평가절하되는 상황이 발생할 수 있다. 9장(특히 9.3장)에서 살펴봤듯이 갑작스럽고 대규모로 진행되는 평가절하는 추가적인 평가절하의 악순환과 함께 자산 가치 하락, 금융 위기를 일으킬 수 있다.

반대로 태환이 불가능한 통화는 갑작스러운 평가절하 압력에 처하지 않는데, 이는 우선 투자자가 해당 통화를 취득하는 데 상당한 어려움이 있기 때문이다. 투자자가 설령 해당 통화를 취득할 수 있다고 하더라도 (또는 해당 통화로 표시된 자산을 취득하더라도) 보유 자산을 처분할 수 없도록 만든다. 따라서 해당 통화를 공격할 방법이 없기 때문에 (갑작스럽고 대규모의 투자자 이탈을 유발하는) 통화 붕괴의 가능성은 그리 높지 않다. 태환에 대한 제약이 많을수록 급작스러운 투자자 이탈로 유발되는 통화의 급격한 평가절하는 그 범위가 좁아질 수밖에 없다. (그리고 궁극적으로 통화 붕괴의 가능성도 줄어든다.) 물론 태환에 대한 제약이 많을수록 이런 제약을 유지하는 데 드는 비용도 높아진다. 여기에는 외환 거래에 암시장이 형성되거나 외환 거래 허가를 얻기 위한 뇌물 비용까지 포함된다. 하지만 이런 정도의 비용은 통화 태환을 제한해 달성할 수 있는 금융 안정이라는 혜택에 비하면 그리 대단치 않다.

통화 태환 제한은 또한 자본 이탈을 줄일 수도 있다. 태환이 제한되는 경우 외국인 투자자는 개발도상국의 자산 중 (포트폴리오 투자 같은) 투자금 회수가 쉬운 종류만 골라 구매하기가 어려워진다. 이는 포트폴리오 투자 상품을 구입해도 투자자의 자국 통화로 다시 바꾸기가 쉽지 않기 때문이다. 이런 제한으로도 이탈하기 손쉬운 자산에 대한 외국인 투자자의 구매를 막지 못한다면, 외국인 투자자가 이런 투자를 현금화해 국외로 투자 자금을 가지고 나가는 것을 제대로 제어하기란 힘들다. 또 통화 태환에 대한 제한은 자신이 보유한 통화를 다른 나라 통화로 교환하는 데 제약이 있기 때문에 자국민이 부를 해외로 유출시키는 행위를 줄일 수 있다. 따라서 통화 태환을 제한함으로써 통화 평가절하와 국내외 투자자의 자본 이탈이라는 악순환에 의해 경제가 불안해질 가능성을 줄인다.

태환을 제한하는 것은 이와 함께 정부에게 희소한 외화를 주요한 부문에 배분할 기회를 준다.(산업 정책 프로그램과 일관된 형태로 7.2장을 참조하라.)

산업 국가들 대부분은 자국 경제가 강력하고 안정적인 기반을 갖춰 통화 변동 압력을 견딜 수 있게 된 후에야 자국 통화에 태환성을 부여했다.

오늘날 개발도상국들이 제한 없는 통화 태환을 채택하는 추세는 태환 가능한 통화가 희귀했던 2차 세계 대전 직후와 분명하게 대조된다. 당시에는 미국과 미국의 영향력 아래 있던 (엘살바도르, 과테말라, 멕시코, 파나마 등) 4개국만이 제한 없는 통화 태환을 유지했을 뿐이다. 서유럽 국가들과 일본은 각각 1959년과 1964년까지 제한적인 통화 태환조차 채택하지 않았다. 당시 국제적으로는 제한 없는 통화 태환 제도를 점진적으로 추진하자고 합의했지만, 이것은 전쟁으로 허약해진 경제가 자본 이탈로 일어날 통화에 대한 압력을 견딜 수 없으리라는 두려움 때문이었다.

이와 대조적으로 개발도상국들은 서유럽 국가나 일본보다 훨씬 이른 시점에 제한 없는 통화 태환을 채택하도록 압력을 받았다. 통화 정책에서 이런 변화는 연합한 신자유주의 세력의 지배력, 금융 집단의 역량, IMF가 개발도상국의 정책에 복합적으로 미친 영향을 대변한다.

오늘날 중국, 인도, 타이완 같은 경제적으로 성공한 국가에서도 금융 안정을 촉진하는 데 통화 태환에 대한 제한은 중요한 역할을 한다.

오늘날에도 일부 개발도상국들은 통화 태환에 제한을 유지하고 있다. 중국과 인도, 타이완 같은 외국인 투자자에게 꽤 매력적인 국가는 국제 무역에서 매우 성공적인 실적을 거두었으며, 특히 1995년의 멕시코 금융 위기와 1997년의 아시아 금융 위기가 발생했을 때도 큰 영향을 받지 않았다. (다른 통제 수단과 함께) 통화 태환에 대한 제한이 이들 국가가 통화 붕괴의 가능성에서 벗어나고 자본 이탈 움직임을 최소화할 수 있게 해 준 것이다. 중국과 인도, 타이완에서는 멕시코와 아시아 금융 위기 속에서도 투자자가 동요하지 않았는데, 이들 나라의 투자자들은 제한적인 태환 덕분에 통화나 자산 가치의 붕괴를 두려워할 이유가 없었기 때문이다.

예를 들어 중국은 외국인 직접투자나 포트폴리오 투자 형태로 외국인이 취득한 특정 종류의 자산에 대해서는 거래 시 태환이 허용되지 않는다. 즉 국제수지 계정의 표현을 빌리면 자본 계좌 거래는 태환이 되지 않는다는 의미다. 자본 거래 계좌는 특히 경제에 심각한 수준의 금융 위기를 가져올 수 있기 때문에 (그래서 경제를 금융 위기에 취약하게 만들 수 있기 때문에) 주의를 기울여야 한다. 그러나 중국 통화는 상품의 국제 무역과 관련된 거래에는 태환이 가능하고, 외국 투자에서 얻은 이익을 본국에 송금하는 거래에도 태환이 가능하다. 이것이 바로 경상 계정에 대한 태환으로 알려진 것이다.[43] 중국은 통화 태환에 대한 제한을 통해 아시아 위기 동안 수많은 국가를 붕괴로 내몰았던 숱한 어려움에서 벗어날 수 있었다. 실제로 중국 당국은 아시아에서 금융 위기가 전개되자 태환을 비롯해 다른 자본 통제를 강화했다.

중국 통화에 대한 태환 제한은 저축자가 국내 통화로 (미국 재무부 증권이나 일본 기업의 주식과 같은) 외화 표시 금융 자산을 합법적으로 구매할 수 없다는 의미다. 또 태환 제한은 외국이나 중국 투기꾼이 '위안화가 과대 평가되었으니 조만간 평가절하될 것'으로 보고 투기하는 행위를 원천적으로 차단한다. 중국에서 외화를 취득하려면 무역, 관광, 허가된 외환 대출의 상환, 또는 외국인 직접투자에서 얻은 수익 송금과 관련해 필요하다고 인정될 때에만 가능하다. 마찬가지로 외환과 관련된 '선물 시장'에 접근하려면[44] 국제 무역 관련자라는 것이 문서로 입증되어야 한다. 아울러 중국 정부는 인허가 제도를 통해 외국인이 중국 통화에 접근하는 것을 엄격히 통제한다.

인도 통화 역시 경상 계정 거래에 대해서만 태환을 인정한다.[45] 인도는 해외에서 루피화 거래나 내국인 간의 달러 표시 거래는 금지하고,

---

[43] 중국 통화는 1996년 12월 이후 경상 계정에서 태환이 가능하다. 서유럽과 일본의 통화는 2차 세계 대전 이후에야 경상 계정에 한해 태환을 허용했다.
[44] 통화 선물 시장에서는 개인이나 기업이 미래의 특정일에 특정량의 외국 통화를 약속된 가격으로 구매할 수 있다.
[45] 인도 통화는 1994년에 경상 계정에 대해 태환을 허용했다.

중앙은행은 개인과 기업이 (필요한 목적이 아닐 경우) 외화에 접근하는 것을 엄격하게 관리한다. 타이완 당국은 외화에 대한 접근을 통제하고 국내 통화로 표시된 파생 상품의 사용을 제한한다. 인도와 타이완에서 통화 태환과 외화에 대한 접근 제한은 중국의 통화 정책과 마찬가지로 금융 안정성에 대한 염려 때문이다.

중국, 인도, 타이완이 통화 태환에 대한 제한만으로 아시아 금융 위기에서 벗어나 있었던 것은 아니다. 그러나 이런 제한은 경제가 노출되는 데 따른 위험(그리고 위험에 관한 투자자의 인식)을 줄인다.(자본과 금융 통제에 관한 보완적인 논의는 9장과 10장을 참조하라.) 태환과 자본 통제에 대한 IMF 연구원들의 최근 보고서는 중국과 인도의 태환 제한과 다른 금융 통제 정책들이 이들 국가의 경제가 아시아 금융 위기 당시에도 좋은 성과를 거두었다는 점에서 신뢰할 만하다고 결론지었다(Ariyoshi et al. 2000). 이 보고서에 따르면 중국과 인도가 금융 통제로 말미암아 부분적으로 탈법 행위와 효율성 저하가 있었지만, 두 나라는 경제를 안정시키는 성과를 거두었다고 강조한다.

한국 등 다른 개발도상국들은 1980년대 후반 금융 자유화를 시작할 때까지 통화 태환을 제한했다. 제한적인 통화 태환은 (환율 관리와 다른 금융 통제 정책과 더불어) 한국이 급속한 성장기에 건실한 경제 성장과 금융 안정을 이루는 데 기여했다.

일반적으로 신자유주의는 태환 제한에 따른 막대한 비용을 강조한다. 예를 들어 신자유주의자는 태환 제한이 암시장, 부패 또는 무역 거래의 허위 기재 등을 불러온다고 주장한다. 그러나 이들은 이와 같은 비경제적인 활동에 사용된 자원이 자유로운 금융 환경에서 흔히 발생하는 통화 투기로 낭비된 자원에 비하면 아무것도 아니라는 사실을 간과한다. 더구나 금융 불안이나 위기로 인해 발생하는 사회 경제적 비용은 통화 태환 제한에서 비롯된 경제적 비용보다 훨씬 더 크다.

환율 제도에 관한 신자유주의적 관점 기각

<u>변동 환율제에서 종종 일어나는 급작스러운 대규모의 통화 가치 변화는 개발도상국에 상당한 비용을 치르게 한다.</u>

우리는 대부분의 개발도상국이 변동 환율제에서 야기되는 통화 (그리고 일반적인 금융) 불안을 감당하기 힘들다고 본다. 변동 환율제 아래서 대규모로 일어나는 급작스러운 투자자 이탈은 해당국 통화의 가치를 떨어뜨리기 때문이다. 통화의 평가절하와 투자자 이탈이라는 악순환은 변동 환율제와 완전한 통화 태환을 유지하는 개발도상국에게는 매우 흔한 현상이다(9장 참조). 금융 불안이라는 문제에 덧붙여 대규모 평가절하는 대외 채무 상환 비용을 증가시키는데, 이와 같은 대외 채무 대부분은 외화로 상환되기 때문이다. 또 통화 평가절하는 수입품의 가격을 상승시키는데, 이런 수입품 중에는 의약품이나 식료품처럼 필수품이 포함된다.

9장에서 살펴봤듯이 변동 환율제 아래서 급작스럽고 대규모로 이루어지는 자본 유입은 대규모 자본 유출만큼이나 문제가 된다. 무역수지 악화와 수출 산업에서의 실업 증가는 갑작스러운 대규모 자본 유입에서 비롯된 통화 평가절상에서 발생할 수 있기 때문이다.

통화위원회와 통화 대체는 절대로 변동 환율제를 대체하는 차선책이 아니다. 실제로 이런 대안이 바람직한 상황은 거의 없기 때문이다.

신자유주의자들은 통화위원회와 통화 대체에 관련된 심각하고 받아들이기 어려운 경제적, 정치적, 사회적 비용을 무시한다(Grabel 2003c 참조). 이제 이런 비용에 대해 살펴보자.

첫째, 통화위원회는 경제 정책을 바꾸는 데 재량권을 행사하지 못하도록 함으로써 통화 및 재정 부문에서 정책 입안자가 어떤 조치도 취할 수 없도록 만든다. 통화위원회 제도 아래서 정책 입안자는 (실업률이 상승하고 경제 활동이 둔화될 때처럼) 국민 경제 환경의 악화로 확장적인 통화 및 재정 정책이 필요한 경우에도 이런 조치를 수행할 수 없다. 물론 신자유주의적 관점에서는 이런 상황이 오히려 바람직할 수도 있다. 신자유주의 관점에서 볼 때 확장적인 통화 및 재정 정책은 부패하거나 무능력한 관료가 정치적 목적으로 사용하는 꼼수에 불과하기 때문이다. 하지만 우리 관점에서 보면 사회 경제적인 문제들을 경제 정책에서 재량권을 갖고 해결할 가능성마저 막아 버리는 통화위원회 제도는 무책임하고 어리석기 짝이 없는 방식이다.(이와 비슷한 중앙은행 독립에 관한 논의는 아래 11.2장을 참조하라.) 더욱이 통화위원회 제도를 실시하는 국가는 자국 통화가 연계되어 있는 나라의 통화 정책을 '수입'하게 된다. 그러나 미국 같은 산업 국가의 통화 정책이 개발도상국의 경제 환경에도 적절하다고 보기는 힘들다. 게다가 두 나라 사이의 거시 경제 조건이 서로 다르기 때문에 미국은 개발도상국에 확장 정책이 필요할 때에도 긴축 통화 정책을 추구하라고 요구할지도 모른다.

둘째, 통화위원회는 거시 경제 정책에서 신자유주의적인 긴축 성향을 강화한다. 통화위원회의 운영 규칙에 따르면 국내의 통화 규모를 늘리려면 이보다 먼저 외환 보유고를 증가시켜야 한다. 즉 국내 통화 공급 증가는 그 나라가 재화나 금융 자산을 국제 시장에서 매각해 외화를 유입하는 능력에 따라 좌우된다. 그러므로 통화위원회 제도 아래서 통화 공급 증가는 수출 증대, 자본 이동 자유화, 투자자 신뢰도 향상 등을 달성해야 가능하다. 또 통화위원회는 외환으로 구성되는 지불 준비금이 증가해야 이에 기반한 국내 통화의 추가 발행이 이루어질 수 있도록 규정함으로써 정부의 지출 감소를 촉진한다. 이와 같은 거시 경제 운영은 결국 공기업 민영화로 이어지는데, 그 이유는 이런 제도 아래서는 중앙은행이 수익이 낮은 국영 기업을 지원할 수 없기 때문이다.

통화위원회를 운영하는 국가는 자주 심각한 불황, 높은 실업률, 사회적 빈곤을 경험한다. 이런 결과는 대부분 통화위원회와 관련 있는 긴축적 성향의 정책 때문이다. 아르헨티나 통화위원회의 긴축 정책은 일시적으로는 높은 인플레이션 문제를 해결했지만, 이런 '업적'은 받아들이기 어려운 경제적, 인적 대가를 치르게 만들었다. 아르헨티나가 4년에 걸친 불황, 사회 불안, 정부 붕괴를 겪은 것은 통화위원회와 관련된 매우 긴축적인 정책과 이를 지키려는 정부의 부질없는 노력이 아무런 조치도 취할 수 없게 만들었기 때문이다.

셋째, 통화위원회 제도는 준비 통화를 유지하기 위해 국내 무역 성과를 볼모로 삼는다. 이는 국내 통화의 가치가 외환 준비 통화와 연계되어 있기 때문이다. 아르헨티나 통화의 경우 (2002년 2월까지) 달러화와 연계되어 있었는데, 미국 달러화가 예상밖의 강세를 보이자 아르헨티나 통화도 크게 평가절상되어 무역 실적이 엄청나게 떨어진 적이 있다.

넷째, 모든 통화위원회는 높은 수준의 정치적 독립을 누린다. 그러나 우리는 외환 관리를 정치적으로 독립된 기관에 위임하는 것은 민주주의와 정치적 책임을 심각하게 저해하는 행위라고 본다(6장과 11.2장 참조). 특히 환율 정책은 국내 소득 분배에 엄청난 영향을 미치는 만큼 국민들에 대해 정치적 책임을 지지 않는 기관이 환율 정책을 좌지우지한다는 것은 심각한 문제가 아닐 수 없다. 그러므로 환율 관리를 담당하는 기관은 유권자와 이들이 선출하는 정부의 공무원들에게 강한 책임감을 가져야 한다.

마지막으로 통화위원회는 자신의 존립 근거인 자국민들을 대신해서 해야 하는 가장 기본적인 요구조차 제대로 실행하지 못하고 있다. 예컨대 통화위원회는 자국 통화에 대한 투기를 예방하지 못한다. 아르헨티나의 최근 경험은 통화위원회가 자국 통화에 대한 투기적 공격으로 발생한 금융과 경제 혼란에서 개발도상국을 보호하지 못한다는 사실을 분명하게 보여 준다.

우리의 결론은 개발도상국에는 통화위원회가 필요 없다는 것이다. 통화위원회는 국내 통화에 대한 투기 공격을 차단하지 못했을 뿐 아니라 오히려 심각한 정치적, 경제적 비용을 발생시켰다.

완전한 통화 대체는 통화위원회보다 오히려 더 문제가 있다.

통화위원회로 인한 모든 경제, 정치, 사회 문제들은 완전한 통화 대체의 경우에도 동일하게 나타난다. 그리고 완전한 통화 대체는 한 국가의 재정 역량을 약화시킨다. 완전한 통화 대체를 채택한 정부는 통화 발행을 통해 정부의 지출 재원을 조달할 능력을 상실할 뿐 아니라 자국 통화를 대체할 외화를 획득하는 비용까지 치르게 된다. 이와 관련된 비용을 산출하려는 일부 연구가 있었지만 실제로 정확하게 계산하기는 어렵다. 예를 들어 벨데와 베라치이에르토(Velde and Veracierto 2000)는 아르헨티나의 완전 달러화 비용을 연간 GDP의 2% 또는 6억 5800만 달러로 계산했다.

통화 대체의 경우 개발도상국의 정책 입안자에게는 어떤 경우라도 정책 자율성이 주어져야 한다는 이전의 허울 좋은 주장까지 내던진다. 통화 대체는 자국 통화를 없앰으로써 국가의 정체성과 자주성을 나타내는 강력한 상징을 위험에 처하게 하는 것이다. 특히 국가의 자주성을 약화시키는 통화 대체는 (또한 통화위원회도) 식민지 시대 초기에 제국주의 국가들이 사용한 전략과 매우 비슷하다.

관리 환율 체제는 많은 국가의 발전 과정에서 중요한 역할을 했다.

관리 환율 체제 managed exchange rate regime 는 국내 통화의 태환성을 일정 범위 내에서 제한하는 것이다. 고정 환율제 pegged exchange rate system 는 관리 환율 시스템의 한 형태로, 이 제도 아래서는 중앙은행이 미리 정해 공개적으로 발표한 범위에서 환율을 지키기 위해 통화 시장에 개입한다. 고정 환율제는 자본 통제가 이루어질 때에만 지속 가능하다는 사실을 유념해야 한다. 왜냐하면 국제 자본의 대규모 유출입이 일어나면 당국이 미리 정한 범위에서 환율을 유지하기 어렵기 때문이다.

신자유주의자들은 아시아 금융 위기 이후 고정 환율제가 끝났다고 선언했다. 그러나 그들은 1980년대 후반에서 1990년대 초반에 정부가 자본 통제를 포기하기 전까지 한국, 말레이시아, 인도네시아에서 고정 환율제가 완벽하게 제 기능을 발휘했다는 사실을 간과했다. 고도성장기에 이들 국가에서 환율을 일정 범위로 고정한 것은 수출 주도 성장과 금융 안정을 이루는 데 중요한 역할을 했다. 1990년대 대부분의 기간 동안 칠레는 자본 유입에 엄격한 통제를 가하는 크롤링 페그crawing peg를 유지했다. 아시아의 몇 개 국가에서도 그랬듯이 고정 환율은 수출 주도 성장을 지원하고 금융 안정성을 높이는 전략이었다.

산업 국가의 정책 입안자들도 2차 세계 대전 직후 경제 난국을 거치면서 (자본 통제로 뒷받침되는) 통화 페그제의 가치를 인정했다. 산업 국가가 전후에 활용했던 고정 환율제를 공식적으로 폐지하기로 결정한 것은 1976년에 이르러서였다. 산업 국가는 2차 세계 대전 이후 거의 30년 동안 고정 환율제(그리고 엄격한 자본 통제)에 의해 창출된 통화 안정으로 혜택을 보았다. 그리고 이 제도가 해체된 후 유럽 국가들은 고정 환율제의 핵심 요소를 유럽 통화 체제European Monetary System, EMS로 부활시켰다.

통화 태환과 관련한 정책 대안

통화 태환을 관리할 수 있는 다양한 방법이 존재한다.

대다수 산업 국가의 과거 경험과 더불어 중국, 인도, 타이완의 최근 사례는 태환 제한이 어떤 혜택을 가져다줄지를 보여 준다. 완전 태환을 너무 일찍 채택할 경우 심각한 문제가 발생한다는 사실은 상당수 개발도상국들이 최근 겪은 금융 위기로 확인되었다.

과거와 현재의 경험을 통해 보면 통화 태환을 관리하는 데에는 다양한 수단이 있다는 사실을 알 수 있다. 정부는 외화를 획득하려는 사람들에게 외환 거래 허가를 신청하도록 요구해 태환을 관리할 수 있다. 이 방법을 통해 당국은 환율 변화 속도에 영향을 미치는 한편, 거래와 관련된 통화와 금융 리스크의 정도에 따라 외환 거래를 분류하고 이에 대처할 수 있다. 인계 철선이 조기에 위험을 경고할 때마다 속도 방지턱의 유형에 따라 외환 거래 허가를 정지시키거나 완화시킬 수도 있다(9장 참조).

앞에서 살펴봤듯이 정부는 단지 경상 계정 거래를 위해서만 태환하도록 하는 것과 같은 선별적 통화 태환을 유지할 수도 있다.[46] IMF 협정(특히 8장)도 이런 종류의 선별적 태환을 허용한다는 사실을 눈여겨볼 필요가 있다.

마지막으로 정부는 비거주자의 통화 접근을 통제해 비거주자에 의한 국내 통화 투기 가능성을 (제거하지는 않더라도) 줄일 수도 있다. 이는 국내 은행이 비거주자에게 대출하지 못하도록 금지하거나 비거주자가 자국에서 은행 계좌를 보유하지 못하도록 막는 것을 통해 가능하다. 말레이시아 정부는 아시아 금융 위기 이후 이런 조치를 취했다. 이들은 자국 통화에 대한 외국인의 접근을 제한하기 위해 은행 대출을 규제했고, 국외에서 보유하고 있는 자국 통화는 태환되지 못한다고 선언했다.

---

46 이런 선별적 통화 태환의 목표는 이중적인 환율 제도로도 달성될 수 있다. 두 제도 모두 교역재 부문을 통화 투기로 인한 통화 불안정에서 보호하는 것이 목표다.

환율 제도와 관련한 정책 대안

환율을 적정하게 고정하는 제도를 자본 통제와 함께 실시한다면 수출 주도 성장과 금융 안정을 촉진시킬 수 있다.

일부 고정 환율제에서 통화가 변동할 수 있는 범위는 비공식적이거나 대중에게 알려져 있지 않다. 책임성과 투명성이 중요하다는 주장에 따라 우리는 통화 페그가 대중에게 공개되어야 한다고 제안한다. 또 우리는 통화 페그를 (예컨대 인플레이션 변화와 같은) 경제 환경에 따라 적절하게 조정하는 메커니즘을 창출할 경제적 이유가 충분하다고 주장한다.

변동 가능한 환율 페그제를 제안한 스미스(Grieve Smith 2002)는 중앙은행이 (이를테면 매달) 일정 간격을 두고 통화 페그를 재검토함으로써 중앙은행의 개입을 통해 소규모로 환율을 조정할 수 있다고 주장한다. 그는 또 환율 페그 조정은 자동적이고 신속하게 이루어져야 한다고 주장한다. 조정이 빈번하고 적당한 규모로, 그리고 자동적으로 이루어진다면 경제를 불안정하게 만드는 통화 페그에 대한 투기를 최소화할 수 있다. 이런 종류의 조정 장치가 없다면 투기 압력이 나타날 수 있는데, 이는 통화 시장의 개입 시기와 정도에 대한 불확실성이 존재하기 때문이다.

요약하자면 고정된 환율 제도를 조정해야 하는 이유는 개발도상국과 산업 국가에서 환율을 고정해 얻은 성과와 더불어 개발도상국에서 통화 불안정으로 인해 치러야 했던 사회 경제적 비용을 통해 분명하게 알 수 있다.[47] 앞에서 논의했듯이 특정한 고정 환율제의 지속 가능성은 자본 통제의 존재 여부에 달려 있다(9장 참조).

11.2 중앙은행 제도와 통화 정책

용어 설명

중앙은행은 한 국가의 통화 정책을 맡는다. 통화 정책은 통화의 공급과 시장 이자율에 영향을 미치는 정부의 조치를 말하는 것으로, 중앙은행은 이 같은 목적을 달성하기 위해 공개 시장에서 국채 매입과 매도, 일반 은행에 대한 대출 이자율(공정 금리) 조정 등 다양한 수단을 사용한다. 이자율은 대출 비용인 만큼 통화 정책은 투자와 대출 수준에 결정적인 영향을 미치고, 이에 따라 물가와 경제 성장률도 좌우하게 된다.

중앙은행 지배 구조에 관한 신자유주의적 관점

중앙은행은 정부로부터 독립적이어야 선거 정치의 압력과 변화에서 벗어나 본연의 임무를 수행할 수 있다.

직질한 훈련을 거쳐 임명된 당파성 없는 기술 관료technocrat만이 국민 경제의 이익에 부합하는 통화 정책을 설계하고 추진할 수 있다. 이

---

47 Williamson(2002)의 최근 연구는 개발도상국에서 고정 환율제를 실시해야 한다는 주장을 뒷받침한다. 그에 따르면 1980년 이후 빠른 성장세를 보인 33개국 중 17개국이 고정 환율제를 실시한 국가였다. 윌리엄슨은 빠른 성장세를 보인 국가는 최소 3년 동안에 6% 이상의 GDP 성장률을 기록한 국가라고 정의한다. 물론 윌리엄슨이 제시한 사례가 고정 환율제만으로 이런 빠른 경제 성장을 달성할 수 있다고 주장하는 것은 아니다.(그렇다고 그는 이런 주장을 부정하지도 않는다.)

들은 자신의 지위를 보전하기 위해 유권자(또는 유권자의 일부)에 영합할 필요가 없기 때문이다. 중앙은행이 정치적 압력에 순응한다면, 이기적인 정치인이나 정부 관료들이 정치적 지지를 얻기 위해 (이자율 인하 같은) 무책임한 통화 확장 정책을 펼칠 수 있다. 또 정부 지출에 필요한 추가 자금을 조달하기 위해 정부는 중앙은행에 화폐를 '발행'하라고 (또는 다른 수단을 통해 국내 통화 공급을 늘리라고) 지시할 수도 있다(아래의 11.3장 참조). 이런 관행은 정부 적자의 '화폐화monetization'라고 알려진 것이다. 이와 같은 정책을 추진하려는 정부의 결정은 결국 장기적으로 자국 경제가 대가를 치르도록 만든다.

통화 정책에 관한 신자유주의적 관점

통화 정책의 일차 목표는 물가 안정이어야 한다.

장기적으로 국민 경제에 가장 득이 되는 것은 물가 상승을 억제하는 통화 정책이다. 반인플레이션 정책이야말로 저축, 대출, 투자를 촉진하는 훌륭한 역할을 하기 때문이다. 은행은 대출 기간 동안 물가 상승으로 인해 자신들의 수익이 훼손되지 않는다고 확신하는 경우에만 중장기 대출을 확대할 것이다. 국내외 투자자들도 마찬가지로 투자 기간 동안 물가 상승으로 인해 자신의 투자 수익이 침해당하지 않는 선에서 투자를 한다.

여기에 더해 국내 거주자 역시 물가 상승이 저축 수익률을 저해하지 않고 소비재 물가가 안정적일 것이라고 기대할 때에만 국내 은행에 예금을 한다. 국내 거주자가 물가 상승을 염려한다면 (자금 유출을 금지하는 자본 통제를 하지 않는 한) 저축을 국외로 돌리고 미래의 가격 상승을 예상해 상품을 사재기할 것이다.

1990년대 이후 개발도상국의 정책 입안자는 중앙은행의 독립과 물가 안정이 왜 중요한지 제대로 인식하고 있다.

이미 10여 년 전부터 정책 입안자들은 자국 중앙은행의 독립을 강화하기 위해 단계적 조치를 취해 왔으며, (예컨대 구사회주의 국가같이) 중앙은행이 존재하지 않았던 나라의 경우에는 독립적인 중앙은행을 설립하기 위해 노력해 왔다. 이런 개혁은 중앙은행 독립의 중요성이 널리 받아들여지고 IMF 구조 조정 프로그램SAP이 시행됨에 따라 가속화되었는데, 이 프로그램은 자금과 기술 지원을 중앙은행 개혁과 명시적으로 연계하는 방식을 취했다. 예를 들어 1999년 2~3월 협상에서 IMF는 브라질 정부에 중앙은행의 자율성을 강화하도록 압력을 넣어 약속을 받아냈다. 또 IMF는 한국(1997년 12월)과 터키(2001년 4월)에 구제 금융을 제공하면서 중앙은행 독립성 강화를 선결 조건으로 내걸기도 했다.

독립적인 중앙은행이 반인플레이션 정책을 추진하도록 만들기 위해 중앙은행의 운영 관행에 제약 조건을 붙일 수도 있다. 예컨대 IMF 구조 조정 프로그램에는 중앙은행이 예산 적자를 '화폐화'하지 말아야 한다는 조건이 들어간다. 즉 정부는 예산 적자를 메우기 위해 신규 화폐를 발행할 수 없다.

중앙은행 운영에 가해지는 또 다른 제약은 물가 안정 목표제inflation

targeting가 점차 확대되도록 하는 것이다. 물가 안정 목표제는 중앙은행이 물가를 사전에 결정해서 (일반적으로 2~3% 정도로) 공표한 범위 이상으로 상승하지 않도록 통화 정책을 관리하는 방식을 말한다. 현재 (브라질, 칠레, 콜롬비아, 체코 공화국, 헝가리, 한국, 멕시코, 페루, 폴란드, 남아프리카공화국, 타이 등) 11개 개발도상국이 일정한 형태로 물가 안정 목표제를 채택하고 있다. 그리고 (필리핀과 같은) 다른 국가들도 마찬가지로 이런 방향으로 가고 있다.

중앙은행 지배 구조에 관한 신자유주의적 관점 기각

독립적인 중앙은행이 넓은 의미에서 국익에 부합하는 '중립적'인 통화 정책이나 정치적 당파성이 없는 통화 정책을 추진하는 것은 아니다.

신자유주의자들의 주장과는 달리 독립적인 중앙은행은 (다른 모든 정책 입안 기관도 마찬가지지만 지배 구조와 상관없이) 일부 집단의 이익에만 부합하고 다른 집단의 이해와는 상반된 방식으로 운영된다(Grabel 2000). 독립적인 중앙은행은 구조적으로 저금리에 최고의 가치를 두고 금융 수익을 취할 수 있는 이해 단체인 금융 집단financial community에 편향되어 있다. 물론 (예컨대 고정 수입으로 생활하는 연금 생활자처럼) 물가 상승으로 손해를 입는 다른 계층도 있지만, 물가 상승으로 가장 직접적이고 심각한 경제적 손해를 보는 계층은 금융 집단이다. 따라서 (기동력 있고, 정치적 영향력이 크며, 강력한 국제 연대를 유지하는) 금융 집단이 중앙은행 독립을 강력히 옹호하는 것은 전혀 놀라운 일이 아니다. 이른바 독립된 중앙은행은 통화 정책을 통해 금융 집단의 이익을 크게 높일 수 있기 때문이다.

산업 집단과 수출 상품 제조업체는 (그리고 이런 기업에 고용되어 있는 노동자는) 금융 집단과 달리 제한적인 통화 정책을 통해 물가 상승을 막자는 주장에 집착하지 않는다. 산업 집단은 이자율 상승에 따른 대출 비용 증가로 고통을 받기도 하기 때문이다. 게다가 수출 상품 제조업체 역시 이자율 인상으로 인한 국내 통화의 평가절상으로 고통을 받는다.(9.1장과 위의 11.1장을 참조하라.) 따라서 독립적인 중앙은행이 추구하는 통화 정책의 분배 효과는 중립성과는 거리가 멀다.

신자유주의자들은 입으로는 민주주의와 투명성, 공적 책임public accountability을 강조하지만, 이런 원칙들을 전혀 실현하지 않는 조직(독립적 중앙은행)에 통화 정책을 맡기자는 주장을 지지하는 것은 앞뒤가 맞지 않는다.(위의 11.1장 통화위원회에 대한 논의와 6장을 참조하라.) 특히 통화 정책은 분배와 거시 경제에 미치는 영향이 너무나 크기 때문에 이런 통화 정책을 금융 집단의 이해에 따라 운용하는 독립적인 중앙은행은 민주적 지배 구조 원칙과 양립할 수 없다.

실제 사례를 보면 개발도상국에서 중앙은행 독립의 확대를 통해 인플레이션을 감소시키거나 거시 경제의 성과를 높이는 데 실패했다는 사실이 증명된다.

신자유주의자들은 중앙은행 독립이 인플레이션을 막는다는 점을 강조하지만 여러 연구를 통해 신자유주의자들의 이런 주장이 근거가 없는 것으로 밝혀졌다. 수많은 실증 연구에 따르면 개발도상국에서 중앙은행 독립과 반인플레이션 사이에는 분명한 상관관계가 없다는 사실이 드러났다(Eijffinger and de Haan 1996). 더욱이 경험적 증거에 따르면 중앙은행 독립은 경제 성장률이나 고용률을 높이지 못하며(Eijffinger and de Haan 1996), (독립적인 중앙은행이 있더라도 과도한 대출 증가, 주가 및 부동산 폭등 등이 종종 일어나) 금융 안정이나 균형 예산을 지원하지도 못한다. 또 중앙은행이 독립적이라고 해서 재정 적자를 '화폐화'하는 경향이 약화되는 것도 아니다(Sikken and de Haan 1998).

어떤 학자들은 현재 개발도상국에 너무도 중요한 외국 자본을 유치하기 위해 중앙은행 독립이 필요하다고 주장한다(Maxfield 1997). 그러나 이 주장도 역시 실증적 증거가 부족하기는 마찬가지다. 해외 투자자가 (법적 독립성과는 별개로) 실제 운영에서 중앙은행이 독립적인지 평가하기는 사실 어렵다. 아울러 해외 투자자는 (금융 위기 이전의 동아시아 국가들이나 러시아, 중국처럼) 중앙은행이 독립하지 않은 국가라도 성장 전망이 밝고 투기 기회가 있다면 기꺼이 투자하는 경향이 있다(9.4장 참조).

수많은 나라에서 중앙은행이 자국 경제에 대해 철저한 정치적 책임을 갖고 있는 경우 경제 발전에서 중요한 역할을 했거나 또 할 수 있다.

대다수 산업 국가가 경험한 바에 따르면 개발과 사회복지라는 국가적 목표와 조화를 이룬 중앙은행이야말로 경제 발전에서 결정적인 역할을 해 왔다는 사실이 분명하게 드러난다. 우리는 이런 중앙은행을 자신이 존재하는 사회에 '봉사하는embedded' 중앙은행이라고 본다. 앞에서 살펴봤듯이 성공적인 경제 개발을 경험한 국가 중 대다수는 (다양한 수단을 통해) 금융을 경제 발전 목표에 부합하도록 했다.(9.2~9.3장과 10장, 11.1장을 참조하라.)

일본과 유럽 대륙 국가 대부분의 중앙은행은 산업화 과정에서 핵심적 역할을 수행했다. 이들 국가에서 중앙은행은 산업 정책의 일환으로 경제에서 전략적 부문에 대해 신용 보조금을 주거나 은행 시스템에 따라 할당되는 몫이나 이자율을 통해 직접적으로 개입했다.(7.2장과 10장을 각각 참조하라.) 이것은 1990년대 통화 통합이 추진되면서 유럽 통화 개혁, 특히 정치적으로 독립된 유럽중앙은행European Central Bank 창립을 통해 신자유주의가 득세하기 전까지만 해도 유럽에서도 일종의 규범이었다.

또 사회에 '봉사하며' 정치적 책임성을 담보하는 중앙은행은 1990년대까지 대다수 개발도상국에서도 일반적인 규범이었다. 예를 들어 성공한 동아시아 국가들에서 정책 입안자들은 중앙은행의 역할을 엄밀하게 규정해서 단순히 물가와 통화 가치를 멀리서 감독하는 게 아니라 정부의 경제 성장 계획의 중요한 파트너로 삼았다.

통화 정책에 관한 신자유주의적 관점 기각

인플레이션에 대한 집착은 통화 정책을 그릇된 방향으로 이끌어 경제 성장을 저해한다.

물가 상승에 대한 과도한 경계에서 파생되는 비용은 믿을 수 없을 정도로 엄청나다. 물가 안정에 집착하다 보면 생활수준과 (산업 활동, 고용,

경제 성장과 관련된) 경제 실적에 치명타를 가하는 통화 정책을 채택하게 되기 때문이다. 더욱이 이런 전략에서 얻을 수 있는 경제적 이익은 매우 불투명하다. 다양한 실증 연구에 따르면 (연구에 따라 다르지만 대략 10~40% 정도의) 일정 수준의 물가 상승률은 경제 성장을 (크게) 저해하지 않는다. 물가 상승률이 (예컨대 연간 40% 이상으로) 매우 높은 수준인 경우에만 물가 상승에 따른 경제적 비용이 발생한다는 것이다. 심지어 저명한 신자유주의 경제학자이자 '인플레이션 사냥꾼inflation hawk'으로 불리는 로버트 바로(Robert Barro 1996)까지 이런 결론을 수긍했다. 그는 (연간 10~20% 정도 되는) 일정 수준의 물가 상승은 경제 성장을 약간 늦추는 반면, 10% 이하의 물가 상승은 성장에 부정적 영향을 전혀 미치지 않는다는 사실을 발견했다.

다른 분석 결과를 살펴봐도 이런 사실을 확인할 수 있다. 예를 들어 1960년에서 1992년까지 127개국에서 물가 상승률과 경제 성장 간의 관계를 연구한 세계은행의 최근 보고서는 20% 미만의 물가 상승률은 장기 성장에 뚜렷한 영향을 미치지 않는다는 결론을 내렸다(Bruno 1995). 여기에 덧붙여 이 연구는 물가 상승률이 20~25%에 이를 때도 평균 성장률은 조금밖에 하락하지 않는다는 사실을 발견했다. 세계은행의 이런 연구 결론은 연간 물가 상승률이 세 자리 범위에서 20% 사이로 움직이는 경우 해당 국가는 일정한 경제 성장을 거둘 수 있다는 사실을 보여 주는 것이다.[48] 엡스타인(Epstein 2001) 역시 중진국 semi-industrialized countries의 경우 (연간 20% 이하 정도의) 일정 물가 상승률은 경제 성장, 투자, 외국인 직접투자 유입에 어떤 뚜렷한 영향을 미치지 않는다는 사실을 보여 주었다. 마지막으로 브루너와 이스털리(Bruno and Easterly 1996)는 (연간 15~30% 정도의) 일정한 물가 상승률은 심각한 경제적 비용 없이 상당 기간 지속될 수 있다고 주장했다. 저자들은 이런 국가로 콜롬비아를 예로 든다.

실증 연구를 개괄적으로 살펴본 결과 개발도상국이 물가 안정에 지나치게 집착하는 것은 불필요하다는 사실이 분명해졌다. 미국에 대한 최근 연구에 따르면, 물가 상승에 대한 히스테리가 오히려 경제 성장을 저해하는 측면이 있다. 미국의 물가 상승률이 3%에서 10%로 오른 경우 GDP는 1.3% 정도 떨어졌으나, 물가 상승률이 10%에서 3%로 떨어진 경우 생산 손실은 GDP의 16% 정도로 나타났다.(Walsh는 Epstein 2001을 인용했다.) 또 상당수 개발도상국들은 높은 물가 상승률에도 불구하고 인상적인 경제 성장을 달성했다. 예를 들어 1950년대와 1960년대에 라틴 아메리카 국가들은 두 자리 숫자의 물가 상승률과 함께 높은 경제 성장률을 기록했다. 이 기간에 높은 성장률과 높은 물가 상승률을 기록한 대표적인 나라가 브라질이다. 또 일본과 한국도 1960년대와 1970년대에 비교적 높은 성장률과 높은 물가 상승률을 동시에 기록했는데, 이들 국가의 물가 상승률은 20% 정도로 다른 많은 라틴 아메리카 국가보다 더 높았다.[49]

48 세계은행의 연구는 적절한 물가 상승도 경제적으로 큰 비용을 치르게 하지는 않지만 문제가 된다고 주장한다. 이는 적절한 물가 상승으로 정책 입안자가 "물가 상승에 둔감한 버릇"에 길들여지고, 이런 버릇은 결국 미래의 높은 물가 상승을 유발하기 때문이라는 것이다. 하지만 이 연구는 이런 주장을 뒷받침할 만한 증거를 제시하지는 못했다.
49 1960년대에 한국의 물가 상승률은 베네수엘라(1.3%), 볼리비아(3.5%), 멕시코(3.6%), 페루(10.4%), 콜롬비아(11.9%)보다는 높았고 아르헨티나(21.7%)보다는 낮았다. 1970년대에 한국의 물가 상승률은 베네수엘라(12.1%), 에콰도르(14.4%), 멕시코(19.3%)보

중앙은행 지배 구조에 관한 정책 대안

<u>정치적 책임을 가지고 사회에 봉사하는 중앙은행은 많은 나라에서 그랬듯이 국가의 경제 목표에 참여하는 주체가 되어야 한다.</u>

정치적 책임을 가지고 사회에 봉사하는 중앙은행이 경제 발전에 기여하는 정도는 정책 입안자의 기술적 역량, 정부의 국가 발전 전략에서 전반적인 건전성, 정책 입안자가 해당 전략을 이행하는 능력 등에 달려 있다. 또 경제 목표를 달성하기 위해 금융 시스템의 협력을 이끌어 내는 정책 입안자의 능력도 매우 중요하다.

중앙은행은 국민 경제와 사회복지에 중요한 역할을 수행하는 다른 기관들과 동일한 수준으로 정부에 책임 있는 역할을 해야 한다. 중앙은행은 통화 정책에 대해 명확하고 투명한 목표(아래 참조)를 확립해야 하고, 확립된 개발 목표를 달성하기 위해 정부와 협조해야 한다.

통화 정책에 관한 정책 대안

<u>정치적 책임을 가지고 사회에 봉사하는 중앙은행은 경제 성장, 고용, 사회복지라는 목표를 촉진하는 통화 정책을 추진해야 할 책임이 있다.</u>

신자유주의 문헌들은 통화 정책이 목표를 가져야 한다고 주장한다.

> 다는 높았고 콜롬비아(22.0%)와 볼리비아(22.3%)보다는 낮았다. 자세한 내용은 Singh(1995)의 표 5를 참조하라.

그러나 통화 정책의 목표는 물가 안정에만 몰두하는 것이 아니라 좀 더 광범위한 경제적, 사회적 목표들을 포괄해야 한다. 즉 통화 정책의 목표는 경제 성장, 고용, 평등과 같은 가치를 겨냥해야 한다. 높은 물가 상승률을 막는 것은 이런 광범위한 목표에 부합하는 한도 내에서만 추구해야 한다.[50]

11.3 재정 정책

용어 설명

재정 정책은 정부의 수입 및 지출 행위와 관련된 것이다. 정부 수입은 (소득세, 판매세, 부가가치세, 관세와 같은) 세금과 국영 기업이나 (증권, 토지 등) 정부 소유 자산 등에서 발생하는 다른 수입원에서 나온다. 정부 지출은 (공무원 급여와 사회복지 지출 같은) 경상 지출과 (도로에 대한 투자와 컴퓨터 구입 같은) 자본 지출로 구성된다.

정부 지출 정책에 관한 신자유주의적 관점

개발도상국 정부는 높은 수준의 지출을 유지할 여력이 없다.

개발도상국의 과도한 정부 지출은 경제 정책이 지나치게 정치 지향

---

[50] Epstein(2001)은 통화 정책의 고용 목표를 제안한다. 그리고 Kirshner(2000)는 여기서 제안한 다른 정책과 더불어 좀 더 광범위한 통화 정책의 목표를 제안한다.

적이라는 데 그 원인이 있다. 정부 관료는 정치적 후원을 받고, 그 대가로 중요한 이해관계자들에게 정부 지출 프로그램을 통해 호의를 베푼다. (실제로 조세 부족보다 더 중요한) 과도한 지출은 매우 심각한 문제인데, 이는 재정 낭비가 몇 가지 사회 경제적 문제를 유발하거나 악화시키기 때문이다.

첫째, 사회 정책에 대한 정부 지출은 왜곡된 인센티브를 창출할 수 있다. 예컨대 실업 급여는 일자리를 찾으려는 동기를 없앤다. 둘째, 정부 지출은 시장 원리에 따라 결정되는 것이 아니라 자기 이익을 추구하는 관료들의 부패 관행으로 왜곡되는 경우가 많기 때문에 근본적으로 낭비가 많고 비효율적이다. 이와 대조적으로 개인이나 기업의 민간 지출은 본질적으로 공공 지출보다 효율적이거나 적어도 훨씬 덜 비효율적이다. 셋째, 과도한 정부 지출은 예산 적자를 유발하거나 악화시킨다.

예산 적자는 투자자의 신뢰를 떨어뜨리는 물가 상승에 대한 부담을 초래한다. 예산 적자는 경제에서 수요 수준을 높이고, 때로 중앙은행으로 하여금 예산 적자를 '화폐화'시키기 위해 통화 공급을 늘리게 만들기 때문에 인플레이션을 유발하게 되는 것이다(앞의 11.2장 참조). 더 중요한 사실은 예산 적자를 메우기 위해 필요한 정부 차입이 민간 투자를 저해한다는 것인데, 학술적인 용어로는 이를 민간 투자 구축驅逐이라고 표현한다. 이 같은 구축 효과는 정부의 늘어난 자금 수요가 이자율 상승 쪽으로 압박을 가하기 때문인데, 이렇게 이자율이 오르면 민간 차입자는 대출 시장에서 더 높은 이자 비용을 치러야 한다.

과도한 정부 지출이 문제인데, 그 해결책은 재정 제약이다.

개발도상국에서 정부 지출 문제를 해결하기 위해서는 정책 입안자가 재정 제약fiscal restraint을 배우고 실행해야 한다. 그러므로 급격한 정부 지출 감축이 IMF의 구제 금융 조건에서 공통 사안이 되는 것은 당연한 일이다. 만일 투자자가 해당 정부의 지출 감축 의지를 신뢰하지 못한다면, 그때는 외부에서 해당 국가에 특정한 재정적 목표를 제시하고 정부 지출을 줄이라고 강제하는 것이 필수적인 조치이기도 하다. 2001년 7월 아르헨티나 정부는 대중에게 공표된 (아쉽게도 지금은 폐지된) '제로 적자법zero deficit law'을 시행했는데, 이 법에 따라 연방정부는 가용한 수입 범위 내에서만 정부 지출을 할 수 있었다. IMF는 이런 약속의 대가로 2001년 8월 아르헨티나에 80억 달러의 포괄적인 원조를 제공했다. (이 자금은 아르헨티나 정부가 제로 적자법을 지키지 않자 당연히 회수되었다.)

정부 수입 정책에 관한 신자유주의적 관점

개발도상국의 조세 시스템은 만연해 있는 조세 회피로 골머리를 앓고 있다.
또 개발도상국은 관세처럼 왜곡된 형태의 조세에 지나치게 의존하는 경향이 있다.

개발도상국은 중앙정부나 지방정부 모두 법인세와 소득세, 재산세를 징수하는 데 심각한 어려움에 직면한다. 개발도상국이 법인세나 소득세에 비해 탈세가 쉽지 않은 (관세 같은) 국제 무역세에 의존하는 경우가 많은 것도 바로 이 때문이다. 실제로 전체 조세 수입에서 관세가 차지하는 비중은 개발도상국과 산업 국가가 확연히 다르다. 최근 한 연구에 따르면 개발도상국에서 GDP 대비 무역세의 비율은 5.13%로 산업 국가의 0.72%보다 훨씬 더 높다.[51] 일반적으로 전체 조세 수입에서 차지하는 무역세의 중요성은 한 나라의 부와 반비례한다. 예컨대 아프리카 국가들은 GDP 대비 무역세의 비중이 개발도상국 중에서 가장 높다.

하지만 소득세나 법인세보다 무역을 통해 조세 수입을 올리는 것은 경제에 온갖 종류의 왜곡과 비효율을 불러온다는 문제가 있다.(관세에 관한 논의는 7.1장을 참조하라.)

조세 개혁은 조세 회피를 줄이는 데 초점을 두어야 한다.

앞에서 논의한 조세 문제를 고려할 때 개발도상국은 조세 징수를 강화해야 한다.

조세 징수와 정부 지출의 효율성은 정치적으로 독립된 재정 기관을 만드는 것으로 향상될 수 있다(Mas 1995를 참조). (통화위원회와 독립적인 중앙은행에 관해서는 11.1장과 11.2장을 각각 참조하라.) 하지만 독립적인 재정위원회의 경우 이들 기관의 독립성이 실제로 유지되는지, 이 기관에서 일하는 직원의 역량이나 이런 새로운 기관을 설립하기 위한 자금 조달이 가능한지와 같은 요인들에 의해 성공 여부가 좌우된다는 사실에 주목해야 한다(World Bank 2002: 5장).[52] 또 조세 징수는 다른 조세보다 회피하기 어려

---

51 11.3장에서 언급한 모든 데이터는 특별한 언급이 없으면 Toye(2000)에서 인용했다.
52 미국의 저명한 경제학자이자 미국 연방준비제도 전임 부의장인 Alan Blinder(1997)는 미국에서 독립적인 재정 당국의 출범을 요청했다. Eichengreen, Hausmann and Von

운 부가가치세VAT 제도에 의해서도 향상될 수 있다. 하지만 부가가치세의 성공 역시 이 세금을 관할하는 기관의 역량에 달려 있다.

정부 지출 정책에 관한 신자유주의적 관점 기각

> 신자유주의적 관점에 따라 촉진된 정부 지출 긴축 경향은 생활수준을 떨어뜨리고, 장기적이고 직접적으로 경제 상황을 위태롭게 한다.[53]

IMF는 금융 위기가 일어난 모든 국가에 구제 금융을 조건으로 특정 부문에 대한 정부 지출을 삭감하라고 압박을 가한다. 여러 자료에 따르면 재정 삭감이 가장 흔하게 이루어지는 분야는 (보건과 교육 지출을 포함한) 사회 지출과 산업 및 농업 개발, 전력, 교통, 통신 등에 대한 지출이다. 이런 삭감은 빈곤층과 중산층의 사회적 기반과 생활수준에 재앙에 가까운 영향을 미치고, 심각한 불황을 유발하며, 경제의 장기적 성과를 위협하게 된다. 이 경우 가장 큰 피해를 입는 사람들이 정치적, 경제적 권력에서 소외된 계층이라는 사실은 놀랄 일도 아니다. 경제 위기가 일어나는 시점은 사회복지 프로그램에 대한 정부 지출과 산업, 농업, 사회 기반 시설에 대한 정부 지원이 가장 절실한 때인 것이 보통이기 때문이다. 더구나 산업, 농업, 사회 기반 시설에 대한 정부 지출 삭감은

Hagen(1999)은 라틴 아메리카에서 정치적으로 책임 있는 국가재정위원회의 설립을 제안했다.

53 정부 지출 삭감의 구조와 재정 불균형에 대한 신자유주의적 개혁과 관련된 이후의 많은 주장은 Toye(2000)에서 상당 부분 인용했다.

장기적 경제 성과에 치명적이므로 특히나 근시안적인 정책이다.

이런 위기 기간 동안 줄어드는 정부 지출을 민간 부문의 지출이 늘어나 대체할 것이라는 주장이 있지만 그에 대해서는 어떤 증거도 없다. 오히려 민간 부문에서도 지출이 줄어들 것이라는 게 훨씬 더 그럴듯한 시나리오다. 실제로 IMF는 1990년대 후반에 발생한 금융 위기 이후 아시아 국가들에 가한 정부 지출 삭감 압력(그리고 통화 긴축 압력)이 지나친 면이 없지 않았다고 스스로 인정했다. 많은 아시아 국가들이 금융 위기 이후 전개된 긴축 정책으로 말미암아 심각한 사회적 혼란과 정치 불안, 그리고 경제 활동이 전반적으로 급격하게 위축되었기 때문이다.

신자유주의자들이 예산 적자에 보이는 지나친 집착은 재정 불균형의 진정한 원인을 은폐하는 것이다. 사실 재정 불균형은 신자유주의 정책 자체 때문에 발생하는 경우가 많다.

신자유주의자들은 자신들이 지지하는 바로 그 정책이 예산 적자를 악화시켰다는 것을 제대로 인식하지 못한다. 예컨대 빈곤 국가는 무역 자유화로 인해 최대 조세 수입원인 관세 수입이 줄어들게 된다(앞의 내용 참조). 따라서 무역 자유화 정책을 시행하면 정부 지출이나 다른 조세 수입에 별다른 변화가 없는 이상 거의 어김없이 재정 불균형이 발생할 수밖에 없다는 것은 간단한 계산만으로 확인할 수 있다.

일부 국가의 경우에는 공기업 민영화에 따라 일시적으로 정부 수입이 발생하고, 그 덕분에 무역 자유화로 잃은 관세 수입의 일부가 상쇄되기도 한다. 그러나 이런 방식으로 줄어든 조세 수입을 상쇄시키는 것은 그리 오래가지 못한다. 팔아 버릴 수 있는 공기업이 유한한 상태에서 민영화 프로젝트가 끝없이 계속될 수는 없기 때문이다. 현재까지 나온 관련 연구를 봐도 민영화가 장기적으로 정부 수입을 늘리고 예산 적자를 줄이기에는 한계가 있다는 사실을 증명한다.

세계적인 신자유주의 금융 개혁 역시 개발도상국의 재정 불균형에 일정한 역할을 했다. 이와 같은 금융 개혁은 개발도상국에서 외채에 대한 이자율을 높이는 한편, 기업과 정부의 초과 차입(또는 초과 대출)의 원인이 되었다. 이는 개발도상국에 돈을 빌려준 주요 채권자가 선진국 정부와 다국적 기구에서 선진국 상업 은행으로 바뀌었기 때문이다(9.2장과 10장 참조). 또 변동 환율제 아래서 일반적으로 나타나는 개발도상국 통화의 평가절하는 외채 상환 부담을 더욱 가중시켰다(위의 11.1장 참조). 그리고 이 같은 현상은 다시 개발도상국의 예산 적자를 키우는 데 결정적으로 기여했다. 라틴 아메리카 국가들은 외채 상환 부담이 너무 커지는 바람에 엄청난 규모의 예산 적자 상태로 빠진 대표적 사례들이다.

(물론 신자유주의자들은 '실패한' 케인스주의 처방 때문에 방만한 정부 지출이 나타났다고 주장하지만) 신자유주의적인 무역 및 금융 개혁이 예산 적자의 주요 원인이 되었다는 것은 아이러니한 일이다. 실제로 최근 연구를 보면 '금융 자유화에 따른 정부 부채의 이자 인상'과 '무역 자유화에 따른 조세 수입 감소'라는 두 요소가 결합되면 재정 적자가 6~7% 정도 늘어나는 것을 알 수 있다(Toye 2000).

IMF는 개발도상국이 예산 균형을 달성해야 할 뿐 아니라 이를 일련의 구조 조정 프로그램에 따라 매년 실행해야 한다고 요구한다. 예산 균형이 (우리는 인정하지 않지만) 본질적으로 국민 경제에 이롭다고 치자.

그렇다고 해도 이(예산 균형)를 매년 강제한다는 것은 합리적이지 않다. 오히려 국가가 경기 순환에 따라, 예컨대 불황기(호황기)에는 민간 부문의 지출이 감소(증가)하므로 이를 상쇄할 수 있도록 정부 지출을 늘리(줄이)는 식으로 예산을 조정해야 한다고 권하는 것이 훨씬 합리적이다.

재정 정책은 예산 균형에 대한 집착 때문에 제약받아서는 안 된다.

개발도상국에서 예산 균형에 대해 집착하는 것은 잘못되었다. 예산 적자만으로 투자자의 신뢰가 손상되거나, 인플레이션을 유발하거나, 민간 투자가 위축되지는 않는다. 실제 증거를 보면 국내외 투자자는 성장 전망이 밝거나 매력적인 투자 기회가 있는 국가라면 예산 적자가 높은 수준이라도 투자를 꺼리지 않는다.

예산 적자는 물가 상승을 유발하기 때문에 언제나 피해야 한다는 신자유주의의 주장을 뒷받침할 그 어떤 증거도 없다. (개발도상국들 대부분이 그렇듯이) 상당한 과잉 설비를 보유한 국가의 경우는 정부 지출과 관련된 경제 활동의 증가가 반드시 물가 상승으로 연결되는 것도 아니다. 중앙은행이 통화 공급을 늘려 (그러므로 인플레이션을 유발하여) 일반적으로 예산 적자를 화폐화한다는 신자유주의자들의 주장도 근거가 빈약하기는 마찬가지다. 싯켄과 데 한(Sikken and de Haan 1998)은 이 문제에 대한 주의 깊은 분석을 통해 개발도상국에서 예산 적자와 통화 공급 사이의 관계가 대다수 신자유주의자들이 생각하는 것보다 훨씬 더 복잡하다는 점을 논증한 바 있다.

역사적으로 유럽 대륙 국가들과 미국, 일본이 급속한 경제 성장을 이룬 때는 대규모 공공 지출 프로그램의 실행과 함께 엄청난 예산 적자를 보인 시기였다.

2차 세계 대전 이후 여러 나라에서 이루어진 상당한 규모의 공공 지출은 마셜 플랜Marshall Plan과 연관된 대규모 국제 공공 지출의 지원이 있었기 때문에 가능했다. 1960년대의 고도성장기에도 산업 국가들은 상당한 정도의 공공 지출을 시행했다. 예를 들어 1960년에 GDP 대비 공공 지출 비율은 스웨덴이 31%, 독일이 32.4%, 미국이 27.2%, 영국이 32.2%였다(Navarro 2001). 좀 더 최근의 경우를 살펴보면, 특정 목표를 세우고 집행한 공공 지출은 아시아 신흥공업국NICs의 급속한 성장에 핵심적인 역할을 했다. 1940~1960년대 (특히 브라질, 아르헨티나, 멕시코 등의) 라틴 아메리카가 인상적인 경제 성장을 기록했던 것도 공공 지출의 영향이 상당히 컸다. 이런 경제 성장 사례들은 정부 지출의 역할을 고려하지 않고는 설명하기가 불가능하다.

신자유주의자들은 재정 제약과 균형 예산의 미덕을 강조하지만 산업 국가들은 지금도 상당한 정도의 공공 지출을 유지하고 있는데, 이런 공공 지출의 상당 부분은 적자 예산을 통해 조달된다. 1999년 GDP 대비 공공 지출 비율은 스웨덴이 55.1%, 독일이 44.8%, 네덜란드가 43.2%, 미국이 32.7%, 영국이 37.8%였다. 산업 국가에서 높은 수준의 공공 지출이 가능한 것은 강력한 조세 기반과 성공적인 조세 징수 때문이다. 따라서 개발도상국의 정책 입안자들은 조세 기반과 관련된 정책 변화에 극도로 신중해야 하는 한편, 징수 실적을 올릴 수 있는 조치를 취하는 것이 매우 중요하다.(조세 징수와 관련된 문제는 다음을 참조하라.)

조세 수입과 징수를 개선해야 할 정당한 이유가 있음에도 불구하고 단지 예산 적자를 피해야 한다는 강박관념 때문에 잘 설계된 공공 지출 프로그램을 포기해서는 안 된다. 이와 관련해서 산업 국가가 개발도상국 시절 재정 제약 같은 정책을 지켰으리라고는 상상하기조차 어렵다. 실제로 산업 국가의 재정 적자는 상당한 조세 기반과 조세 징수율에도 불구하고 아직도 꽤 높은 수준을 유지하고 있다. 1991~1995년 GDP 대비 공공 적자 비율은 스웨덴이 8%[54], 독일이 3%, 네덜란드가 3.3%, 미국이 2.9%, 영국이 5.6%였다(Navarro 2001). 오랫동안 유럽에서 재정 제약의 미덕을 누구보다 강력하게 옹호했던 독일 정부마저도 2002년 초반에 GDP 대비 예산 적자의 비율이 2.7%로 상승하자 당혹감을 감추지 못한 바 있다. 또 미국의 조지 부시 대통령은 2001년 9.11 사태 이후 균형 예산을 유지하겠다는 행정부의 약속을 재빨리 철회했다.

공공 투자는 민간 투자를 촉진하지도 저해하지도 않는다.

민간 투자의 미덕과 공공 투자의 해악에 대한 신자유주의의 주장은 재고해 볼 가치도 없다. 경제 발전의 관점에서 볼 때 민간 투자든 공공 투자든 그 자체가 좋거나 나쁜 것은 아니다. (경제 성장과 사회적 목표라는 관점에서) 투자의 생산성은 자원의 이용 가능성, 경제에 대한 전략적 계획의 수준 등과 같은 다양한 요소에 달려 있다. 그렇다 하더라도 (사회간접시설에 대한 투자 같은) 정부가 맡는 것이 더 적절한 프로젝트를 민간 부문이 할 수 있거나, 또 해야 한다고 기대해서는 안 된다.

[54] 이것은 주로 1980년대 신자유주의적 금융 개혁에 뒤따라 일어난 은행 위기 때문이다.

신자유주의자들은 민간 투자가 공공 투자보다 우월하다고 주장하지만 실제로는 이를 입증할 만한 근거가 없다. 신자유주의자들은 공공 투자가 정치적으로 왜곡되고 낭비적이며 내부 거래를 할 가능성이 크다고 말하지만, 이는 민간 투자의 경우도 마찬가지다. 또 민간 투자나 공공 투자 모두 잘못된 인센티브를 창출할 수 있다. 예컨대 실패한 사업에 대한 공적 지원에서 이런 일이 일어날 가능성이 많다. 신자유주의자들은 이런 조치가 부실한 기업 경영을 조장한다는 이유를 들며 국영 기업이나 준공기업을 구제하는 조치를 공격한다. 그러나 일부 대기업 역시 어려움에 처하면 정부의 구제를 받는다. 그리고 이런 구제 역시 잘못된 인센티브를 낳기는 마찬가지다.

마지막으로 공공 투자가 민간 투자를 억제한다는 구축 효과는 신자유주의자들에게 매우 강력한 이데올로기적 호소력을 지니고 있는지는 몰라도, 이 주장 역시 뒷받침할 논리적 근거가 매우 취약하다. 개발도상국의 경우 애당초 민간 투자는 낮은 수준이다. 따라서 이런 나라의 경우 공공 투자가 민간 부문을 어떤 경로로, 그리고 왜 구축하는지는 명확하게 설명하기 힘들다. 오히려 공공 투자가 민간 투자를 '촉진하고 장려하는' 효과를 낼 가능성이 훨씬 크다. 교육, 보건, 사회 기반 시설, 기술과 통신에 대한 공공 투자는 분명히 민간 투자를 위해 사전에 필요하거나 동시에 진행되어야 할 조건이기 때문이다. 국내 이자율을 상승시켜 민간 투자를 구축한다는 이유로 신자유주의자들이 정부 차입을 혹독하게 비난한다는 사실은 기억할 만한 가치가 있다. 그러나 신자유주의자들은 이상하게도 국내 금융 자유화와 관련된 이자율 상승으로 민간 투자가 경색될 가능성에 대해서는 별다른 주의를 기울이지 않는다(10장 참조).

정부 수입 정책에 관한 신자유주의적 관점 기각

<u>신자유주의자들은 조세 징수를 개선할 필요성이 있다고 인정한다. 그러나 그들은 조세 징수보다 정부 지출 감소가 훨씬 더 중요하다고 생각한다.</u>

앞에서 언급했듯이 최근 들어 신자유주의자들은 개발도상국의 조세 징수와 관련한 문제점에 대해 인정하기 시작했다. 개발도상국 정부들이 조세 징수를 개선하고 개인이나 기업의 탈세를 줄인다면 활용할 수 있는 자원이 더 많이 확보되리라는 것은 두말할 나위가 없다. 그러나 신자유주의자들은 정부 지출 감축이나 재정 균형을 촉진하는 데 기울였던 열정을 조세 징수와 관련된 문제에서는 보이지 않고 있다. IMF나 개발도상국 정부가 조세 수입 증가와 탈세 방지에 상당한 투자를 했더라면 정부의 예산 제약은 훨씬 완화되었을 것이다. 조세 수입 증가는 공공 지출을 위한 재원을 확대할 뿐 아니라 새로운 예산 지출을 위한 정부 차입의 필요를 줄이기 때문이다.

정부 지출 정책에 관한 정책 대안

<u>지속적인 경제 성장과 사회 발전은 전략적이고, 잘 설계되었으며, 잘 운영되는 지출 증가에 달려 있다.</u>

재정 제약에 대한 집착(그리고 더 나아가 예산 균형에 대한 히스테리)은 사회적 병폐가 심각하고, 성장률이 낮거나 마이너스 성장을 보이는 상황에서

는 분명 적절치 않은 조치다. 개발도상국은 과도한 재정 제약을 감당할 능력이 없고, 개발도상국 스스로 균형 예산을 핵심적인 정책 목표로 정할 이유도 없다.

나라별로 역사적 경험을 보면 전략적이고 잘 설계되었으며 원활하게 운영되는 정부 지출 프로그램은 경제 성장과 투자를 촉진하고, 사회의 심각한 병폐를 완화하는 데 결정적인 역할을 했다. 예컨대 여러 사례에서 볼 수 있듯이 보건 서비스와 의무 교육에 대한 정부 지출은 빈곤을 감소시키고 경제 성장을 촉진한다. 더구나 여러 연구는 교통과 통신에 대한 공공 투자가 경제 성장과 강한 상관관계가 있다는 사실을 보여 준다(Easterly and Rebelo 1993). 동아시아의 신흥공업국을 차치하고라도 수많은 산업 국가의 경험은 산업, 농업, 사회 기반 시설, 사회복지와 교육 프로그램에 대한 정부 지출의 중요성을 강조하고 있다(7.1~7.2장과 9.4장 참조).

정부 수입 정책에 관한 정책 대안

공공 지출 증대는 추가적인 조세 수입 창출 및 탈세 감소와 결합되어야 한다.

경제 성장을 촉진하는 공공 투자 프로그램과 사회 지출 정책을 수행하기 위해 조세 징수와 정부 수입 증가가 필수적이라는 것은 분명한 사실이다. 여기서 그 방안에 대해 몇 가지 살펴보자.

첫 번째 방안은 무역과 금융 자유화처럼 경제 정책을 바꿀 때 정부 수입이 어떻게 변동되는지 신중하게 검토하는 것이다. 경제 정책을 바꾸는 경우 그로 말미암아 줄어든 세금 수입이 다른 수단으로 보충될 수 없다면 그 정책은 포기해야 한다. 이와 함께 (특히 수출자유지역에서 운영되는) 외국의 초국적기업에게 허용하는 조세 감면 기간은 조세 기반이 축소된다는 측면에서 신중하게 검토한 후 결정해야 한다(9.4장 참조).

두 번째 방안은 탈세 기회를 줄이는 것이다. 국내 거주자는 (특히 부유한 계층은) 자본 이탈 등을 통해 조세 부담을 회피하기도 한다. 이와 관련해서 자본 통제에 외국 은행과 다국적 기구의 도움을 받는다면, 자본 이탈이 조세 기반에 미치는 부정적인 영향을 감소시킬 수 있을 것이다(9.2~9.3장 참조). 아울러 국내외 기업 소유자가 흔히 사용하는 탈세 수단을 줄이는 것도 매우 중요하다. 이런 측면에서 초국적기업에게 특히 주의를 기울여야 하는데, 이들은 세율이 낮은 국가에서 세금을 내기 위해 이전 가격 조작을 통해 세금을 회피하기 때문이다(9.4장 참조). 초국적기업으로 인한 고용 창출이나 다른 혜택은 유치국이 부담해야 할 조세 비용과 견주어서 그 중요성을 가늠해야 한다.

조세 수입을 올리는 세 번째 방안은 부가가치세VAT 제도를 재설계해서 소득세를 누진적 부가가치세로 대체하는 것이다(Toye 2000). 여러 사례를 살펴보면 부가가치세 제도는 소득세를 기반으로 하는 조세 제도보다 회피하기 더 어려운 면이 있기 때문에 '정부 수입 생산성revenue productivity'이 더 높다. 이렇게 정부 수입 생산성을 높이면 개발도상국은 조세 징수에 대한 어려움에서 생기는 공공 지출 제약을 크게 줄일 수 있다.[55] 신자유주의자들 역시 부가가치세의 역할을 높여야 한다고 주장하지만 우리의 제안과는 차이가 크다. 누진적 부가가치세는 기본 생필품과 임금재wage goods에 대한 구입은 적용 대상에서 제외하고 사치재 구입에는 높은 세금을 부과하기 때문이다(Toye 2000).

추가적으로 조세 수입을 증가시키는 네 번째 방안은 금융 투기에 대해 세금을 부과하는 것으로 외환 및 주식 거래, 단기적인 국제 민간 자본 이동 등에 과세하는 것이다(9.2~9.3장 참조).[56] 국세청은 주식 거래나 단기 국제 자본 이동에 과세할 수 있다. 한편 유엔 같은 국제기구는 통화 투기에서 세금을 거둬 이에 따른 수입을 개발도상국에 재배분할 수도 있다. (또는 중요한 국제 개발 프로그램의 재원으로 사용할 수도 있다.) 닛산케 (Nissanke 2003)는 국제 통화 거래에 대해 과세하면 (금융 불안을 줄이는 동시에) 상당한 수입을 거둘 수 있는 가능성이 있다는 사실을 알려 준다. (아울러 금융 불안을 감소시킨다.) 닛산케는 국제 통화 투기에 세금을 부과해 얻는 수입이 연간 170억 달러에서 350억 달러가 될 것으로 내다봤다.[57] 투기에 대한 과세는 빈곤 계층이 금융 자산 거래에 참여하지 않는다면 누진세로서 효과를 발휘할 수 있을 것이다.

---

[55] 예를 들어, 한 연구는 개발도상국이 1980년대에 소득세와 사회보장세를 통해 GDP의 3.38%에 해당하는 조세 수입을 증가시켰을 뿐이라는 사실을 발견했다. 대조적으로 산업 국가는 같은 시기에 소득세와 사회보장세를 통해 GDP의 17.35%에 해당하는 조세 수입을 거둬 들였다(Toye 2000).

[56] 통화 투기에 대한 과세는 일반적으로 토빈세(Tobin Tax)라 부른다. 이 조세는 1974년 논문에서 이 세금을 처음으로 제안한 노벨 경제학상 수상자인 제임스 토빈(James Tobin)의 이름을 따서 붙인 것이다.

[57] 다른 종류의 투기세에서 거둘 수 있는 정부 수입 추정치는 Grabel(2003d)을 참조하라.

맺음말
경제 발전 정책의 부활을 둘러싼 장애물과 기회

　지금까지 우리는 경제 발전에 대한 신자유주의 어젠다들이 얼마나 잘못된 근거들에 기반하고 있는지 검토했다. 신자유주의 경제 정책들이 이론적, 경험적, 제도·역사적으로 사실 매우 허약하다는 것도 살펴보았다. 이에 대해 우리는 경제 정책의 핵심적 부문들에 대해 보다 신속하고 공정하며, 안정적이고 지속적으로 경제 발전을 이룰 수 있는 다양한 대안들을 제시하고자 했다. 우리의 대안은 무역, 산업, 민영화, 지적재산권, 외국 은행 차입, 포트폴리오 투자와 외국인 직접투자, 국내 금융 규제, 환율과 통화, 중앙은행과 통화 정책, 그리고 정부 수입과 지출을 포괄한다. 이런 작업을 통해 우리는 지난 25년간 신자유주의자들이 표방해 온 기세등등한 우월감에 일격을 가하고 싶었다.

　정책 대안을 탐구하면서 우리는 특정 국가에 어떤 정책이 적절한지는 그 나라 고유의 조건들 — 부존자원, 외화 획득 여건, 세계 경제에서 핵심 시장에 접근 가능성 여부, 기타 사회적·정치적 여건 — 에 따라 달라진다고 주장했다. 또 일부 국가에 대해서는 그 나라의 특정 조건에 가장 잘 부합할 수 있는 정책 형태에 대한 지침을 제공하기도 했다.

마지막으로 우리는 이 책에서 제안한 경제 정책들에 대한 대안이 이론적으로 허술한 신자유주의 정책 의제들과 달리 경제 이론에 튼튼히 뿌리박고 있음을 보여 주었다. (예컨대 Chang 2003에 나온 논문을 참조하라.) 오늘날의 부국들이 발전기에 수립했던 전략과 역사적 경험을 살펴보면, 그리고 최근 경제 발전에 성공한 개발도상국들을 보면, 우리의 정책 대안이 경제 발전에 필수적이며 현실적으로 적용 가능한 방안이란 점을 확인할 수 있을 것이다. 물론 과거의 다른 나라 경험이 반드시 우리가 이 책에서 주장하는 혁신적이고 실험적인 정책의 성공을 보장해 주지는 않는다. 그러나 우리는 오늘날처럼 수많은 난관이 도사리고 있는 현실에서 개발도상국의 정책 입안자들은 좀 더 창의적으로 정책 대안을 사고해야 한다고 생각한다.

우리에게 공감하는 독자들 중에도 이 책의 내용에 반발하는 사람들이 있을 수 있다. 이런 독자들은 이 책에서 제시된 대안 중 일부는 지난 25년간 진행되어 온 세계 경제의 변화로 인해 개발도상국에서 실행되기 어렵다고 (심지어 불가능하다고) 주장할 것이다. 우리에게 회의적인 독자들은 IMF, 세계은행, WTO, 자유무역협정 같은 다양한 국제 협약, 선진국 정부, 국제 민간 투자자, 국내외 투자자 집단 등이 개발도상국에 가하는 신자유주의적 압박이 만만치 않다는 점을 지적할 것이다. 옳은 지적이다. 우리는 이런 세력들이 개발도상국에 가하는 엄격한 제약을 부인하지 않는다. 그러나 우리는 개발도상국이 이런 세력들의 힘과 영향력이 절대적이고 변하지 않을 것처럼 여기며 행동하는 것은 자국의 운명에 치명적인 동시에 정확한 판단도 아니라고 주장한다. 이런 식으로 판단하고 행동한다면 현재의 개발도상국에는 희망이 없다.

우리가 보기에 대안적 경제 정책을 옹호하는 세력들이 가져야 할 가장 중요한 자세는 현재의 국제 환경을 고정된 규범으로 받아들이지 않는 것이다. 국제 규범을 다시 쓰는 것은 언제나 가능하고 또 분명히 필요하다. 우리는 이런 작업이 미국의 일방적 주도권이 점점 거세지는 환경에서 쉬운 일이 아니라는 건 알고 있다. 하지만 규범을 수정하는 일이 불가능한 작업이라고 생각해서는 안 된다. 현재 개발도상국(그리고 다른 국가들에서)에서는 신자유주의 정책에 대한 지속적인 비판이 이루어지고 있고, 이런 비판은 신자유주의 정책의 실패에 따라 점점 더 정당성을 획득하고 있다. 우리는 여러 나라에서 신자유주의적인 기업 중심의 세계화, 그리고 반민주적인 다국적 기구와 협정에 반대하여 국경을 넘나들며 일어나는 수많은 새로운 사회 운동에 고무되고 있다. 우리의 연구가 신자유주의에 대한 긍정적 대안을 마련하려는 정책 입안자와 활동가들 사이에 대화를 활성화하는 데 기여하기를 바란다.

이처럼 중요한 시점에 그동안 신자유주의 정책을 지속적으로 비판해 온 세력과 최근 들어 적어도 몇 가지 부문에서 신자유주의 어젠다가 환상일 뿐이라는 점을 깨달은 세력 간에 약간의 공감대가 형성되고 있다. 예컨대 개발도상국 경제는 자본 자유화 이후 흔히 뒤따르는 금융 위기에서 보호되어야 한다는 것, 단지 내부의 한 집단에서 다른 집단으로 자원을 이동시키는 효과밖에 내지 못하는 민영화 프로그램은 저지해야 한다는 것, 탈세 방지가 적어도 '예산 적자에 대한 재정 긴축 처방'만큼 중요하다는 것 등은 이제 재론의 여지가 없는 규범이 되었다. 이와 같은 영역에서의 합의는 가능한 정책 논의의 장에서 더욱 발전될 수 있고, 또 발전시켜야 한다.

우리가 논의한 여러 정책 대안은 국제 환경의 급격한 변화 없이도 채택될 수 있다고 인정하는 것 역시 중요하다. 2부에서 논의한 정책들은 과거에는 물론 지금도 (국제 투자자나 대출자로부터 불이익 없이) 일부 국가에서 성공적으로 활용되고 있다. 예를 들어 우리가 제기한 (전부는 아니지만) 상당수의 무역, 산업, 지적재산권 관련 전략 중 상당수는 오늘날 WTO 체제하에서도 특별히 금지된 것이 아니다. 적어도 우리가 제안한 다양한 금융과 투자, 통화 정책에 관한 IMF의 태도도 마찬가지다. 또 한 국가의 정책 입안자는 일부 영역에서는 신자유주의 정책을, 다른 영역에서는 이 책에서 제시하는 정책 대안을 조합해 사용할 수 있다. 예를 들어 작고 빈곤한 나라의 정책 입안자는 외화를 벌기 위한 외국인 직접투자를 유치해서 특정 산업에서는 규제 받지 않는 자유무역지대를 세우는 동시에, 다른 영역에서는 기술 향상을 촉진하기 위해 외국인 직접투자에 대한 규제 정책을 추구할 수도 있다(9.4장을 참조).

또 여러 개발도상국의 정책 입안자들이 서로 협력해서 대안 경제 정책을 추구할 역량을 높일 수도 있다. 이런 맥락에서 개발도상국 사이에 지역 협력 또는 양자간 무역 협정은 외부 세력에 대해 개발도상국의 협상력을 높일 수 있는 중요한 방법이다. 이것은 특히 매우 가난하거나 규모가 작은 국가에게 유용한 수단이다(DeMartino 1999). 게다가 개발도상국 사이의 정책 협조는 정책 실험에서 파생되는 비용과 위험을 줄일 수도 있다. 예를 들어 개발도상국들 사이에 자본 통제를 위한 협조는 모든 개발도상국들이 자본 이동을 증가시키면서도 금융 불안을 감소시킬 수 있다(Grabel 2003a). 이런 측면에서 대안 정책을 통해 긍정적 경험을 쌓은 비교적 큰 개발도상국들이 새로운 세계 체제를 건설하려는 운동에서 지도적 역할을 맡는 것도 중요하다.

신자유주의 교리에 집착하는 경제학자와 정책 입안자들은 어떤 대안도 상상하지 못했고, 대안이 제기되는 경우에는 이를 용납하지 않았다. 이런 방식으로 그들은 더 빠르고 공정하며, 안정적이고 지속가능한 경제 발전을 향한 희망을 오랫동안 짓밟아 왔다. 그들은 극도로 편협하고 오만한 태도로 신자유주의 어젠다를 추구하고 있다. 그 결과는 엄청나고 파괴적이다. 우리는 신자유주의적 실험으로 인해 최근 인류 역사에서 전례 없는 규모의 빈곤과 불평등, 절망을 목격하고 있다.

다행스럽게도 마거릿 대처는 틀렸다. 대안은 있다. 그것도 아주 많은 대안이 존재한다. 우리는 이런 대안을 통해 경제 발전에 대한 낙관적인 전망을 가질 수 있다. 우리는 경제 발전에 대한 희망을 모으기 위해 이 책에서 수많은 정책 대안을 제시했다.

'경제 발전의 부활'에 대한 필요가 요즘보다 더 절실한 때는 없다. 우리는 이 책이 이러한 과업을 이루는 데 작은 기여라도 할 수 있기를 바란다.

참고문헌

Amsden, A. (1989) *Asia's Next Giant*, New York: Oxford University Press.

Arestis, P. and P. Demetriades (1997) 'Financial development and economic growth: Assessing the evidence', *Economic Journal* 107(442): 783-99.

Ariyoshi, A., K. Habermeier, B. Laurens, I. Otker-Robe, J. Canales-Kriljenko and A. Kirilenko (2000) *County Experience with the Use and Liberalization of Capital Controls*, Washington DC: IMF.

Atkinson, A. (2002) 'Top incomes in the united kingdom over the twentieth century', mimeo, Nuffield College, Oxford.

Bird, G. and R. Ramkishen (2001) 'International currency taxation and currency stabilisation in developing countries', *Journal of Development Studies* 37(3): 21-38.

Baker, D. (2000) 'Something new in the 1990s? Looking for evidence of an economic transformation', in J. Madrick (ed.), *Unconventional Wisdom: Alternative Perspectives on the New Economy*, New York: Century Foundation Press.

―――― (2002) '*Business Week* restates the 1990s―Incorrectly?', *Challenge* (45)4, August: 122-8.

Barro, R. (1996) 'Inflation and growth', *Review of Federal Reserve Bank of St. Louis* 78: 153-69.

Berger, A., N. Miller, M. Petersen, R. Raajan, and J. Stein (2001) 'Does function follow organizational form? Evidence from the lending practices of large and small banks', NBER paper, December.

Berger, S. and R. Dore (eds) (1996) *National Diversity and Global Capi-*

talism, Ithaca: Cornell University Press.

Blinder, A. (1997) 'Is government too political?', *Foreign Affairs* 76(6) 115-27.

Bogetic, Z., (2000) 'Full dollarization: Fad or future?', *Challenge* 43(2): 17-48.

Brittan, L. (1995) 'Investment liberalisation: The next great boost to the world economy', *Transnational Corporations* 4(1).

Bruno, M. (1995) 'Does inflation really lower growth?', *Finance and Development* 32(3), September: 35-8.

—— and W. Easterly (1996) 'Inflation and growth: In serch of a stable realtionship', *Review of Federal Reserve Bank of St. Louis*, May/June: 139-46.

Calvo, G. and C. Reinhart (2002) 'Fear of floating?', *Quarterly Journal of Economics* 117(2): 379-408.

Chang, H.-J. (1994) *The Political Economy of Industrial Policy*, London: Macmillan.

—— (2001) 'Rethinking East Asian industrial policy—Past records and future prospects', in P.-K. Wong and C-Y. Ng (eds), *Industrial Policy, Innovation and Economic Growth*, Singapore: Singapore University Press.

—— (2002) *Kicking Away the Ladder*, London: Anthem Press.

—— (ed.) (2003), *Rethinking Development Economics*, London: Anthem Press.

—— and D. Green (2003) 'The Northern WTO Agenda on Investment: Do as we say, not as we did', London and Geneva, South Centre-CAFOD (Catholic Agency for Overseas Development) joint working paper, June.

Clements, B., S. Gupta and J. Schiff (1996) 'Worldwide military spending, 1990-95', IMF Working Paper No. 96/64, June.

Cohen, S. (1977) *Modern Capitalist Planning: The French Model*, Berkeley: University of California Press.

Cornia, G. A. (2003) 'Globalisation and the distribution of income between and within countries', in H.-J. Chang (ed.) *Rethinking Development Economics*, London: Anthem Press.

DeMartino, G. (1999) 'Global neoliberalism, policy autonomy, and international competitive dynamics', *Journal of Economic Issues* 33(2):

343-9.

—— (2000) *Global Economy, Global Justice: Theoretical Objections and Policy Alternatives to Neoliberalism*, London: Routledge.

Demirgüc-Kunt, A. and E. Detragiache (1998) 'Financial liberalization and financial fragility', International Monetary Fund Working Paper No. 83.

Dodd, R. (2000) 'The role of derivatives in the East Asian crisis', Derivatives Study Center, Washington DC, unpublished paper.

Easterly, W. and S. Rebelo (1993) 'Fiscal policy and economic growth', *Journal of Monetary Economics* 32: 417-58.

Economic Commission for Latin America and the Caribbean (ECLAC) (2002) *Globalization and Development*, Santiago: ECLAC/CEPAL.

Economic Report of the President (ERP) (2001), 107th Congress, ist session, Washington DC: US Government Printing Office.

Eichengreen, B., R. Hausmann, J. Von Hagen (1999) 'Reforming budgetary institutions in Latin America', *Open Economies Review* 10: 415-22.

Eijffinger S. and J. de Haan (1996) 'The political economy of centralbank independence', *Special Papers in International Economics*, No. 19, Princeton University.

Eichengreen, Barry (2001) 'Capital account liberalization: What do cross-country studies tell us?', *World Bank Economic Review* 15(3): 341-65.

Epstein, G. (2001) 'Financialization, rentier interests, and central bank policy', Department of Economics, University of Massachusetts-Amherst, unpublished paper.

—— I. Grabel and K. S. Jomo (2003) 'Capital management techniques in developing countries: An assessment of experiences from the 1990's and lessons for the future', in A. Buira (ed.), *Challenges to the World Bank and IMF*, London: Anthem Press.

Evans, D. (1989) *Comparative Advantage and Growth*, New York: Harvester Wheatsheaf.

Evans, P. (1987) 'Class, state, and dependence in East Asia: Lessons for Latin Americanists', in F. Deyo (ed.), *The Political Economy of the New Asian Industrialism*, Ithaca: Cornell University Press.

Financial Times (2001) 'Strong global patent rules increase the cost of medicines', 14 February: 20.

Fischer, S. (2001) 'Exchange rate regimes: Is the bipolar view correct?', *Journal of Economic Perspectives* 15(2): 3-24.

Gerschenkron, A. (1962) *Economic Backwardness in Historical Perspective*, Cambridge MA: Harvard University Press.

Grabel, I. (1995) 'Speculation-led economic development: A post-Keynesian interpretation of financial liberalization in the Third World', *International Review of Applied Economics* 9(2): 127-49.

—— (1996) 'Marketing the third world: The contradictions of portfolio investment in the global economy', *World Development* 24(11): 1761-76.

—— (1997) 'Savings, investment and functional efficiency: A comparative examination of national financial complexes', in R. Pollin (ed.), *The Macroeconomics of Finance, Saving, and Investment*, Ann Arbor: University of Michigan Press, 251-97.

—— (2000) 'The political economy of "Policy Credibility": The new-classical macroeconomics and the remaking of emerging economies', *Cambridge Journal of Economics* 24(1): 1-19.

—— (2002) 'Neoliberal finance and crisis in the developing world', *Monthly Review* 53(11), April: 34-46.

—— (2003a) 'Averting crisis: Assessing measures to manage financial integration in emerging economies', *Cambridge Journal of Economics* 27(3): 317-36.

—— (2003b) 'Predicting financial crisis in developing economies: Astronomy or astrology?', *Eastern Economics Journal* 29(2): 245-60.

—— (2003c) 'Ideology, power and the rise of independent monetary institutions in emerging economies', in J. Kirshner (ed.) *Monetary Orders: Ambiguous Economics, Ubiquitous Politics*, Ithaca: Cornell University Press, 25-52.

—— (2003d) 'The reserve and double dividend potential of taxes on international private capital flows and securities transactions', World Institute for Development Economics Research (WIDER), Discussion paper No. 2003/83.

—— (2004) 'Trip wires and speed bumps: Managing financial risks and reducing the potential for financial crises in developing economies', paper prepared for the XVIIIth Technical Group Meeting of the Group of Twenty-Four, Geneva, 8-9 March.

Grieve-Smith, J. (2002) 'Exchange rates management', paper prepared for the conference of the coalition for 'New Rules for Global Finance, 23-24 May 2002, www.new-rules.org/Conference.html.

Held, D., A. McGrew, D. Goldblatt and J. Perraton (1999) *Global Transformation*, Cambridge: Polity Press.

Helleiner, E. (1994) *States and Reemergence of Global Finance*, Ithaca, NY: Cornell University Press.

Johnson, C. (1982) *MITI and the Japanese Miracle*, Stanford: Stanford University Press.

Julius, D. (1994) 'International direct investment: Strengthening the policy regime', in G. Kenen (ed.), *Managing the World Economy*, Washington DC: Institute for International Economics.

Kaplan, E. and D. Rodrik (2001) 'Did the Malaysian capital controls work?', in S. Edwards and J. Frankel (eds) *Preventing Currency Crises in Emerging Markets*, Chicago: University of Chicago Press, 393-441.

Kirshner, J. (2002) 'The political economy of low inflation', *Journal of Economic Surveys* 15(1): 41-70.

Krueger, A. (1980) 'Trade policy as an input to development', *American Economic Review* 70(2).

Krugman, P. (ed.) (1988) *Strategic Trade Policy and the New International Economics*, Cambridge MA: MIT Press.

—— (2002) 'For richer', *New York Times*, 20 October, 62-7, 75-7, 141-2.

Kuczynski, P.-P. and J. Williamson (eds) (2003) *After the Washington Consensus* Washington DC: Institute for International Economics.

Levin, R., A. Klevorick, R. Nelson and S. Winter (1987) 'Appropriating the returns from industrial research and development', *Brookings Papers on Economic Activity*, No. 3.

Little, I., T. Scitovsky and M. Scott (1970) Industry and Trade in Some *Developing Countries—A Comparative Study*, London: Oxford University Press.

Machlup, F. and E. Penrose (1951) 'The patent controversy in the nineteenth century', *Journal of Economic History* 10(1).

Maddison, A. (1989) *The World Economy in the Twentieth Century*, Paris:

OECD.

Mas, I. (1995) 'Central bank independence: A critical view from a developing country perspective', *World Development* 23(10): 1639-52.

Maxfield, S. (1997) *Gatekeepers of Growth*, Princeton: Princeton University Press.

Milberg, W. (1998) 'Globalisation', in R. Kozul-Wright and R. Rowthorn (eds), *Transnational Corporations and the World Economy*, London: Macmillan.

Mowery, D. and Rosenberg, N. (1993) 'The US national innovation system', in R. Nelson (ed.), *National Innovation Systems—A Comparative Analysis*, Oxford: Oxford University Press.

National Law Centre for Inter-American Free Trade (1997) 'Strong intellectual property protection benefits the developing countries', www.natlaw.com/pubs/spmxip11.htm.

Navarro, V. (2001) 'The end of full-employment and expansionist policies?', *Challenge* 44(5): 19-29.

New York Times (2002) 'Gains of 90s did not lift all, census shows', 5 June, A1, A20.

Nissanke, M. (2003) 'The revenue potential of the currency transaction tax for development finance', World Institute for Development Economics Reserch (WIDER), Discussion Paper No. 2003/81.

Odagiri, H. and A. Goto (1993) 'The Japanese system of innovation', in R. Nelson (ed.), *National Innovation Systems—A Comparative Analysis*, Oxford: Oxford University Press.

O'Rourke, K. and J. Williamson (1999) *Globalization and History: The Evolution of Nineteenth-Century Atlantic Economy*, Cambridge MA: MIT Press.

Palast, G. (2000) 'Keep taking our tablets (no one else's)', *Observer*, 23 July, Business Section, 7.

Palley, T. (2000) 'Stabilizing finance: The case for asset-based reserve requirements', *Financial Markets and Society*, August.

Palma, G. (2000) 'The three routes to financial crises: The need for capital controls', CEPA Working Paper Series III, No. 18, New School University, New York.

Pilling, D. (2001) 'Patents and patients', *Financial Times*, 17-18 February.

Prasad, E., K. Rogoff, S.-J. Wei and M. Kose (2003) 'Effects of financial globalization on developing countries: Some empirical evidence', www.imf.org/external/np/res/docs/2003/031703.htm.

Rodriguez, F. and D. Rodrik (2001) 'Trade policy and economic growth-A skeptic's guide to the cross-national evidence', *NBER Macroeconomics Annual 2000, Cambridge* MA: MIT Press.

Rodrik, D. (1998) 'Who needs capital-account convertibility?', in P. Kenen (ed.), *Should the IMF Pursue Capital-Account Convertibility*, Princeton Essays in International Finance, No. 207, 55-65.

—— (2002) 'After neoliberalism, what?', paper presented at 'Alternatives to Neoliberalism', a conference of the Coalition for 'New Rules for Global Finance', 22-23 May, Washington DC.

RAFI (Rural Advancement Foundation International) (2000) RAFI Communique 66, September/October.

Sachs, J. and A. Warner (1995) 'Economic reform and the process of global integration', *Brookings Papers on Economic Activity*, No. 1.

Schiff, E. (1971) *Industrialisation without National Patents: The Netherlands, 1869-1912 and Switzerland, 1850-1907*, Princeton: Princeton University Press.

Sikken, B. and J. de Haan (1998) 'Budget deficits, monetization, and central-bank independence in developing countries', *Oxford Economic Paper* 50: 493-511.

Singh, A. (1995) 'How did East Aisa grow so fast? - Slow progress towards an analytical consensus', UNCTAD Discussion Paper No. 97, Geneva, United Nations Conference on Trade and Development (UNCTAD).

—— and B. Weisse (1998) 'Emerging stock markets, portfolio capital flows and long-term economic growth: Micro and macroeconomic perspectives', *World Development* 26(4): 607-22.

Standgate, T. (1992) *The Victorian Internet*, London: Phoenix.

Tobin, J. (1984) 'On the efficiency of the financial system', *Lloyds Bank Review* 153: 1-15.

Toye, J. (2000) 'Fiscal crisis and fiscal reform in developing countries', *Cambridge Journal of Economics* 24(1): 21-44.

United Nations Development Program (UNDP) (various years) *Human Development Report*, Oxford: Oxford University Press.

Vaitsos, C. (1972) 'Patent revisited: Their function in developing countries', *Journal of Development Studies* 9(1).

Velde, F. and M. Veracierot (2000) 'Dollarization in Argentina', *Federal Reserve Bank of Chicago Economic Perspective*, First Quarter: 24-35.

Wade, R. (1990) *Governing the Market*, Princeton: Princeton University Press.

Weisbrot, M., D. Baker, E. Kraev and J. Chen (2001) 'The scorecard on globalization 1980-2000', Center for Economic Policy Research, September, www.cepr.net/globalization/scorecard_on_globalization.htm.

Weller, C. (2001) 'Financial crises after financial liberalisation: Exceptional circumstances or structural weakness?', *Journal of Development Studies* 38(1): 98-127.

────── and A. Hersh (2002) 'The long and short of it: Gloval liberalization, poverty and inequality', Economic Policy Institute, Washington DC, unpublished paper.

Williamson, J. (2002) *Exchange Rate Regimes for Emerging Markets: Reviving the Intermediate Option*, Washington DC: Institute for International Economics.

────── and M, Mahar (1998) 'A survey of financial liberalization', *Princeton Essays in International Finance*, No, 211, November.

Wolff, E.N. (2000) 'Why stocks won't save the middle class', in J. Madrick (ed.), *Unconventional Wisdom: Alternative Perspectives on the New Economy*, New York: Century Foundation Press.

Woo-Cumings, M (ed.) (1999) *The Developmental State*, Ithaca: Cornell University Press.

World Bank (1985) *World Development Report 1985*, New York: Oxford University Press.

────── (1995) *Bureaucrats in Bussiness*, New York: Oxford University Press.

────── (2002) *World Development Report 2002*, Oxford: Oxford University Press.

────── (various years) *Global Development Finance*, Washington DC: World Bank.

추천도서

7.1 Neoliberal

Bhagwati, J. (1985) *Protectionism*, Cambridge MA: MIT Press.

World Bank (1987) *World Development Report* 1987, New York: Oxford University Press.

Alternative

Chang, H.-J. (2002) *Kicking Away the Ladder—Development Strategy in Historical Perspective*, London: Anthem Press, ch. 2.

Helleiner, G. (1990) Trade strategy in medium-term adjustment', *World Development* 18(6).

7.2 Neoliberal

Lindbeck, A. (1981) 'Industrial policy as an issue in the economic environment, *The World Economy* 4(4).

World Bank (1993) *East Asian Miracle*, New York: Oxford University Press.

Alternative

Amsden, A. (1989) *Asia's Nest Giant*, New York: Oxford University Press.

Chang, H.-J. (1994) *The Political Economy of Industral Policy*, London: Macmillan.

8.1 Neoliberal

World Bank (1983) *World Development Report 1983*, Part I, esp. chs 4-8.

World Bank (1995) *Bureaucrats in Business*, New York: Oxford University Press.

Alternative

Chang, H.-J. and A. Singh (1993) 'Public enterprises in developing countries and economic efficiency', *UNCTAD Review* 4; shortened version reprinted in H.-J. Chang (2003), *Globalization, Economic Development and the Role of the State*, London: Zed Books.

Cook, P. and C. Kirkpatrick (eds) (1998) *Privatisation in Less Developed Countries*, Brighton: Harvester Wheatsheaf.

8.2 Neoliberal

Primo Braga, C. (1996) 'Trade-related intellectual property issues: The Uruguay round agreement and its economic implications', in W. Martin and A. Winters (eds), *The Uruguay Round and the Developing Countries*, Cambridge: Cambridge University Press.

National Law Centre for Inter-American Free Trade (1997) 'Strong intellectual property protection benefits the developing countries', www.natlaw.com/pubs/spmxip11.htm

Alternative

Chang, H.-J. (2001) 'Intellectual property rights and economic development: Historical lessons and emerging issues', *Journal of Human Development* 2(2).

UNDP (1999) *Human Development Report 1999*, New York: Oxford University Press.

9.1 Neoliberal

International Finance Corporation (IFC) *Emerging Stock Markets Factbook*, Washington DC: IFC, various years.

International Monetary Fund (IMF), *Annual Report on Exchange Restrictions*, Washington DC: IMF, various years.

Alternative

Grabel, I. (2003) 'International private capital flows and developing countries', in H.-J. Chang (ed.), *Rethinking Development Economics*, London: Anthem Press, 325-45.

9.2 Neoliberal

Cline, W. (1995), *International Debt Reexamined*, Washington DC: Institute for International Economics.

Alternative

George, S. (1990) *A Fate Worse than Debt: The World Financial Crisis and the Poor*, London: Pluto Press.

Payer, C. (1991) *Lent and Lost*, London: Zed Books.

9.3 Neoliberal

Edwards, S. (1999) 'How effective are capital controls?', *Journal of Economic Perspectives* 13(4).

—— (2001) 'Capital mobility and economic performance: Are emerging economies different?', National Bureau of Economic Research Working Paper 8076.

Alternative

Ffrench-Davis, R. and H. Reisen (eds) (1998) *Capital Flows and Investment Performance*, Paris: ECLAC Development Centre and OECD.

United Nations Conference on Trade and Economic Development (UNCTAD) (1997) *International Monetary and Financial Issues for the 1990s*, Reserach papers from the Group of Twenty-four, vol. 8.

9.4 Neoliberal

Julius, D. (1994) 'International direct investment: Strengthening the policy regime', in G. Kenen (ed.), *Managing the World Economy*, Washington DC: Institute for International Economics.

UNCTAD, *World Investment Report*, various years, New York: UNCTAD.

Alternative

Chang, H.-J. (1998), 'Globalisation, transnational corporations, and economic development', in D. Baker, G. Epstein and R. Pollin (eds), *Globalisation and Progressive Economic Policy*, Cambridge: Cambridge University Press.

Helleiner, G. (1989) 'Transnational corporations and direct foreign investment', in H. Chenery and T.N. Srinivasan (eds), *Handbook of Development Economics*, vol. 2, Amsterdam: Elsevier.

10 Neoliberal

Fry, M. (1995) *Money, Interest, and Banking in Economic Development*, Baltimore: Johns Hopkins University Press.

Levine, R. (1997) 'Financial development and economic growth: Views and agenda', *Journal of Economic Literature* 35: 688-726.

Alternative

Brownbridge, M. and C. Kirkpatrick (2000) 'Financial regulation in developing countries' *Journal of Development Studies* 37(1): 1-24.

Diaz-Alejandro, C. (1985) 'Good-bye financial repression, hello financial crash', *Journal of Development Economics* 19: 1-24.

11.1 Neoliberal

Deepak L. (2001) 'Convertibility and the Asian crisis', in W. Mahmud (ed.), *Adjustment and Beyond*, London: Palgrave, 318-21.

Hanke, S. and K. Schuler (1994) *Currency Boards for Developing Countries*, San Francisco: International Center for Economic Growth.

LeBaron, B. and R. McCulloch (2000) 'Floating, fixed or super-fixed? Dollarization joins the menu of exchange-rate options', *American Economics Review* 90(2): 32-7.

Alternative

Joshi, V (2001) 'Capital controls and the national advantage: India in the 1990s and beyond', *Oxford Development Studies* 29(3).

Sachs, J. and F. Larrain (1999) 'Why dollarization is more straightjacket than salvation', *Foreign Policy*. 81-92.

11.2 Neoliberal

Meyers, J. (2001) 'Inflation targets and inflation targeting', *Federal Reserve Bank of St. Louis* 83(6): 1-14.

Alternative

Bowles, P. and G. White (1994) 'Central bank independence: A political economy approach', *Journal of Development Studies* 31(2): 235-64.

de Carvalho, C. (1995-6) 'The independence of central banks: A critical assessment of the arguments', *Journal of Post-Keynesian Economics* 18(2): 159-75.

Grabel, I. (2000) 'The political economy of "policy credibility": The newclassical macroeconomics and the remaking of emerging economies', *Cambridge Journal of Economics* 24(1): 1-19.

11.3 Neoliberal

Poterba, J. and J. von Hagen (eds) (1999) *Fiscal Institutions and Fiscal Performance*, Chicago: University of Chicago Press.

Alternative

Rudra, N. (2002) 'Globalization and the decline of the welfare state in less-developed countries' *International Organization* 56(2): 411-45.

Toye, J. and C. Jackson (1996) 'Public expenditure policy and poverty reduction: Has the World Bank got it right?' *IDS Bulletin* 27(1).